古典文獻研究輯刊

三七編

潘美月・杜潔祥 主編

第7冊

劉師培與《白虎通義》訂釋之研究

黃偉豪 著

國家圖書館出版品預行編目資料

劉師培與《白虎通義》訂釋之研究／黃偉豪 著 -- 初版 -- 新
北市：花木蘭文化事業有限公司，2023〔民112〕
目 4+210 面；19×26 公分
（古典文獻研究輯刊 三七編；第 7 冊）
ISBN 978-626-344-470-6（精裝）
1.CST：劉師培 2.CST：白虎通義 3.CST：研究考訂
011.08   112010508

ISBN-978-626-344-470-6

9 786263 444706

古典文獻研究輯刊
三七編 第 七 冊   ISBN：978-626-344-470-6

劉師培與《白虎通義》訂釋之研究

作　　者　黃偉豪
主　　編　潘美月、杜潔祥
總 編 輯　杜潔祥
副總編輯　楊嘉樂
編輯主任　許郁翎
編　　輯　張雅淋、潘玟靜　美術編輯　陳逸婷
出　　版　花木蘭文化事業有限公司
發 行 人　高小娟
聯絡地址　235 新北市中和區中安街七二號十三樓
　　　　　電話：02-2923-1455／傳真：02-2923-1452
網　　址　http://www.huamulan.tw 信箱 service@huamulans.com
印　　刷　普羅文化出版廣告事業
初　　版　2023 年 9 月
定　　價　三七編 58 冊（精裝）新台幣 150,000 元

劉師培與《白虎通義》訂釋之研究

黃偉豪 著

作者簡介

黃偉豪，從台灣中國文化大學取得文學士學位後，一度夢想以學術作為志業，輾轉進入香港新亞研究所修讀，期間跟隨學習的莫不是學養俱佳的老師，垂範後輩。所裏形成活潑進取的學習氣氛，互敬互助，自有芳菲。曾記雪泥鴻跡，負責支援學校行政工作的書記處文員小姐氣我意志消沉，忍不住叮嚀，開導我放鬆心情。重得李師學銘幫助，縱令群山萬壑驚濤，浪遏孤舟，仍會當以身任之。復徐徐覺知，可笑多情華髮生。而哪管我在聽完校內李學銘、何廣棪老師，校外委員趙令揚、李志文教授評審歷史博士論文的講評之後，深荷不棄謭陋，承殷殷寄語，以至得到李啟文學長適時提醒，點檢應考報備文件等事項，謹虛心一一受教。

提　　要

　　本論文以劉師培（1884 ～ 1920）對《白虎通義》的斠補和訂釋為研究重心，論述他的斠補、訓釋方法及其在文獻校訂和詮釋經學語義方面所取得的成就。即以劉氏對《白虎通義》的研究成果為標的，討論其訂釋之得失。我的研究範圍有三方面：首先，陳述劉氏的生平與經學方面的表現；其次，述說劉氏訂釋《白虎通義》的方法；最後，解說劉氏訂釋《白虎通義》的內容。

　　《白虎通義》與劉師培的訂釋《白虎通義》都注重「廣異說」，劉氏校改的原則與心得，可以舉出一些例子，如：劉氏校改務求恢復底本原來面貌，執著甲書出乙書後，不得據甲書改乙書；認為《白虎通義》當中一節採用今文某說，引今文典籍來引證《白虎通義》是順理成章的；《白虎通義》多存異說，劉氏訂釋《白虎通義》亦存異說；劉氏觀察《白虎通義》提及上古帝王稱號，否定陳立《白虎通疏證》的說法，認為上古帝王稱號均以聲近之字互相為訓，像「舜、僢」二字音實諧協。劉氏提示我們不要以為「僢」字只解作「相背」，其實「僢」兼含「相背、相互」的意思，「相背」某程度上即同「相對」，所以他在這裏取「舜」與「僢」兩稱號相互為義。

　　有關劉氏與《白虎通義》的研究校勘，我主要參考盧文弨《抱經堂》本（乾隆嘉慶盧氏刊本）、陳立《白虎通疏證》（1994 年北京中華書局）、劉師培《白虎通義斠補》、《白虎通義定本》（附錄於陳立《白虎通疏證》）等。

劉師培書法

目

次

第一章　導　言

　　東漢章帝（57～88）召開白虎觀會議，綜論五經異同，所論由皇帝裁決，班固（32～92）奉詔撰《白虎通義》。《白虎通義》是儒學獨尊和合陰陽之說形成的產物。班固《漢書》創設「五行志」一目，集先秦兩漢陰陽五行、災異學說之大成，對後出史書有頗大影響。東漢許慎（約58～約147）被譽為「五經無雙」，他嘔心瀝血，著《說文解字》，從開始撰寫到完成初稿，費時十六年，從初稿到修改定稿，又費時二十二年。許氏用心之苦，治學之嚴，由此可知。不過，許氏在某程度上仍不免受戰國陰陽五行觀念的影響，差不多同時寫成的《白虎通義》當然也會受到這種觀念的影響。可知《漢書・五行志》不會無端發表，它大體符合社會所接納或期許，不會偏離社會大眾的看法，最終使人信服：自然界不可知，難以預測的災害變異與失序亂象，實歸因於人類行事。因此人們苦心經營帝德譜系是在現實政治需要背景下逐步產生的，所謂「新五德理論」先天即具有輪轉特性〔註1〕，論者並用以推斷自然的命運和王朝興亡的原因。值得注意的是，撇開迷信成分，後人還是主要以《白虎通義》這本書為基礎，來理解「皇」、「帝」、「王」的內在含義。而在整個經學史上，《白虎通義》可以說是一部頗不大為人所懷疑的經學著作，雖然至今仍然有人費心考證今本《白虎通義》的真偽。劉師培（1884～1920）別開蹊徑，對《白虎通義》流傳的版本作正名，倡導用新方法研究學術史。

　　「子」書屬於思想性強的著作，劉氏幾乎同一時間或交疊地斠補《晏子春秋》、《白虎通義》，推想劉氏明白《白虎通義》的內容有很強的思想性，雖然

〔註1〕陳泳超：〈《世經》帝德譜的形成過程及相關問題——再析「五德終始說下的政治和歷史」〉，《文史哲》第304期（2008年1月），頁45。

他做的主要是斠補和訂釋的工作。北京中華書局 1994 年出版集多方意見，新編《諸子集成》收入先秦到唐五代的子書，並匯集諸子的校勘註釋之作。班固的《白虎通義》，因與哲學、思想史的研究關係較密切，也在選收之列。

一、研究動機

　　人類群居形成社會，自然產生了人際關係，有人際關係，就要有禮的約制和維繫。禮制是隨社會的變化而產生、發展的。

　　清儒尤其晚清今文學家重視禮的研究，特別是《禮記‧王制》。皮錫瑞（1850～1908）承前人遺緒，吸納辨析〈王制〉的文字訓詁與名物典制、鄭玄（127～200）註的是非得失、〈王制〉的成書時代及其性質等問題反覆研磨，最後撰成《王制箋》一書，將清代的〈王制〉研究推進到一個新的境界。經我統計，《白虎通義》引《禮記‧王制》達 32 例，《白虎通義》與《禮記‧王制》的關係不可謂不深。《禮記‧王制》的成篇年代確定了，漢世《白虎通義》更博徵之以為禮數。清代士人為應對內憂外患的局面，康有為（1858～1927）註〈禮運〉，皮錫瑞註〈王制〉，其走向都是現實政治思路的延續。研究〈王制〉自應讀《孟子》、《荀子》，卻也不能不看《白虎通義》。劉師培論證〈王制〉的禮制，既有周禮，又有先王禮，既含今學，又含古學。

　　《禮記‧王制》的作者和成篇年代，自漢以來，說法不一。清末，廖平（1852～1932）、康有為等人認為，〈王制〉是孔子（前 551～前 479）改制之作，所以〈王制〉備受晚清學者重視。王鍔〈清代《王制》研究及其成篇年代考〉一文即先對清代〈王制〉研究做一概述，然後主要考察〈王制〉成篇的年代問題。王氏認為：

> 廖平、康有為等人主張《禮記‧王制》是孔子所作的觀點缺乏證據，而《禮記‧王制》「古者以周尺八尺為步」以前的經文部分，大概寫成於戰國中期，與郭店楚簡寫作的年代相近。「古者以周尺八尺為步」以後，顯然是秦漢人解釋前面「經文」部分的文字，在劉向父子整理圖書以前，〈王制〉原文和解釋文字已經抄寫在一起，成為目前我們看到的樣子。至於〈王制〉原文和後面的文字分別是何人所作，文獻缺乏，難以推知，姑存而不論。〔註 2〕

〔註 2〕王鍔：〈清代《王制》研究及其成篇年代考〉，《古籍整理研究學刊》第 1 期（2006 年 1 月版），頁 24。

先秦文獻的寫作和流傳極為複雜,〈清代《王制》研究及其成篇年代考〉一文僅就〈王制〉的寫作年代略作考察,分析諸家觀點和〈王制〉的內容,並將〈王制〉與《孟子》、《荀子》等文獻進行比較,而〈王制〉經文部分大抵寫成於戰國中期,與一些竹簡的寫作年代大致相當。劉向以前,經文部分和後面解釋性文字已經抄寫在一起,成為我們目前看到的樣子。

1911 年,劉師培隨滿清重臣端方(1861~1911)入四川,途中端方被殺,劉氏失去靠山,經謝无量(1884~1964)介紹,往四川國學院避難,朝夕共廖平討論學術,專心研究《白虎通義》、《五經異義》等書。劉氏把今文經學的集大成者並作為皇帝欽定的經典《白虎通義》看得很重,《白虎通義》一如〈王制〉般值得研究。

二、研究目的

長久以來,學界論劉氏的學問,往往推許他的《左傳》、《儀禮》研究,對他的《白虎通義》研究未算深入,充其量在他討論《白虎通義》的定名或源流上落墨。因此本論文即以劉氏研究《白虎通義》的幾本著作作為研究對象,並將焦點置於詮解方法與態度上,藉由探討劉氏的《白虎通義》與禮學等著作間有關詮解方法及態度上的異同,以期對《白虎通義》學的發展有較深入的了解,並預期研究成果有四:

1. 說明《白虎通義》的流傳情況

《白虎通義》的內容豐富、複雜,涉及面廣,是研究中國古代政治思想的重要典籍。建初四年(79),漢章帝在白虎觀召集了一個會議,「講議五經同異」。會議續開數月,遺留下的文件,有《白虎議奏》。劉師培說明《白虎通義》有異於《白虎議奏》,體例不同。《白虎奏議》,為白虎觀會議提問和發言的筆錄,按《易》、《書》、《詩》、《禮》、《春秋》分別整理而成。通過劉氏對《白虎通義》的研究和相關資料,可了解《白虎通義》的流傳情況。

2. 了解《白虎通義》諸家註疏之學的詮解差異

盧文弨(1717~1796)校《白虎通》(附〈校勘補遺〉、〈考〉、〈闕文〉)、莊述祖(1750~1816)的《白虎通義考》、陳立(1809~1869)的《白虎通疏證》和劉師培的《白虎通義斠補》等各種資料,對研究《白虎通義》具有重要的參考價值,是《白虎通義》校釋中水平較高的。以上學者於《白虎通義》的

詮解方法及態度上都有不同，我會以劉師培的《白虎通義斠補》等有關的《白虎通義》著作為根據，參詳各家對《白虎通義》的了解與認識。

3. 呈現劉師培訂釋《白虎通義》的目的

劉師培研究《白虎通義》，寫了《白虎通義斠補》、《白虎通義定本》、《白虎通德論補釋》等著作，單說「斠補」，他就有《老子斠補》、《莊子斠補》、《韓非子斠補》、《晏子春秋斠補》、《春秋繁露斠補》和《賈子新書斠補》等書，相類的書有時作些比較分析，能夠多了解劉氏改正補缺古籍的態度。說「輯補」，收錄在錢玄同（1887～1939）編的《劉申叔先生遺書》的，就有劉氏《賈子春秋佚文輯補》、《晏子春秋佚文輯補》、《春秋繁露佚文輯補》等書，相類的書作些比較分析，能夠多了解劉氏經過編排、整理，最後確定或準備刊印的本子成「定本」的態度，同時明白他研究《白虎通義》的目的。說「補釋」，劉氏又有《荀子補釋》、《晏子春秋補釋》、《穆天子傳補釋》、《法言補釋》、《琴操補釋》等書，相類的書作些比較分析，能夠多了解劉氏經過編補充訓釋古籍的態度，除了運用訓詁方法之外，更有超越前人的一些方面。劉氏運用的治學方法和原則，對於我們今天從事訓詁實踐和古籍整理仍然具有重大的啟示，通過這方面能讓我們多些明白他研究《白虎通義》的目的。

4. 釐清劉師培有關《白虎通義》的著作與禮學的關係

經學在漢代曾領導風騷，東漢章帝時，在白虎觀曾召開學術討論會議，講論五經異同，由班固撰集其事，名為《白虎通義》。此書統一了今文家經說，內容上自天文，下至地理，陰陽五行災異之說，三綱六紀，封公侯、宗廟、朝聘、巡狩、嫁娶、崩薨、喪服、田獵、三軍，幾乎無所遺漏。作為古文學世家的一員，劉師培的《白虎通義斠補》等有關《白虎通義》的著作，是怎樣進行禮樂、吉禮、嘉禮、賓禮、軍禮、凶禮的論述呢？陳立所補，遭劉氏反駁。劉氏能勘正《白虎通義》引《禮》文的訛誤，廓清《白虎通義》盧文弨、陳立校本之誤嗎？劉氏可會誤讀漢人典籍？我希望能找出答案。

三、研究方法

根據上面所述，我先會論述劉師培研究經學的背景、環境與造詣，其次是《白虎通義斠補》等有關《白虎通義》著作體例的分析，最後進行劉師培《白虎通義斠補》等有關《白虎通義》著作內容的探討。

　　我打算採用歷史文獻的分析與歸納方法,為劉師培作一略傳。由於劉氏的生平已有專著詳細論述,我只會作扼要探析。當然,劉氏的家世不能不談,章太炎(1869～1936)和廖平兩位跟他雖不算敵人,但常與劉氏較勁論學;個中是非,不能不為之陳述。

　　在考據學風興盛的乾嘉時代,戴震(1724～1777)算得上高瞻遠矚。當一般學人迷醉於考據之學而難以自拔之時,戴震則超越時賢,自覺確立和構建了其義理之學的思想體系,成為我國十八世紀中葉傑出的思想家。戴氏治學主要採用以經考字與以字考經及歸納法與演繹法等考據方法,在清代乾嘉考據學中具代表性。

　　戴氏音訓考據之學,主要為段玉裁(1735～1815)、王念孫(1744～1832)、王引之(1766～1834)父子所傳承,世稱「戴段二王」。劉師培總論戴震之學,說明其重要:

> 蓋先生之學先立科條,以慎思明辨為歸。凡治一學著一書,必參互考驗,曲證旁通,博徵其材,約守其例。復能好學深思,實事求是,會通古說,不尚墨守。而說經之書,厚積薄發,純樸高古,雅近漢儒。〔註3〕

戴氏於經學具崇高地位,博學多才,別樹義理,堪稱碩儒。善於以經證字,補釋前書,以聲訓糾正某些註釋和解說。劉師培謂戴氏精於分類,整理成條款、綱目,可為法式。

　　鄭吉雄於其所著《戴東原經典詮釋思想史探索》書中第六章〈乾嘉學者治經方法釋例〉,解釋「歸納與演繹:治經方法二途」,有云:

> 個人近年研究清代學術,頗注意治學方法,認為它可以反映學術思想許多特殊性。「乾嘉學者治經方法」久為學者所注目,則學術界必然認為其中自有獨特的系統及途徑,與前代治經方法或其他領域的治學方法有所不同。〔註4〕

治學方法可以反映治學者的學術思想無疑是對的,鄭氏續說:

> 我認為乾嘉學者治經運用的方法固多,但歸納其基本趨向,則不外乎二途:

〔註3〕劉師培:〈戴震傳〉,載《左盦外集》卷18,《劉申叔先生遺書》第58冊,民國寧武南氏印本,頁5。

〔註4〕《戴東原經典詮釋思想史探索》(台北:國立臺灣大學出版中心,2008年8月),頁185。

1. 向內返求經典，以本經、他經，以及其傳、註、疏為範疇，以貫串《六經》、發明本義、闡釋聖賢道理為務，所用的方法以「本證」為主，在邏輯而言為「歸納法」（induction）；

2. 以本經、他經，以及其傳、註、疏為中心，向外發展，進而至於以經證史、以經義闡發思想觀念、以經義批判社會政治，所用的方法以「推衍」為主，以邏輯而言為「演繹法」（deduction）。〔註5〕

鄭氏所說的「以經釋經」是藉經、傳、註、疏遞相釋證，由此作歸納。「演繹」是從一般到個別，「歸納」是從個別到一般，道理明白。「歸納法」的型態又以「經」為內核，而傳、註、疏則像剝洋蔥般依次層層向內核探求。他更解釋說：

傳統學者利用經部文獻互相釋證，等於是在這個經學世界中穿梭來回，以「經傳註疏」釋證「經傳註疏」，從中激發《六經》本身以及一切傳、註、疏作者的精神思想，並同時將自己的思想融入在這個大河流之中。〔註6〕

當然鄭氏沒有忽略「演繹法」的舉例，他舉了汪中（1745～1794）於〈左氏春秋釋疑〉中解釋經書疑義，而申論及於古史。又舉焦循（1763～1820）著〈攻乎異端解〉的本證和比較的「歸納」方法以說明，不過又以為焦氏同時藉此推衍批判後世思想，可以說是寓「演繹」於「歸納」之中。

戴震影響了後代眾多學者，劉師培自然也受其啟迪。

本文利用歷史文獻分析法將晚清以來《白虎通義》研究的環境作一分析，從而認識到劉氏在此環境中的地位；也根據劉氏斠補、訂正、訓釋《白虎通義》的方法和內容，探析劉氏訂釋《白虎通義》的成果。本文經過多種程序，對各部分作分析，並舉劉氏書中條目以為佐證，最後參考陳垣先生（1880～1971）《通鑑胡注表微》的體例，把我掌握的資料，梳理、歸納為有系統的資料。

可以說，我撰作本文的研究思路，是由外圍的環境背景探討，繼往核心進展。我採用共時與歷時結合的方法，意即構想於同一時期的各個方面，從晚清學術研究環境入手，肯定劉氏所處的地位，然後又在同一方面的不同時期，論述劉師培訂釋《白虎通義》的種種問題。

〔註5〕《戴東原經典詮釋思想史探索》，頁185。
〔註6〕《戴東原經典詮釋思想史探索》，頁188。

四、研究範圍

　　本文以劉師培對《白虎通義》的訂釋為研究主軸，並兼及他在這方面的繼承與發展，範圍有三方面：首先是陳述劉師培的經學造詣與《白虎通義》一書的形成和內容；其次是析論劉氏訂釋《白虎通義》的方法；最後是論述劉氏訂釋《白虎通義》主要內容包括其中的思想主旨及意義。

　　劉師培作《古書疑義舉例補》，稱俞樾（1821～1906）舉例發古今未有之奇。或有說俞氏的著作內容繁雜，但羅雄飛在《俞樾的經學研究及其思想》一書中仔細分析，認為俞樾於校勘、訓釋群經有「重體例，明條理」的特點，他說：

> 俞樾著書達 500 餘卷，可謂宏富。然其著作內容駁雜，大多為零星
> 散篇……。從俞樾的代表作來看，一定的體例和條理始終貫串其間，
> 略無遺漏。曾昭旭著《俞曲園學記》，曾將其歸納如下：
>
> 1. 致疑。或攻舊說，或致疑問，即改誤、立說之動機。
> 2. 立說。訂舊說之失，或校其文之誤，或自立其說。
> 3. 釋義。大率據引字書，以訓釋立說之義。
> 4. 證明。證其所立說為確。或由義理，或由史實，或由音韻文字，
>   或由文法。
> 5. 順義。以其所立說印證原文，使之文通字順，略無扞格。
> 6. 釋其致誤之由。或由違背常理，或由註義迂曲，或由文法不合，
>   或由語詞釋以實義，或由排比之章句其義不倫，或以其不詞，或
>   由其不合經文語意以及其他校勘公例而知其誤。
> 7. 解釋其他疑點。
> 8. 類推旁衍其說。〔註7〕

劉師培自謂從小就愛讀俞樾的《古書疑義舉例》，他從俞樾學來校訂訓釋古書疑義。

〔註7〕羅雄飛：《俞樾的經學研究及其思想》（北京：中國文史出版社，2005 年 12 月），頁 70。

黃家駿說：「俞樾以經學家的身份治子，故治子與治經態度相近。其治子學乃首重『校勘』。」

（黃家駿：〈論晚清俞樾與章太炎子學訓詁之進路〉，《經學研究集刊》第 13 期（2012 年 10 月），頁 186。）俞樾、章太炎的治學有其脈絡共通，劉師培的路子也是從經子學訓解的層面加以創新。

　　我讀劉師培著作，看到有一定的體例和條理始終貫串其間，合於前面羅氏《俞樾的經學研究及其思想》中所說的各個特點。今試舉三例分析《白虎通義斠補》的校例，初步印證我的這些觀察：

　　1. 致疑例，見《白虎通義斠補》卷下〈巡狩篇〉：

　　　　巡者，循也；狩者，牧也。為天下循行守牧民也。

劉師培案：

　　　　「收民」義不可通，必屬「牧民」之誤。蓋宋人不諳牧、狩音轉，
　　　　以為收、牧音近，始改〈疏〉中各「牧」字為「收」，未足依也。
　　　　〔註8〕

由違背常理而知其誤例，見《白虎通德論補釋》引《白虎通義》原文：

　　　　鄭國土地民人，山居谷浴。

於此段下劉師培分別引了盧文弨和陳立的話：

　　　　盧本「浴」作「汲」，云「據《漢地志》改」。陳云「作『浴』亦通」。

劉氏案：

　　　　《漢書·五行志》引劉向說，謂「蜮生南越，其地男女同川而浴」。
　　　　鄭居中土，周代似無此風。當從盧校。〔註9〕

孔子提出「鄭聲淫，佞人殆」〔註10〕的意見，皇侃（488～545）《論語集解義疏》將「佞人」譬諸「惡人」〔註11〕，教我們意會到怎麼說孔子都不認為「鄭聲」是個好東西。「淫」有貶義，大概沒疑問，不過若認定「淫」就指淫邪，話有些說過了頭。李時銘〈「鄭聲淫」在經學上的糾葛及其音樂問題〉一文為「淫」字作了他的解說：

　　　　鄭聲之「淫」，應該是樸質的反義，未必就指淫邪。〔註12〕

時光流逝，周代男女同川而浴的事情由漢代人來述說，不免會有人質疑。至於「山居谷汲」，意謂到山谷溪澗取水，劉氏從風俗的觀點判定「山居谷汲」是對的，不過文獻不足徵，不等於其說必然正確不誤，只能備考。

〔註8〕劉師培：《白虎通義斠補》卷下，見陳立：《白虎通疏證》附錄三（北京：中華書局，1994年8月），頁669。
〔註9〕劉師培：《白虎通德論補釋》，見陳立：《白虎通疏證》附錄八，頁793。
〔註10〕黃懷信：《論語彙校集釋》（上海：上海古籍出版社，2008年8月），頁1396。
〔註11〕黃懷信：《論語彙校集釋》頁1396。
〔註12〕李時銘：〈「鄭聲淫」在經學上的糾葛及其音樂問題〉，《逢甲人文社會學報》第2期（2001年5月），頁40。

2. 訂舊說之失例，見《白虎通德論補釋》引《白虎通義》原文：

天子爵連言天子，諸侯爵不連言王侯何？即言王侯，以王者同稱，

為衰弱僭差生篡弒，猶不能為天子也，故連言天子也。

於此段下劉師培引了陳立的話：

「猶不能為天子也」二句，文有訛脫。「即」字疑誤。

劉氏案：

即訓為若。（其證即見王氏《經傳釋詞》。）言天子諸侯，名分闊絕，

與王侯位號相近者不同，故可言天子，諸侯不可言王侯也。「猶不能」

二語，亦無訛字，惟上有捝文。〔註13〕

《經傳釋詞》為王引之所著，此書為釋經傳虛詞之作，所釋諸詞大抵取自古經舊誼。目的為疏釋諸詞之文義，或斠正其譌誤，或幫助立說。劉氏以上所案，引用《經傳釋詞》的訓釋我認為很重要，「即言王侯，以王者同稱」句，用白話說可以說成是：「如果說王侯，則諸侯與王者連綴並稱」。詞意有餘未盡，便道是忽的鑼鼓戛然而止，戲已中斷，看戲的極難推知「諸侯與王者連稱」的意思也是盡了。「即言王侯，以王者同稱」後似乎隱藏了一個問句：「為甚麼不這樣呢？」跟著的「為衰弱僭差生篡弒，猶不能為天子也」兩句正是有些欲言又止的後半截話。「諸侯」是「諸侯」，「王」是「王」，縱使諸侯要趁天子衰弱，僭越的後進者想篡位弒君，諸侯仍然不能成為天子。劉氏引王引之的《經傳釋詞》作解說算得別有淵源，學承有自，論據也是恰當的。

3. 證明例，見《白虎通義斠補》卷下〈崩薨篇〉：

士曰不祿，失其忠節，不忠，終君之祿，祿之言消也，身消名彰。

劉氏案：

「忠」與上下文叶韻，（即東、陽對轉。）奚可遽刪？竊以此文當作

「士曰不祿，失其忠不終君祿，言身消名彰。」餘均衍字。〔註14〕

劉氏所言的「忠」與上下文叶韻，指的是「忠」與「終」叶。劉氏解經所用為文字、聲韻之學，他在這方面頗有心得，但不濫用。

個人以為將曾昭旭著《俞曲園學記》歸納文法、章句以至註義等的方法套進劉師培《白虎通義》研究的格式，大抵可行。為的是俞樾私淑王念孫、王引之父子，藉小學以通經明道的傳統都貫穿他們的著作。劉氏則不曾啬他對俞

〔註13〕劉師培：《白虎通德論補釋》，見陳立：《白虎通疏證》附錄八，頁789。

〔註14〕劉師培：《白虎通義斠補》卷下，見陳立：《白虎通疏證》附錄3，頁716，717。

樹學術成就的推崇。研究劉師培訂釋《白虎通義》於經學的承襲，難處是他沒明確道出自己受哪些學者所影響，不過他曾稱許「魏晉議禮家辨析『天子諸侯兩社』最詳，見《晉》、《宋》、《隋》各《志》及《通典》」〔註15〕。選讀各《志》，若擇其要者，我想《晉書・禮志》及《晉書・刑法志》宜先看。《通典》也確是劉氏常提到的。劉師培訂釋《白虎通義》，曾引王引之《經傳釋詞》的訓詁理論為解〔註16〕，是劉氏較少摘錄訓詁學家意見的一次。

　　我嘗試效法陳垣先生的《通鑑胡注表微》，對劉師培的《白虎通義》註疏進行辨誤和考證，來辨識劉氏當年的觀點。《通鑑胡注表微》能夠將散見於《通鑑》各處的胡註，歸類為有系統、成體例的著作，並把史料考證、史論和中國傳統史學精微大義的精神，結合得非常出色，是一部值得我們再三研讀、學習的史學名著。〔註17〕

〔註15〕陳立：《白虎通疏證》附錄 6，劉師培《白虎通義定本》卷 2，頁 774。
〔註16〕劉師培：《白虎通義斠補》卷下，見陳立：《白虎通義疏證》附錄 3，頁 614。
〔註17〕陳垣：《通鑑胡注表微》，（北京：科學出版社，1958 年 10 月），頁 257～259。
　　　　如陳垣先生評劉守文（？～910 年）的顧念父恩，不殺弟弟，可稱「五代時之庸中佼佼者」。
　　　　又參閱李學銘〈陳援庵先生的體例歸納〉及〈陳援庵先生「通史致用」析論〉兩文，見《讀史懷人存稿》（台北：萬卷樓圖書股份有限公司，2014 年 8 月），頁 95 及 119。

第二章　主要參考資料的考察

　　個人所見的中國大陸、台灣的碩士、博士論文，似沒有獨立以劉師培訂釋《白虎通義》的研究為題的，近年較多論述劉氏校釋群書的方法，其中或有少數提到訓釋《白虎通義》的內容。按劉師培的研究進程而言，粗略分為資料整理時期和近現代研究時期。有關對劉師培訂釋《白虎通義》的研究，我會深入探析他的訂釋方法和內容；而最重要的參考資料，是盧文弨《抱經堂》本（乾隆嘉慶盧氏刊本）、陳立《白虎通疏證》（1994 年北京中華書局）、劉師培《白虎通義斠補》、《白虎通義定本》（附錄於陳立《白虎通疏證》）等。

一、劉師培著述資料的整理

　　劉師培希望透過對《白虎通義》訂釋的研究進行分析，並透過前人學者對《白虎通義》訂釋的研究成果加以整理，以期能清楚表現向《白虎通義》訂釋的這個目的出發。

　　劉氏條析清初以來學術發展的趨勢，憑自己識見為《白虎通義》的源流文字廓清流行的訛傳，再整理清初以來漸次成熟學術的一定關聯歸類，如史料、語境等門類。他辨認出原來的資料不成系統，顯得零散，再原原本本地處理東漢時各門派師承家法與經師論學調整焦點。

　　從現存資料看，在劉師培離世後，由他的弟子、門人和好友等，把他的主要著述或信札等，經收集整理進行分類編纂，然後出版。劉氏身後著作實際由南桂馨、錢玄同等搜集整理，計 74 種，稱《劉申叔先生遺書》。2008 年 12 月萬仕國輯校了《劉申叔遺書補遺》，由揚州廣陵書社出版。

1934 年寧武南氏刊本《劉申叔先生遺書》輯錄了《白虎通義斠補》2 卷，附《闕文補訂》1 卷、《佚文考》1 卷、《白虎通義定本》3 卷、《白虎通義源流考》1 卷、《白虎通德論補釋》1 卷。劉師培在《白虎通義斠補》序裏，開宗明義說，他的斠補重點是文宗圖帖睦爾（1329～1331）元代版本的《白虎通義》本子，該版本有誤才採用盧文弨的校訂。但於《白虎通義定本》的序言中，卻亟言不滿盧文弨的校訂，更不同意陳立審核文字的工作，以為頗多疏漏，因此自己只好動手刪訂未確的地方。

劉氏的研究以舊註疏證為核心，多事實而少論斷，以彙編整理古代資料為主。今人浦偉忠〈論劉師培《左庵集》的學術思想〉推許劉氏論斷實事求是：

> 劉師培將《春秋》三傳進行比較研究，不僅注重史實，而且注意到了三傳之間的聯繫，這是執著於一經一傳的研究者所不可企及的。
> 〔註1〕

上古史的流傳可以是多方面的。劉氏又從孔子整理古代史料的角度看孔氏的編輯工作：

> 把六經看成是孔子整理古代史料的書籍，而不把它們看作是萬世的經典常法，對於我們今天研究上古社會來說，有重要的意義。〔註2〕

以上所說教我們認識上古史的流傳是有多種渠道的。

二、主要參考資料的考察

本節將擇要概述晚清以來有關《白虎通義》的研究著述，同時也會考察現代學界對劉師培研究經學方面的探討。近年專家學者傾向以研究劉氏作為揚州學派殿軍來觀察，研究成果豐碩。

（一）專門著述

有關《白虎通義》的議題在清代以前較少研究，直至陳立撰《白虎通疏證》十二卷、盧文弨〔註3〕《今本四十四篇闕文》、莊述祖《白虎通義考》〔註4〕、

〔註1〕浦偉忠：〈論劉師培《左庵集》的學術思想〉（《清史研究》第 4 期，1992 年 10 月），頁 76。

〔註2〕浦偉忠：〈論劉師培《左庵集》的學術思想〉（《清史研究》第 4 期，1992 年 10 月），頁 76。

〔註3〕盧文弨，清代浙江人，號抱經。乾隆十七年進士，授編修，官至侍讀學士。乞養歸，主講鍾山、崇文、龍城諸書院。盧氏生平喜校書。

〔註4〕莊述祖：《白虎通義考》，見陳立：《白虎通疏證》附錄2，頁 604。

劉師培《白虎通義斠補》、《白虎通義闕文補訂》、《白虎通義佚文考》、《白虎通義定本》、《白虎通義源流考》、《白虎通德論補釋》等刊行，對《白虎通義》的疏證、斠補、補訂、校勘等全面論述，繼而開始改變《白虎通義》的研究狀況。下面試稍作說明。

　　盧文弨一生好學，與戴震、段玉裁友善，潛心漢學，對經義註疏有獨到的見解，以校勘古籍稱名於世，後取其最精者，著《群書拾補》，收書38種；又匯刻所校書有《抱經堂叢書》，最稱精審；經他校勘的古籍有《逸周書》、《荀子》、《賈誼新書》、《春秋繁露》、《方言》、《白虎通義》等；另有《抱經堂文集》、《鍾山札記》、《龍城札記》等。

　　古代叢書，著名的有《漢魏叢書》，所刻的前後包括明代程榮（生平不詳）刻38種，明代何允中（生平不詳）刻《廣漢魏叢書》76種，清朝王謨（1731～1817）刻《增訂漢魏叢書》86種，又廣為94種。今天通行的《抱經堂叢書》，由《抱經堂校定本》的舊跋中得知，是莊述祖根據《漢魏叢書》核訂的。盧氏校勘博採諸家之說，像詞語「戴干」指頭部有肉突起如干戈對立。漢班固《白虎通義·聖人》有「顓頊戴午」句，盧文弨校本謂「午」為「干」之誤。盧氏的話說得不錯，但盧氏應說出發明首功實歸前賢，因為方以智（1611～1671）早已提到「午」蓋「干」之訛，並就此推繹其義略為之解說。〔註5〕從盧文弨編輯的《抱經堂叢書》所見，第31冊《白虎通義考》一卷，莊述祖撰；第34冊《白虎通闕文》一卷，莊述祖輯，盧文弨訂；第34冊《白虎通校勘補遺》一卷，編著名單有莊述祖。

　　盧文弨校書的另一個特點是盡量遍尋各個版本，這種優點都見於他在校訂《方言》和《白虎通義》中。《重校方言》快刻印完成時得一宋刻本，再刻印來不及了，而盧氏處理的辦法是把新材料和意見放在《補遺》上。基於這種理念，盧氏從朋友處得到一個南宋以前的《白虎通義》小字舊刻本，他自己就把所刻的版本與這南宋小字舊刻本的成果放於《補遺》之中。論詳審，盧氏校《白虎通義》等書給我們不少方便，起碼考證的材料充足，即使《補遺》所錄的版本肯定也是盧文弨認為有值得補加的好處，否則不會殫力於此種後補的做法。

〔註5〕《方氏通雅》曰：「『戴午』恐是『戴干』之訛。」（方以智：《通雅》，影印古籍，卷18，頁159。）

今天我們很容易看到，由 1994 年北京中華書局整理出版，清代陳立疏證，吳則虞（1913～1977）點校的《白虎通疏證》，還收錄了盧文弨的《今本四十四篇闕文》、莊述祖的《白虎通義考》和劉師培的《白虎通義斠補》等 8 種資料，對研究《白虎通義》具有重要的參考價值。當中盧文弨《今本四十四篇闕文》所收的 3 則佚文，已見於陳立的疏證內，應該是陳氏吸收了盧氏的考證成果。

劉師培所著有關《白虎通義》的書包括：《白虎通義斠補》、《白虎通義闕文補訂》、《白虎通義佚文考》《白虎通義定本》、《白虎通義源流考》、《白虎通德論補釋》和《中國文學教科書》中論《白虎通義》的部分，是劉氏研究禮學的發軔點，也是本文撰寫時不可缺少的參考書。劉師培經學研究的特色在於：一方面以經書作史料，研究上古時期的社會狀況可能因應時勢之所趨，調整自己的想法；另一方面，因為才高學博，有時未免有所恃，把古老題材玩弄得出神入化，想圓時圓，方時方，文辭更是古奧，害得一些讀者苦惱，甚至放棄讀下去。《白虎通義》作為漢代經今古文禮制的集大成之作，在漢代的學術文化，具有獨特地位，實為以禮制鑒別今古必備的要籍。對《白虎通義》的研究為劉師培以禮制治經古文奠定了良好的基礎，在四川國學院時期與不同學派的前輩砥礪磨堅，集中考察古代禮制與《周官》師說。

方光華（1966～）《劉師培評傳》第二版和第一版內容的改動不算太大，看了此書，幫助我們了解劉氏的生平，經學、史學和子學均是劉氏畢生研究的重心，不過劉氏生命短促，《劉師培評傳》將劉氏的經學史研究分節來析分前後期，個人以為值得商榷。方氏把劉師培的研究《白虎通義》看成考跡諸子典籍，實事求是地理解諸子思想。方氏慨嘆劉氏在溝通經學歷史與社會現實關係方面終究失敗。方氏分析劉氏校釋諸子典籍的辦法，一是根據古書行文規律，二是利用文字學手段。方氏提出了理據，看法無疑頗有啟發，可供參考。

華裔漢學家曾珠森（1903～1969）Tjan Tjoe Som 著 "Po Hu T'ung : the comprehensive discussions in the White Tiger Hall"，這裏所譯書名的 "comprehensive"，我以為顯示符合《白虎通義》中泛議白虎觀會議的綜合、全面性質「通」的一面，書先按各章的名目翻譯，像「士」、「黃帝」、「命婦」等詞，說難不難，不解釋的話，一般外國讀者必然覺得莫名其妙。曾氏隨後於段解後作句解，生詞加普通話音讀，又給出文化解釋，譬如「蓍」龜的「蓍」，曾氏坦言他只知道是種植物，到底是哪一種則不甚了了。更值得讚賞的是記錄

了劉師培訂釋的成果，如脫漏那個字，應該補的是甚麼詞。除了「牙」、「芽」同，「剛」、「綱」同等的例子會標示，種種訂釋的錯處亦勾出來。末了附的英文翻譯索引，足供《白虎通義》的學者參考研究，具參考作用。

戊戌六君子是指清光緒二十四年（189 年）慈禧太后將發動政變被逮捕處斬的六名人士，分別為譚嗣同、楊銳、林旭、劉光第、楊深秀與康廣仁。劉師培的人品屢遭後人詬病，陶菊隱的《六君子傳》中的〈劉申叔與黃季剛〉一章，把劉氏說成為一個書呆子，做人處事糊塗，成了清廷鷹犬，是受了太太的影響，他的本來面目是個文士。陶氏批評劉氏有他敏銳細膩的描述，以為世人儘帶瘋氣，當然包括中國的文人。陶氏的評論有趣又富想像，雖然有時覺得立論稍粗疏，但值得細心領略。

（二）期刊論著與學位論文

期刊論著如（1）沈眂民（1878～1969）著〈王捍鄭《白虎通義》引書表補正〉（上）（下），自謂不滿意王捍鄭（1866～1913）文脫奪舛譌，不可卒讀，遂為之校正蒐補。沈氏為浙江人，中國近代革命家、國學家，年輕時考入浙江大學堂，畢業後留校任教習，1897 年留學日本早稻田大學學習史地。

〈王捍鄭《白虎通義》引書表補正〉（上）（下）分別載於《制言》半月刊第 30 期〔註6〕及《制言》半月刊第 31 期〔註7〕。因王本只引陳立本，沒引盧文弨本，沈氏因此將陳氏本與盧氏本《白虎通義》引書，製作整理成表相互比較。是文標題提到的王捍鄭即王仁俊，江蘇人，樸學大師俞樾的弟子，張之洞（1837～1909）的門人。

（2）現今能夠看到《白虎通義》最早的版本是元朝大德本，從版本學的角度看，版本早的被竄改作偽機會少，當然當後代學者把自己的意見刻進木簡上時，或從此再難分辨哪些才是原來的意見。

1931 年洪業（1893～1980）為哈佛燕京學社作〈白虎通引得序〉，他對《白虎通義》有幾點重要意見，分別是「疑其書非班固所撰，疑其為三國時作品。」〔註8〕洪氏所懷疑的，還從班氏平素鍛造文句的角度看，「觀其行文氣韻，大

〔註6〕沈眂民：〈王捍鄭《白虎通義》引書表補正〉（上）（《制言》半月刊第 30 期，1937 年），頁 3359～3364。

〔註7〕沈眂民：〈王捍鄭《白虎通義》引書表補正〉（下）（《制言》半月刊第 31 期，1937 年），頁 3467～3506。

〔註8〕洪業：《洪業論學集》（北京：中華書局，1981 年 3 月），頁 31。

不與《白虎通》相類。」﹝註9﹞講氣韻就是不求形似。對於《白虎通義》成於哪年，洪氏有他的估算，他說：「《白虎通》必出於正始六年（245）之前。」﹝註10﹞正始六年屬三國時魏主齊王曹芳（232～274）的年號。周德良所辨洪氏〈白虎通引得序〉﹝註11﹞「疑其書非班固所撰，疑其為三國時作品」的意見，僅是「論證過程仍留有破綻，尚待補述」﹝註12﹞，不過仍推許洪氏「考證成果與揭示研究方向，在研究《白虎通》之歷程中，留有不可抹滅之印記。」﹝註13﹞我對洪業的說法有保留，覺得他的行文用詞並不肯定明確。

（3）劉師培早期學術思想會萃於《左庵集》，內容涉及經學、文字學、以及訓詁、校勘、地理、天文曆法等方面。浦偉忠〈論劉師培左盦集的學術思想〉﹝註14﹞一文試圖對《左庵集》在經學、語言文字學等方面的學術成就作一論述，以期對劉師培早期的學術思想有一較全面的認識。作為一位經學研究者，劉師培不能迴避經學古文學派和今文學派論爭的一些主要論點；作為一位近代的學者，他的治學方法和研究領域又和前賢顯著不同。

（4）劉師培是儀徵劉氏學最終的代表人物，其先祖劉文淇（1789～1854）、劉毓崧、劉壽曾三代以《春秋左傳》學留名儒林。劉氏斠讎歷程自幼弱而苦壯，終其一生而未中斷。曾聖益的〈劉師培之校讎思想要義〉刊載在臺灣師範大學國文學系第四十五期的《國文學報》，﹝註15﹞歸納劉師培斠讎工作的原則，論述其斠讎思想的要旨及淵源，並辨明其觀點與鄭樵、章學誠的差異，彰顯其斠讎學的特色與價值。〈劉師培之校讎思想要義〉一文，提到劉師培考察漢魏六朝的著述及唐宋類書所徵引的字句，對照宋元以下的刊本。劉氏獨具隻眼，認為賈誼《新書》流傳至南宋的舊刊本內容較盧文弨斠本可信。

﹝註9﹞ 洪業：《洪業論學集》，頁32。

﹝註10﹞ 洪業：《洪業論學集》（北京：中華書局，1981年3月），頁35。

﹝註11﹞ 周德良的〈洪業《白虎通引得序》辨〉，臺北大學《中文學報》2011年3月第9期，頁89～118。臺北大學《中文學報》似乎還有另一版本是從頁99～128的。

﹝註12﹞ 參閱周德良的〈洪業《白虎通引得序》辨〉，臺北大學《中文學報》2011年3月第9期，頁117。

﹝註13﹞ 周德良的〈洪業《白虎通引得序》辨〉，臺北大學《中文學報》2011年3月第9期，頁117。）

﹝註14﹞ 浦偉忠〈論劉師培左盦集的學術思想〉〈論劉師培左盦集的學術思想〉（《清史研究》第4期，1992年）頁75～82，頁82下轉頁74續完。

﹝註15﹞ 曾聖益：〈劉師培之校讎思想要義〉（《國文學報》第45期，2009年6月），頁25～96。

（5）劉青松〈《《白虎通》疏證》點校本白文校勘失誤例析〉指出他認為中華書局點校本《白虎通疏證》有不妥的地方。〔註16〕中華書局點校本《白虎通疏證》是研究《白虎通義》的重要參考書，沒用善本、沒透徹了解陳立的疏證和沒有用較好的本子來對校，只靠以《白虎通義》引文作本校。

（6）也是劉青松著的〈劉師培《白虎通》校勘述評〉，用心在總結劉師培的校勘方法及成就，劉師培《白虎通義》的校訂較前精審，廣度、深度都邁進一步。新材料的使用，如《原本玉篇殘卷》、《玉燭寶典》、《一切經音義》、《續一切經音義》等，使他能有更多的新發現。劉氏以他卓越的見解理校，超越了純文本校勘，不過劉師培能，不代表其他人能夠附其驥尾。在完善前人論點、糾正前人錯誤，釋前人誤解方面均有創見。〈劉師培《白虎通》校勘述評〉指出劉師培白璧微瑕，對其校勘成果做出綜合評價。可是我嫌劉青松的〈劉師培《白虎通》校勘述評〉所論還是泛泛，未能系統介紹劉師培考異文及探求語源等學說。

學位論文如（1）邵紅豔 2010 年碩士論文〈中華書局本《白虎通疏證》補校〉分四章，第一章敘述《白虎通義》成於甚麼時候，至今流傳的版本難免因為錯簡而誤倒，致卷數不同。又解釋陳立撰作《白虎通義》的理由，以及後人整理《白虎通疏證》的經過。第二章評述《白虎通疏證》補校的情況。第三章條陳陳立疏解《白虎通義》於形音方面的訛誤，指出當中的脫漏。第四章指出中華書局本《白虎通疏證》在點校時產生的種種錯誤，吳則虞的點校，較大的疏忽似乎是指將陳立疏文誤當引文。〔註17〕邵紅豔碩士論文總頁數只有58頁，篇幅短小。清儒陳立所撰《白虎通疏證》，可稱詳贍博議，是研究《白虎通義》者必讀的經典之作。

（2）繆敦閔著〈劉師培《禮經舊說》研究〉，分為三部分，第一部分為劉氏研究經學的背景與環境，第二部分為《禮經舊說》一書流傳與體例的分析，第三部分為《禮經舊說》一書內容的探討。繆氏論文最具參考價值的地方，是他依《禮經舊說》的順序，展示劉師培對《儀禮》禮學觀念問題的見解，以及劉氏考證《儀禮》條目的內容。因為本論文探討劉師培的研究《白

〔註16〕劉青松：〈《《白虎通》疏證》點校本白文校勘失誤例析〉，《河北大學學報（哲學社會科學版）》第39卷第3期（2014年5月），頁72、73。
〔註17〕參閱（邵紅豔：〈中華書局本《白虎通疏證》補校〉，浙江大學碩士學位論文（2010年6月），頁1～58。）

虎通義》，當中關於禮的部分實佔多數。繆氏逐點的分析，給我很大的參考價值。〔註18〕

　　白虎觀會議是經學史上的重大事件，規格高自不待言，參與的除了王公大臣，在座的還有立場不同的經學大儒辯論經義，盛況空前，遇有分歧就由皇帝決斷，我們不應忘記皇帝自幼受嚴格的經學訓練，會受經學老師思想的影響，而剖析《白虎通義》引文幫助我們了解經學傳承的系統。

　　（3）浙江大學人文學院鄭穎寫的碩士學位論文〈《白虎通》引文釋例〉，用功於排比《白虎通義》怎樣引述大量的今文著作，表面上徵引古文著作的屬少數。因為年代久遠，所引各書自然有些已經再尋找不著，能夠循這線索尋幽鉤秘，相信有不少得著。

　　（4）賴金旺的〈劉申叔先生及其訓詁學研究〉，是他 2009 年的博士論文，論文分八章，第一章介紹劉氏訓詁相關論述有哪些著作，研究材料包括訓詁探源、實踐和運用的作品，訓詁實踐主要為校釋古籍和歸納詞例。第二章劉氏的生平，由他的先祖說起，藉以勾勒劉氏家學淵源，同時介紹他的友朋和門人，第三章賴氏以為劉氏誠摯推動揚州學派的傳承，劉氏家族具揚州學派特色，劉師培本人志切吸收西學以發展中國傳統的學問。第四章探究劉師培的學術成就，包括經學、文學、政治學等，但不含訓詁學的成績。第五章直探劉氏訓詁的學問，右文說及轉語應該屬於語源的研究，賴氏沒隱瞞劉氏推闡右文的缺失。第六章劉氏訓詁的實踐得由校勘注釋與歸納古書詞例獲得成果。第七章劉氏訓詁的應用，環繞政治制度和社會等觀察。第八章結論，除了讚揚劉氏訓詁學的成就，於劉氏不足之處亦作出批評。〔註19〕

〔註18〕　參閱（繆敦閔：〈劉師培《禮經舊說》研究〉，台灣國立暨南國際大學碩士學位
　　　　　論文（2001 年 6 月），頁 1～173。）
〔註19〕　參閱賴金旺：〈劉申叔先生及其訓詁學研究〉，台灣中國文化大學博士學位論
　　　　　文（2009 年 5 月），頁 4，13，119，131～248，309～311，411～529，680。

第三章　劉師培的生平與學術

　　劉師培的學問廣博，特別擅長經學，近代學者研究劉氏有關經學方面的論著頗多，而涉及劉氏鑽研史學、中古文學及子學等方面成就的論述也不少。

一、生平與著作

　　劉師培作為經學大師，在繼承《左氏》家學的同時，嘗試把近代西方社會科學研究方法和成果，吸收到中國傳統文化研究中來，開拓傳統文化研究的領域。

　　劉氏稟賦極高，專心勤奮，再加上長輩點撥，積以年月，成就個人的學問。1907 年春節，應章太炎等邀請，劉師培夫婦東渡日本，結識孫中山（1866～1925）、黃興（1874～1916）、陶成章（1878～1912）等。作為留日青年學者的劉師培等人在日創辦報刊，一面宣傳無政府主義思想。1907 年中，汪精衛（1883～1944）、宋教仁（1882～1913）、章太炎、胡漢民（1879～1936）、劉師培等進入反清陣營，聲勢頗為浩大。這些人不僅宣傳無政府主義，而且親身實踐暗殺清政府政要行動。在政治上，劉師培認為過去兩千年是無法治狀態，國，其實不成其為國，企圖以其言行全面影響立憲運動。

　　胡適（1891～1962）到了上海之後，逐漸接受了新潮思想的影響。胡適的老師杜威（1859～1952）授予胡適的民本教育思想席捲中國，加上盧梭（1712～1778）的《民約論》全譯出版，和胡氏「同是曾開風氣人」的劉師培以《民約論》的思想與人合編了《中國民約精義》一書。這等西方思潮就使得劉氏的古文經學，在折射出那個時代所特有的政治文化意蘊的同時，也發揮劉氏獨特

的博大學問。他認為古文家重事亦即重史，古文經學看重對《六經》中史實的考訂，可以通過音韻、文字解釋個人的學術思想。

1902 年，劉師培中式為舉人，1903 年會試不第。他流浪至上海，結識章太炎、蔡元培（1868～1940）諸人，改名光漢，著《攘書》及《中國民約精義》等，因而聲名鵲起。時人將他與章太炎並稱「二叔」（劉師培字申叔，章太炎字枚叔），也有人把他比為「東亞之盧騷」。1907 年初，劉氏赴東瀛，在《民報》上發表大量文章，文筆意氣縱橫。不多久，他在東京辦《天義報》和「社會主義講習會」，與民族民主革命的路是漸行漸遠了。1908 年回國以後，劉氏歸附清廷兩江總督端方，1911 年隨端方入川平息保路風潮。後端方被民眾所殺，劉氏逃亡成都，任教四川國學院，方暫得棲息。1913 年，劉氏離開成都，託庇於山西閻錫山（1883～1960），後經閻推舉，至北京附袁世凱（1859～1916），鼓動推翻民國，主張恢復帝制。

帝制失敗之後，袁氏憤死，劉氏因避亂而遷居天津，被北大校長蔡元培聘任為北大文科教授，講授文學欣賞等課。1919 年 11 月 20 日，劉師培在北京因病去世，終年 36 歲。

劉師培治學嚴謹，著述弘富，在《左傳》研究方面，有《春秋左氏傳古例詮微》、《春秋左氏傳傳注例略》、《春秋左氏傳答問》、《讀左劄記》等，以至其研究《周禮》，所著的《周禮古注集疏》、《禮經舊說》、《逸禮考》等，都有很高的參考價值。《左盦集》和《左盦外集》則是集大成的著作，涵蓋廣泛，涉及群經、小學、古今學術思想、政治、官制、曆法、地理、金石、藝術、文學、序跋與手稿等範疇。劉氏去世後，著作經弟子、朋友整理，輯成《劉申叔先生遺書》。《遺書》包括經學小學 22 種，論述學術和文章 13 種，群書校釋 24 種，詩文集 4 種，讀書筆記 5 種，教科書 6 種。

根據陳奇著的《劉師培年譜長編》，劉氏先於 1910 年 8 月寫成〈白虎通義斠補〉[註1]，1910 年的他，時年 27 歲。1910 年 10 月劉氏完成〈白虎通義闕文補訂〉[註2]，同年 11 月完成〈白虎通德論補釋〉[註3]，及至 1913 年 3 月寫就〈白虎通義定本〉。[註4] 劉氏進行訂釋有關《白虎通義》著作的年代，

〔註 1〕陳奇：《劉師培年譜長編》（貴陽：貴州人民出版社，2007 年 9 月），頁 293。
〔註 2〕陳奇：《劉師培年譜長編》，頁 294。
〔註 3〕陳奇：《劉師培年譜長編》，頁 295。
〔註 4〕陳奇：《劉師培年譜長編》，頁 317。

差不多是他任職於四川國學院的同時，越發喜愛《白虎通義》〔註5〕，又因朝夕得與學院同仁砥礪，遂不捨於《白虎通義》的研究。

　　可以這麼說：劉師培訂釋有關《白虎通義》著作的年代，大致可以推斷為劉氏在四川國學院當副院長的時候，這個時候劉氏投身政治，一度陷於低谷，然而在兩三年間學術上有明顯的成就，正是人生有得有失。

二、治學特點

　　劉師培繼承家學，少時即立了考文字、辨音聲的志向，務據字音推求字義，後來認為應該在《說文》中尋求本字。在詞匯研究方面，劉氏探求語詞與語詞之間的同源關係，揭示象聲之說的直接證據。劉氏作各書斠補前，均先詳細考辨該書的流傳情形，清楚掌握文獻的特性，就版本流衍以考訂訛脫，故其校語多詳密精審可信從〔註6〕。在校訂、訓釋群書方面，劉氏貫繹墳典，會綜故訓，裨補疏遺，對《老子》、《荀子》、《呂氏春秋》及《白虎通義》等都做了精審的校釋工作。

（一）等視經史子

　　劉師培的一生，無論是性格或是學術思想，都充滿了複雜反覆的特徵。他通讀精閱，廣獵博涉，且著述豐富。劉氏活於乾嘉學派日益消弭之際，卻因家庭以樸學傳承，尤有其經史小學的穩固基礎，加上新學東來，所以劉氏也略涉當時新學，可謂出乎乾嘉而不獨守乾嘉，為學具時代特色，形式和內容與舊學並不全同。

　　章太炎、劉師培是有學問但治學方法比較傳統的學者，主張保存和振興中國傳統的「國學」，既出入經史子集之中，通經史又求工於文。「國學」固然可以指中國固有的傳統文化，涵蓋經史子集，著重於中國傳統文化裏的學術層面，主要指經史子三方面；重心則是中國傳統文化學術中包含的價值思想，亦即「六藝之學」。

〔註5〕陳奇：《劉師培年譜長編》，頁363。陳奇引邵瑞彭《禮經舊說‧喪服經傳第十一‧題記》云：「時廖先已擯棄今古部分之說，君（劉師培）反惓惓於家法，尤好《白虎通義》。」（劉師培：《禮經舊說》，《劉申叔先生遺書》第2冊，民國寧武南氏印本，頁1。）從這篇題記可證劉氏在考證經史之餘不忘考索古文師法的淵源流變。

〔註6〕曾聖益：〈劉師培之斠讎思想要義〉（《國文學報》第45期，2009年6月），頁38。

　　古代經亦史，兩者實無二致，但尋古溯源，啟動學術者厥維史官之職。劉師培《文說‧記事篇第二》：

　　　　皇古學術，溯源史官，記動記言，實惟史職。〔註7〕

　　六藝為史官所掌，檔案文書等都有人專職負責記錄。他又在〈答章太炎論左傳書〉中堅定自己對《左傳》的看法，其言曰：

　　　　來書言《左傳》有素王新法，賓禮有會盟而無宗覲，官秩汰孤卿而存大夫，故酌損《周官》，裁益齊、晉，斯為素王之志。此說誠新奇可喜，然按之古義，則殊不然。《左傳》所言典禮，無一不與《周官經》合。……總之《左傳》所言，俱係《周禮》，不必以《公羊》改制之說附會《左傳》，以淆其家法。賈君〈春秋左傳序〉，首言孔子立素王之法，即係誤采二家之說。實則素王之說，出於緯書。〔註8〕

章太炎與劉師培於《左傳》一書的看法，可算是同中有異。

　　根據陳奇的《劉師培年譜長編》，劉師培約在1910年至1913年的三四年間分別發表他對《晏子春秋》及《白虎通義》的研究成果。終劉氏一生著作甚多，想來一年當中非二書交叉進行編校不為功。且讓我們看看劉氏在1910年至1913年發表《晏子春秋》及《白虎通義》的情況：

　　　　1910年劉師培著〈《晏子春秋》黃之寀本校記〉（手稿）（收入《劉申叔遺書》冊25，附《晏子春秋斠補》後）

　　　　1910年劉氏著〈《白虎通義》斠補〉（二卷）（手稿）（收入《劉申叔遺書》冊33）

　　　　1911年劉氏著〈《白虎通義》源流考〉（收入《劉申叔遺書》冊34）

　　　　1911年劉氏著〈《晏子春秋》斠補定本〉（手稿）（收入《劉申叔遺書》冊24）

　　　　1911年劉氏著〈《晏子春秋》斠補跋〉（收入《外集》卷17，《劉申叔先生遺書》冊57）

　　　　1913年劉氏著〈《白虎通義》定本〉（收入《劉申叔遺書》冊34）

　　　　〔註9〕

〔註7〕劉師培：《文說》，《劉申叔先生遺書》第20冊，民國寧武南氏印本，頁2。
〔註8〕鄔國義、吳修藝編校：《劉師培史學論著選集》，上海：上海古籍出版社，2006年12月，頁365～366。又，馬勇編：《章太炎書信集》（石家莊：河北人民出版社，2003年1月），頁78。
〔註9〕陳奇：《劉師培年譜長編》（貴陽：貴州人民出版社），頁422～424，433。

劉師培有關《晏子春秋》的著作是《晏子春秋斠補定本》、《晏子春秋校補》和《晏子春秋補釋》;《白虎通義》則是《白虎通義斠補》(附闕文補訂,佚文考)、《白虎通義定本》、《白虎通義源流考》和《白虎通德論補釋》。

　　學者劉文斌的〈劉師培對《晏子春秋》研究的貢獻〉解說《晏子春秋斠補定本》所作的貢獻為:

> 在《晏子春秋斠補定本》中,劉師培主要做「斠補」工作。他在廣泛參校前人成果和相關材料的基礎上,對《晏子春秋》文本做了細緻考校。〔註10〕

又解說《晏子春秋補釋》所作的貢獻是:

> 《晏子春秋補釋》與前二部(指《晏子春秋斠補定本》、《晏子春秋校補》)著作不同,重點不在「校」,而是在前二著基礎上,將著作重心放到「釋」上。〔註11〕

再解說《晏子春秋校補》所作的貢獻是:

> 《晏子春秋校補》在《晏子春秋斠補定本》的基礎上,除了對原著做一定的文辭修正外,又增加了很多斠訂條目;同時,於書末另附「逸文輯補」和「黃(之寀)本校記」。其「逸文輯補」,開前人所未做的工作,對深入研究《晏子春秋》文本較有意義。〔註12〕

可見劉師培對《晏子春秋》研究的貢獻是多方面的。劉氏約在 1910 年至 1913 年分別發表他對《晏子春秋》及《白虎通義》的研究成果,一書一書續出,完成時間都在三四年間,研究的心態和方法,大抵變化不大。從劉氏對《晏子春秋》的研究,我推論他是準備把經史子集等材料全部一爐鑄冶。

(二)無分今古

　　劉師培的先輩也著力於子學的研究,「劉毓崧以家學為基礎,貫串群經諸子,擴充家學內涵。」〔註13〕翻檢劉毓崧的《通義堂文集》卷十及卷十一,分別論證法家、墨家與縱橫家派別產生的源頭(卷十的標題是「法家出於理官說」,卷十一的標題則是「墨家出於清廟之官說」、「從橫家出於行人之官

〔註10〕劉文斌:〈劉師培對《晏子春秋》研究的貢獻〉(瀋陽師範大學學報〔社會科學版〕第 3 期,總第 147 期,2008 年 6 月),頁 117。

〔註11〕劉文斌:〈劉師培對《晏子春秋》研究的貢獻〉,頁 117。

〔註12〕劉文斌:〈劉師培對《晏子春秋》研究的貢獻〉,頁 117。

〔註13〕張曉芬:《天理與人欲之爭——清儒揚州學派「情理論」探微》(台北:秀威資訊科技股份有限公司,2010 年 6 月),頁 368。

說」。）〔註14〕，劉師培則將《荀子‧非十二子》所列的學派與希臘和印度學派相配對〔註15〕。

諸子學地位的提升不始自劉師培，實由晚清開始，而且也不局限於校勘訓詁，清代統領一時的乾嘉學派繼承漢儒風範，致力於經史子學的考據，劉氏在治史學時旁涉校讎。他喜歡談經論史，經學和史學在方法運用上常用上校讎訓詁的技巧，以為保存和振興中國傳統的「國學」捨我其誰，對中國著名的經史子古籍進行考釋，考釋的數量相當大，內容又廣泛，涉及經史子集，影響學界不淺。

劉師培在《群經大義相通論》中的〈公羊荀子相通考〉一篇說：

> 僅通一經，確守家法者，小儒之學也。旁通諸經，兼取其長者，通儒之學也。〔註16〕

《群經大義相通論》所論相通各書是《周易》、《公羊》、《齊詩》、《周官》、《左傳》、《穀梁》、《荀子》和《孟子》。劉師培在〈公羊荀子相通考〉中認為《公羊》由子夏傳孟子〔註17〕，從而可抽繹《公羊》與《孟子》轉化的脈絡是順理成章的。劉氏繼而舉例說明他認同以上諸書會通有根據。至於《穀梁》與《荀子》的傳承，自授於子夏，再而傳於荀子〔註18〕，那麼《穀梁》、《荀子》應該稱為隔代傳承了。而劉氏在〈孔老篇〉說的與《群經大義相通論》正好互相呼應：

> 觀田子方受業子夏，而其學流為莊周，殊途同歸，儒道復合，後儒崇儒書之言，至斥道家為曲說，毋亦數典忘祖歟？〔註19〕

畛域樊籬無疑應該打破，劉師培還試圖借鑒西方社會學理論來指導經學研究，挖掘儒學經典的當代價值。綜觀劉氏經學研究的特色在於：一方面以經書作史料研究上古時期的社會，主張堅守中國文化的精神傳統；一方面以文化的主體地位，適當吸收西方文明。莊周（約前369～前286）是誰？讀者都該知道；

〔註14〕劉毓崧：《通義堂文集》，見陳立：《續修四庫全書》1546 冊‧集部‧別集類（（上海：上海古籍出版社，2002 年 3 月），卷 10，頁 497～518；卷 11，頁 519～524。）

〔註15〕劉師培：《國學發微》，《劉申叔遺書》第 13 冊，民國寧武南氏校印本，頁 5。

〔註16〕劉師培：《群經大義相通論》，《劉申叔先生遺書》第 9 冊，頁 24。

〔註17〕劉師培：《群經大義相通論》，《劉申叔先生遺書》第 9 冊，頁 24。

〔註18〕劉師培：《群經大義相通論》，《劉申叔先生遺書》第 9 冊，頁 17。

〔註19〕收入錢鍾書主編、朱維錚執行主編：《劉師培辛亥革命前文選》（北京：北京三聯書店，1998），頁 51。

讀過《論語》的，對子夏（前507～前420？），不會陌生；念了《莊子》、《資治通鑑》的，就曉得田子方（生卒年不詳）的大名。劉氏對以上的專名則一概沒作詳註，最理想是有本《劉師培作品專名詳解》造福士林，否則自己定要多翻相關的書。後世認為道家莊子之學源於田子方，田子方卻是儒家子夏的門人。但類近的例子實不少，如禽滑釐（前470～前400），子夏弟子，而為墨家具舉足輕重地位的人物；韓非（？～前234）、李斯（前280～前208），荀子（前313～前238）的弟子，而為法家魁首。只有略略明白個中的思想淵源才能考察劉氏「殊途同歸，儒道復合」之說的意義。

　　他在諸子、經學研究過程中，也自多發明義理，校正前人誤說。如《荀子·名學篇》一句：

　　　然而徵知必將待天官之當簿其類，然後可也。

對於此句，劉氏引楊（倞）註曰：

　　　當，主也；簿，簿書。「當簿」謂如各主當其簿書不雜亂也。

又引郭嵩燾註曰：

　　　簿，猶記錄也，心徵于耳目而後有知所聞所見，心徵而知之由耳目之記籍其名也。

劉師培認為這兩種說法都不合。他加案語糾正說：

　　　「簿」、「薄」二字字形相似，古代因多相混，疑「當簿」之「簿」亦與「薄」同義，訓為迫。

劉氏謂「簿」當作「薄」，義與「迫」同。他繼續說：

　　　此文之「類」字係指物而言，「天官」指身言，言心非能直與物接也，必待身體與物相接，然後心有所知，「迫」訓為近，又訓為附，而「當」又訓對，則當簿者即以己身接物之義，猶言與相值，與物相迫也。下言「五官簿之而不知」，猶言身與物接而不知也，楊說非是。〔註20〕

劉氏引經史子古籍，並非憑空想像，而是有根有據。

　　民國以來，中國傳統史學不再附庸於經學，發展為獨立性的專門之學。同樣，子學具應有的學術地位，當中得著名學者像章太炎和劉師培等的推動不遺餘力，研究成績乃得燦然可觀。

　　在1912年初，當劉師培因隨端方去四川鎮壓而被革命後建立的新政權四

〔註20〕劉師培：《荀子補釋》，《劉申叔先生遺書》第29冊，頁62。

川軍政府拘留時，消息杳然，身分為南京臨時政府教育總長的蔡元培與章太炎聯名在報章上刊登〈求劉申叔通信〉，稱：

> 劉申叔學問淵深，通知今古，前為宵人所誤，……。今者，民國維新，所望國學深湛之士提倡素風，任持絕學。而申叔消息杳然，死生難測。如身在地〔他〕方，尚望先一通信於國粹學報館，以慰同人眷念。〔註21〕

在得知劉氏下落後，蔡元培即以教育部首長的名義致電四川有關方面〔註22〕，要求將劉護送來部，「以崇碩學」。

劉氏若不是「通知今古」，如何配稱「碩學」？今古之學對劉氏沒有造成阻隔，他具有雄視前代、駕馭古今學術著作的能力，形成了紮實嚴謹、深邃嚴密的大家風範。

劉氏〈經學教科書序〉自註云：

> 大約古今說經之書，每書皆有可取處，要在以己意為折衷耳。〔註23〕

劉氏一些著作，就兼採今文為證。《錢玄同文集》第四卷刊印了錢玄同的〈劉申叔先生遺書序〉，錢氏在〈序〉中論其學云：

> 劉君前期之著述中，如《中國民約精義》第一篇，《攘書·夷裔篇》、《周末學術史序》之〈社會學史序〉及〈哲理學史序〉，皆引公羊之說而發揮其微旨。〔註24〕

〔註21〕姚奠中、董國炎：《章太炎學術年譜》（太原：山西古籍出版社，2003 年 8 月），頁 195。

又，馬勇：《章太炎書信集》（石家莊：河北人民出版社，2003 年 1 月），頁 82。姚奠中、董國炎的《章太炎學術年譜》與馬勇的《章太炎書信集》二版本有一字不同，姚、董本作「如身在地方」，馬本別作「如身在他方」，未知孰是，惟無礙於整體的理解。

〔註22〕載於〈臨時政府公報〉第 1 號。蔡鴻源、孫必有輯：《臨時政府公報》第一輯（南京：江蘇人民出版社，1981 年），頁 9。又，湯志鈞：《章太炎年譜長編》卷 4（北京：中華書局，1979 年 10 月），頁 382。

〔註23〕劉師培著，陳居淵註：《經學教科書》（上海：上海古籍出版社，2006 年 7 月），頁 1。

〔註24〕劉思源等編：《錢玄同文集》第四卷（北京：中國人民大學出版社，1999 年 6 月），頁 324。

劉師培：《尚書源流考·毛詩札記》，《劉申叔遺書》第 1 冊，頁 5。《劉申叔先生遺書》第一冊的前頭收了多篇文章，刊印了錢玄同的〈劉申叔先生遺書序〉，《劉申叔先生遺書》體例蓋由錢玄同制定，與《尚書源流考·毛詩札記》內容不直接相關。

劉氏曾說：

> 所謂今古文者，以其由古文易今文有先後之殊，非以其義例亦有不
> 同也。……今文、古文為漢儒之恆言，猶今日所謂舊板書、新板書
> 也。〔註25〕

以上劉氏辨明漢代以前經無今古文之分，亦論今古文之分僅以文字不同之故。今古文的辯論拖延很久，所爭論的不止形制，更多的是論二者的義理有別。劉氏卻想闡明今古文的大義原來無別，只在形制上有不同而已。

（三）持平漢宋

　　人們對清代漢、宋學問題的相關論述，以著眼於考據、義理的治學方法為主，劉師培等人更有系統地闡釋漢宋之學間的相承。劉氏把二百多年漢學發展的歷史劃為四個時期：懷疑派時期、徵實派時期、叢掇派時期及虛誣派時期。善於懷疑是好，有懷疑跟著設法徵實，言皆有物及無徵不信，才確保有驗證孰真孰假的能力。而掇拾遺言，網羅舊典，則是叢掇派的能事。叢掇是中性詞，本無好壞，但掇拾、網羅也會疏漏，苦心措詞有時也無法教人們領會，甚至失真！有謂清代漢學淵源於宋學，或謂就清代學術發展流變來看，常州學者的《公羊》學研究，本質上仍屬於漢學的一部分。劉氏對常州文士沒好感，他認為他們穿鑿附會，支離經術，因此給與虛誣一派的稱號。我們無妨看看劉氏如何批評常州學派，這樣足以反映他於今、古經學觀的某些堅持。劉氏〈清儒得失論〉不只對常州學派沒有好評，簡直稱得上厭惡，試觀下文便會明白：

> 莊氏之甥，有劉逢祿、宋翔鳳，均治今文，自謂理炎漢之墮業，復
> 博士之緒論。然宋氏以下，其說淩雜無緒，學失統紀，遂成支離。
> 惟儷詞韻語，則刻意求新，合文章、《經》訓為一途，以虛聲相煽，
> 故劉工慕勢，宋亦奢淫。……而治今文之學者，若劉逢祿、陳立，
> 又議禮斷獄，比傳經誼，上炫達僚，旁招眾譽，然此特巧宦之捷途，
> 其枉道依合，信乎賈、董之罪人矣。〔註26〕

上文提到的莊氏即莊存與（1719～1788），莊存與和他侄兒莊述祖以及外孫劉逢祿（1776～1829）均是常州學派的代表人物。

〔註25〕劉師培：《左盦外集》卷4，《劉申叔先生遺書》第44冊，頁7，9。

〔註26〕劉師培：〈清儒得失論〉，載《左盦外集》卷9，《劉申叔先生遺書》第49冊，民國寧武南氏印本，頁146，148。

　　劉師培的學術研究，確實很難用傳統意義上的今古文經學或漢學、宋學所能規範。清代漢學復興，今古文又形分立，門戶之見甚深。今文家調和漢宋，發掘「微言大義」，劉氏冀掃除宋學空疏的弊端。劉氏實事求是，不立門戶，於漢宋之學大體持平。

　　劉氏鑑於某些學者拘執一經之言，昧於旁推交通之義，強調《公羊》、《孟子》、《荀子》、《毛詩》、《周易》、《周官》、《左傳》之間的學術思想都存在相通之處。劉氏訂釋《白虎通義》，考證論據不避今古文經。《白虎通義》內文中的《五經》或包括《春秋》，或不包括《春秋》〔註27〕，為的是異文並蓄，正屬《白虎通義》其中一個特色。而劉氏於訂釋《白虎通義》的過程中，謂《春秋》是第六《經》，別於五《經》，也同是《經》〔註28〕。劉氏的著作顯出尊漢傾向，有「漢學」之實，但不卑視「宋學」。

（四）通經致用

　　乾嘉學者被譏諷長期鑽故紙堆，每每予人不切實際、不能經世致用的感覺。經世之學為治國之道、理民之術，總括而言，一切以治國治民、經世致用為宗旨的學問，都算是經世之學，具體來說，包括政治典章、財政刑法、國計民生、土地政策、工程水利等等。晚清今文經學提出的一個主要觀念：古文經欠缺孔子素王改制的經世精神面貌。劉師培認為學術關注社會發展，而當時的社會急待變革。能融會世情，切入人心，自能致用救治流弊，治民興世。劉氏相信中華民族具優秀傳統，弘揚中國傳統文化，可讓中華民族強盛。在這個經世實學思潮中致力於經學研究，「通經」指向致用。從而發展儒家的夷夏之辨及民本思想。他廣收博採，精於曆譜地理及名物典章。他關注文獻，也關注現實，呈現出通達的治學精神。

　　劉氏體會到社會日趨複雜，在《經學教科書》一書的〈序例〉中提出的經學概念包羅一切，涵蓋更廣泛，除了政治典章，還有地理沿革與文體變遷：

> 夫六經浩博，雖不合于教科，然觀于嘉言懿行，有助于修身；考究
> 政治典章，有資于讀史；治文學者，可以審文體之變遷；治地理者，
> 可以識方輿之沿革。是經學所該甚廣，豈可廢乎！〔註29〕

〔註27〕陳立：〈白虎通疏證〉附錄8，劉師培《白虎通德論補釋》，頁806。

〔註28〕陳立：〈白虎通疏證〉附錄3，劉師培《白虎通義斠補》，頁706。

〔註29〕劉師培：《經學教科書》卷1〈序例〉，《劉申叔遺書》第66冊，民國寧武南氏印本，頁2。

政治典章、地理沿革有益於國計民生，取得實際的功效，有助於治國治民，而且通過經學，有助於我們了解文體的源流。在考察文體與時代和文化聯繫的同時，讀書人相信，學問必須有益國計民生，能治國安民，以取得實際的效用。六經浩博，能夠資取的知識很多，不過在上者挾持民意作為資本，在下者貪愛功名利祿，所以衍生壞的效果，劉氏感嘆：

> 託通經致用之名，在下者視之為利祿之途，在上者視為挾持之具……
>
> 使雄才偉略汩沒於章句訓故之中，而思亂之心以弭。〔註30〕

我們不妨把六經看作政治倫理學著作，倫理是人人當遵守為人的規則，各自應該遵守的秩序。劉氏編輯《倫理教科書》的目的之一，是把古人倫理學實踐的典範，作為學習的榜樣。例如，在踐行父子倫理上，他在《倫理教科書》第二冊第五課〈論父子之倫理實踐〉中表揚「救親之失、諍親之失、承親之志、顯親之名、孝德之心」〔註31〕等典型。劉氏關注社會倫理，強調經世致用、諷諭教化，經世致用與儒家的經學思想一脈相承。

三、劉師培的經學造詣

劉氏的〈群經大義相通論〉、〈字義起於字音說〉、〈漢宋學術異同論〉、〈南北學派不同論〉等篇議論古今學術思想和小學、經學、校釋群書的學術探析有頗高成就。以下論述劉氏的經學造詣，可分類為：

（一）吸納眾說

劉師培出身於經學世家，曾祖父劉文淇，祖父劉毓崧、伯父劉壽曾都以治《左傳》享譽。儀徵劉氏，於清季前後五世相繼註《左傳》，為近代經學世家，「揚州學派」的中堅。在經學研究方面，劉師培秉承家學，宗古文經，但又不墨守古文家法。劉氏十二歲讀完五經及四書，每每以家學第四代傳人自居。他有古文家學世家不可逃避的身世，但憑藉深厚的家學功底和勤敏的治學精神，他卓然獨立，在清末民初的思想界和學術界佔有很重要的地位。

劉氏得天獨寵的地方是家學深厚，又在整理文獻資料、包容不同說法的態度上勝於其他的今文、古文經學家，故此劉氏在經學研究多新弋獲。他在《經學教科書》一書〈序例〉就說明經學教育希望培訓兼容並包、眼光廣闊的青年學者。下面是劉氏治經能吸納眾說的例子。

〔註30〕劉師培：《國學發微》，《劉申叔先生遺書》第 13 冊，頁 29，30，34。

〔註31〕劉師培：《國學發微》，《劉申叔先生遺書》第 65 冊，頁 13～16。

焦循《易通釋》〈約酌豹禴〉說：

> 〈革‧上六〉「君子豹變」。「豹」从勺聲，與「納約自牖」之「約」，
> 「酌損之」之「酌」，同聲假借也。……〈既濟‧九五〉「東鄰殺牛，
> 不如西鄰之禴祭」。〈傳〉以「時」字贊「禴祭」二字。〔註32〕

而劉師培〈論《易經》與文字之關係〉說：

> 上古聲起於義，故字義起于右旁之聲。任舉一聲，聞其聲即可知其
> 義，故《易經》之命名辨物也，近其聲則通其義。例如「豹」、「礿」
> 同聲，與虎並言，則借「礿」為「豹」；與祭並言，則借「豹」為「礿」。
> 〔註33〕

礿是祭名，《禮‧王制》：

> 天子諸侯宗廟之祭，春曰礿，夏曰禘，秋曰嘗，冬曰烝。【疏】皇氏
> 云：礿，薄也。春物未成，其祭品鮮薄也。〔註34〕

故謂礿有薄、小義，以下就「豹」、「礿」（同「禴」）為例來說明劉師培怎樣
參考並發揮焦循《易經》「借」的概念。所謂「借」指意義的借用。我參考了
程鋼〈假借與焦循的易學闡釋方法〉〔註35〕的分析方法，略述如下：「豹」、
「礿」代表兩個假借字。「豹」的字意、「礿」的字意均不能再加以分解，則
所謂「豹」借用為「礿」，其含意是：「豹」的字意同於「礿」的字意，就會
導致上述的矛盾。要避開這一矛盾，我們就必須設定「豹」、「礿」的字意是
可以分解的。根據《易通釋》〈約、酌、豹、礿〉，我們可知「豹」的字意同
於「虎」的字意合「小」的含意而成；「礿」的字意同於「祭」的字意合「小」
的含意而成。

　　「小」為「豹」與「礿」共同的含意，但不是「豹」「礿」的總體含意。

〔註32〕焦循：《焦孝廉易通釋》卷十，載《皇清經解》卷一千零九十八（影印本），頁
　　　　6～8。

　　　　焦循：《易通釋》卷十，載《續修四庫全書》第 27 冊（上海：上海古籍出版
　　　　社，2002 年），頁 289。

　　　　焦循：《易通釋》卷十，載《易學三書》（北京：九州出版社，2003 年），頁 269，
　　　　270。

〔註33〕劉師培：《經學教科書》（上海：上海古籍出版社，2006 年），頁 212。

〔註34〕鄭玄註、孔穎達等疏：《禮記正義》（十三經注疏標點本），（北京：北京大學出
　　　　版社，1999 年），頁 451，452。

〔註35〕程鋼：〈假借與焦循的易學闡釋方法〉，清華大學思想文化研究所集刊第一輯，
　　　　（1996 年 4 月），頁 185，186。

「豹」「豹」之所以能相互假借，乃是因為它們包含有共同的意義「小」，所謂「假借」就從對方那裏借來「小」的含意。因而，彼此假借的兩個字，就其字面意義而言，是不盡相同的。這樣就克服了上述的矛盾。

劉師培研究文字學其中主要目的是考史並引證經典。

訓詁學上的「右文」學說認為右旁聲符多同義，只是判斷那些屬於形聲字有困難，況且當中存在省聲、兼聲等情況。更加上尋求字的本義困難，有時還須上溯比《說文解字》更早的甲骨、金文等材料。劉師培〈論《易經》與文字之關係〉便說：

> 字音原於字義，既為此聲，即為此義。凡彼字右旁之聲，同於此字
> 右旁之聲者，其義象亦必相同。〔註36〕

劉氏不光研究近似「右文」學說，更企圖將文字學運用於古書的詁解。所以劉氏〈論《易經》與文字之關係〉，引用了西人拉克伯里著〈支那太古文明論〉，解釋〈離〉卦之文。〔註37〕劉氏思想活潑，願意客觀接受新事物，他學外語，研究並非他本行的倫理學、數學動機清晰，都為了更好地解釋經典。劉氏《經學教科書》屢屢徵引焦循（1763～1820）著作的精髓，大概為行文簡潔，不是每次都列出出處。焦循認為他在學《易》所得的有三個重要法則，其中「旁通」、「相錯」即劉氏〈釋爻辭（上）〉所說同名的兩個術語：

> 而參伍錯綜之象，必待變動而後著，此旁通、相錯、卦變三端所由，
> 為治《易》學者之要義也。〔註38〕

劉氏說的「旁通」、「相錯」術語即為焦循所創，故陳居淵於〈釋爻辭（上）〉文後註六、七分別說：

> 「旁通」、「相錯」：《易》學術語。焦循創擬的重要《易》學法則。
> 〔註39〕

陳居淵註釋《經學教科書》關於《易》學「相錯」的法則，進一步說：

> 「相錯」主要有四種形式組合而成：
> 1. 凡旁通卦的下卦相互置換而成相錯。如《同人》與《師》兩卦相
>   錯成《訟》、《明夷》兩卦，反之亦然。

〔註36〕劉師培：《經學教科書》（上海：上海古籍出版社，2006 年），頁 215。

〔註37〕劉師培：《經學教科書》，陳居淵註（上海：上海古籍出版社），頁 215。

〔註38〕劉師培：《經學教科書》，頁 174。

〔註39〕劉師培：《經學教科書》，頁 174～176。

2. 凡旁通卦二五爻位置換，而組合成新卦的相錯。如《乾》、《坤》
   兩卦二五爻位置換得《同人》與《比》兩卦。《同人》與《比》兩
   卦相錯為《否》與《既濟》兩卦，反之《否》、《既濟》相錯亦為
   《同人》與《比》兩卦。〔註40〕

陳氏熟悉劉氏的學術門路，亦熟悉《易》學。

　　所謂「旁通卦」，即指六十四卦中各個爻位合於一陰一陽相對而成立的卦
組。如《乾》卦六爻全由陽爻組成，《坤》卦六爻全由陰爻組成，因此《乾》
《坤》兩卦成一組旁通。相錯則為「旁通」的補充增益，以六十四卦中的三十
二組「旁通卦」為依據，進行卦與卦之間的轉換。

　　即使劉氏解釋《易》時根據焦循的學說，沒有逐條列出出處是可以接受的，
因為《經學教科書》為教育年輕學子而編寫。

　　焦循以「旁通」揭示卦爻之間的相互聯繫，「旁通」是卦爻間陰陽置換的
規則。以下摘錄焦循作的「旁通圖」例並予分析，好了解六十四卦兩兩相通的
道理。

　　先舉乾卦與坤卦互易為例：

　　乾卦六個陽爻的次序是：初九、九二、九三、九四、九五，最後一爻為上
九。乾☰與坤☷卦爻反對，乾卦本身經二之五，初之四、三之上的易動，因
全為陽爻，故仍為乾卦，所以旁通於反對的坤卦。既然卦經易動後與原卦相
同，則旁通於原卦反對之卦（即陽爻與陰爻互換），二五先行得變易，乾卦二
爻與坤卦五爻互易，乾卦變成了同人卦（䷌），坤卦變成了比卦（䷇）；乾卦
四爻與坤卦初爻互易後，乾卦變成了小畜卦（䷈）；乾卦上爻與坤卦三爻互易
後，乾卦變成了夬卦（䷪）。

　　再舉同人卦與師卦互易為例：

　　同人（䷌）因二爻與五爻互易後成大有（䷍），故毋需與師（䷆）相通。
二五先行，初四、三上應之。同人部分卦畫見出旁通現象，可是初四、三上之
互易，則仍需與師（䷆）旁通。〔註41〕

　　「同人」的旁通卦為「師」卦，因此「同人」卦也便有了關於「師」卦的
內容。焦循也由經傳文中找出許多例證支持他的說法。而「相錯」以六十四卦

〔註40〕劉師培：《經學教科書》，頁176。
〔註41〕焦循：《易學三書》（下）《易圖略》（北京：九州出版社，2003年），頁1。

中的三十二組旁通卦為依據，進行卦與卦之間的轉換。劉師培一連採用了焦循的兩個要義，雖然在這裏未予任何讚賞的話，但重視的態度可以想見。

劉師培的經學造詣，吸納眾說，包括焦循、戴震與廖平等學者的說法。劉師培對戴震的學問很佩服，他在〈清儒得失論〉中提到：

> 近代以來，鴻儒輩出，鄞縣萬氏、蕭山毛氏，漸知宋學之非，或立說著書以與宋儒相詰難。而集其成者，實惟東原戴先生。東原之書，以《原善》、《孟子字義疏證》為最著。……惟東原解字，其界說最為精嚴。……予束髮受書，即服膺東原之訓。〔註42〕

由字義而義理，劉氏都十分敬服戴震的學問。

又像崔海亮：〈廖平「今古學」研究〉說：

> 在辛亥革命後，劉師培改變以前對廖平學說的批判態度，也開始吸收了廖平的一些觀點。……只不過廖平把今古學的分歧歸本於孔子，而劉師培卻歸本於周室。〔註43〕

劉師培和廖平固然是學術上的對手，卻又意氣相投，常討論勉勵。

章太炎主持《民報》，劉師培幫忙主持編務。章、劉二氏學術路子接近，有很多共同的話題，《章太炎全集》第四冊的〈再與劉光漢書〉中有言：

> 申叔足下：與君學術素同，蓋乃千載一遇，中以小釁，翦為仇讎，豈君本懷！〔註44〕

因為章氏敬重劉氏家學世代相傳，根基深厚。章氏修書〈與劉師培〉云：

> 仁君家世舊傳賈、服之學，亦有雅言微旨匡我不逮者乎？〔註45〕

對劉氏如此稱譽，章氏的確十分謙虛。

至於在《章太炎書信集》中的〈與劉師培〉，章氏復云：

> 國粹日微，賴子提倡，泛濫群籍，未若嫥精一家。君以賈服古文，

〔註42〕劉師培：〈清儒得失論〉，載《左盦外集》卷17，《劉申叔先生遺書》第57冊，民國寧武南氏印本，頁15，16，32。）

〔註43〕崔海亮：〈廖平「今古學」研究〉，武漢大學博士學位論文（2010年5月），頁135，136。

〔註44〕上海人民出版社編：《章太炎全集》第四冊（上海：上海人民出版社，1985年9月），頁157。又見馬勇編：《章太炎書信集》（石家莊：河北人民出版社），頁81。內容同劉師培：《尚書源流考・毛詩札記》〈與劉光漢書七〉，《劉申叔先生遺書》第1冊，頁91。

〔註45〕馬勇編：《章太炎書信集》（石家莊：河北人民出版社），頁71。《章太炎書信集》這裏的〈與劉師培〉書信第一通，內容同劉師培：《尚書源流考・毛詩札記》中〈與劉光漢書一〉，《劉申叔先生遺書》第1冊，頁75。

> 奕世載德，年力鼎盛，必當比輯成書，豈效稚存左詁，率爾操瓢，
> 自矜博覽而已？〔註46〕

章氏既勸勉劉氏專精研習家學一門，繼承祖蔭的任務，一任年輕知交來承擔。不應泛覽自矜，切勿效法字「稚存」的洪亮吉（1746～1809）般沒有慎重考慮，就輕率地寫下《左傳詁斠正》，期許劉氏他日光大經學。

（二）引領新潮

劉師培的中學比西學水平要高上很多，所以他實際未能做到以中學證明西學，最終是以西學證明中學。在民初，精通一門經學的學者還不少，但罕有兼擅多門的，劉氏是少數的例外。劉氏通曉經典義理，守著傳統文化的精神，他不是要以社會學理論改革時政，相反想闡發其經學理念，冀令「中土文字古誼畢呈，用以證明社會學」。〔註47〕劉氏企圖改變社會。

《經學教科書》第二冊〈弁言〉云：

> 《易經》一書，所該之學最廣，惟必先明其例，然後於所該之學分
> 類以求，則知《易經》非僅空言，實古代致用之學。惜漢儒言象、
> 言數，宋儒言理，均得《易》學之一端。若觀其會通，其惟近儒焦
> 氏之書乎？故今編此書多用焦氏之說，刺舊說者十之二，參臆解者
> 十之三。如《易》於〈象傳〉之外，兼有〈象經〉，則係前人所未言。……
> 體例雖與前冊稍殊，然均以發明《易》例為主，揭重要之義為綱，
> 而引申之語、參考之詞，皆列為目，以教科書應以簡明為主也。然
> 《易經》全書之義例，粗備於此矣。〔註48〕

以近代學科體系來界定《易經》，將其涵蘊的知識，按門分類地合併到近代學科體系中。《經學教科書》中有標題為〈論易經與文字之關係〉、〈論易學與數學之關係〉、〈論易學與科學之關係〉、〈論易學與史學之關係〉、〈論易學與政治學之關係〉、〈論易學與社會學之關係〉、〈論易學與倫理學之關係〉、〈論易學與哲學之關係〉、〈論易經與禮典之關係〉等文章。劉氏這樣的中西類比並不容易，

〔註46〕馬勇編：《章太炎書信集》（石家莊：河北人民出版社），頁78。《章太炎書信集》這裏的〈與劉師培〉書信第四通，內容同劉師培：《尚書源流考・毛詩札記》中〈與劉光漢書四〉，《劉申叔先生遺書》第1冊，頁83。

〔註47〕劉師培：《左盦外集》卷6，〈論中土文字有益於世界〉，《劉申叔先生遺書》第46冊，頁95。

〔註48〕劉師培：《經學教科書》，頁147。

真要有精通中學又懂西學才得以會通徵實。劉氏的功勞是開啟了經學研究的新思路，使西學得在中國舊學中找到了一定的基礎。

　　比較兩位同時介紹經學歷史的學者，皮錫瑞是今文經學家，他在總結經學的歷史時，主要依據今文學家的立場來評論。他把經學史分為 10 個階段，即經學的開闢、流傳、昌明、極盛、中衰、分立、統一、變古、積衰、復盛。皮氏在對經學歷史進行評價的時候無法不作主觀評論，好像今文盛則古文興，相反亦然。用上「復盛、衰、昌明、極盛」等字眼，從一開始已經有批判；劉氏《經學教科書》按時代先後把傳統經學析分兩漢、三國至隋唐、宋元明、清代四派。劉師培的經學史研究，較少持今古文門戶之爭的成見，按時代順序、以某門經著的形式總結從古至今經學研究的特點、成果，又論其大略。《經學教科書》分兩冊：第一冊先從經學的起源歷史說起，再分述經孔子弟子、兩漢、三國南北朝、宋元明迄近代儒者的傳授諸經；第二冊專論《易》學，並討論不同學科與《易》經的關係。劉氏認為：古文經學和今文經學相通，今文經學往往合於古文的古誼，這是劉師培經學理論的創獲。天資卓犖、滿腹經綸的劉氏，其經學可謂集家世治學之大成。他不硬推銷古文經的真實，反對貶低今文經的價值而認為古文優於今文的看法，因此也不排斥今文經學。他在經學教育方面取得成功，並適應了經學史學化的潮流理論，從思想學術上開導出一股新潮流，開拓具有前瞻的學術體系。劉氏一生想法與行為經常矛盾，他一方面聲討新學堂制之失，同時卻開出一種風氣，影響全國，萌發思想解放的潮流。劉氏廣博自由能容納新潮流的精神，生氣勃勃地開創了一種風氣，著〈黃帝紀年論〉，倡言摒棄清朝皇帝的帝號，換上西元和把黃帝誕生的那一年作為紀元元年。另一方面，他又相信社會主義，成立了「社會主義講習會」，掀起另一波大潮。

（三）經世致用

　　經世之學包括治國之道、理民之術以至有關現實國計民生的制度、設施等等。劉師培治學，部分內容也有這方面的取向。他後來整合《禮經》今古文以開漢學的新路，認為自己最得意的學問，全在「三禮」上，他眼中的經學比歷來範圍都廣闊，由禮學入手也是個方向。劉氏對《禮經》的研究，大抵考訂《儀禮》篇名、名物和禮制，細緻如昏冠、冕服與拜見等禮儀。《周禮古注集疏》所用的方法接近古代學者所作：先註後疏，沒有註的也可能只加疏，著重的大概分析像四時祭祀用具、五禮六樂等。《周禮》，初名《周官》、《周官經》，王

莽時，更名為《周禮》，並列為《禮經》。此後，《周官》、《周禮》二名互見。下面試談談劉氏治學涉及經世取向的部分。

1. 研究經學，以古通今

晚清今文經學家批評古文學派的一個重點，是缺少由素王帶領改制的經世精神面貌，沒有歷史發展觀和政治熱情，不過劉師培認為這評論片面。他在《讀左劄記》裏澄清說：

> 《公》、《穀》二傳之旨，皆辨別內外，區析華戎。……《左傳》一書，亦首嚴華夷之界，僖二十三年傳云：「杞成公卒。書曰『子』，杞，夷也。」二十七年傳云：「杞桓公來朝，用夷禮，故曰子。」此左氏傳之大義也，亦孔門之微言也。〔註49〕

本著中國傳統知識分子的文化自覺與經世致用的精神，劉氏認為夷夏之防的民族意識，是改朝換代的社會現實的反映。《左傳》一書在釋經過程中突出了要嚴格設定華夏族和其他民族的界限，劉氏同意具有民族主義思想，可以用來抵禦外侮。

儒家的政治目標是實現王道，今文經學闡發強調的君輕民貴說，劉氏認為《左傳》中早記錄前儒之言：

> 輓近數年，晢種政法學術播入中土，盧氏民約之論，孟氏法意之編，咸為知言君子所樂道，復援引舊籍，互相發明，以證晢種所言君民之理，皆前儒所已發。由是治經學者咸好引《公》、《穀》二傳之書，以其所言民權多足附會西籍，而《春秋左氏傳》則引者闕如。予案隱公四年經云：冬，十有二月，衛人立晉，《左氏傳》云：書曰衛人立晉，眾也，以證君由民立，與《公》、《穀》二傳相同。又宣四年經云：鄭公子歸生弒其君夷，《左氏傳》云：凡弒君稱君，君無道也；稱臣，臣之罪也。以做人君之虐民，與《公羊傳》之釋莒君被弒也，亦合若符節。〔註50〕

經世實學思潮具體表現為治國安邦者能重民，君民同心，才見邦興國強。

劉氏嘗以經學論政，在《漢代古文學辨誣》中辨明古文記述近於真實，古文經並非像某些今文學家的比喻為牽強附會，曲解原意：

〔註49〕 劉師培：《春秋古經箋・讀左劄記》，《劉申叔先生遺書》第 7 冊，頁 74。
李學勤：十三經注疏本《春秋左傳正義》，（北京：北京大學出版社，1999 年），頁 468，499。

〔註50〕 劉師培：《春秋古經箋・讀左劄記》，《劉申叔遺書》第 7 冊，頁 77。

> 至近人創偽經之說，扶今文而抑古文，於漢代古文之經均視為劉歆
> 之偽作，而後人人有疑經之心，於典章人物之確然可據者，亦視為
> 郢書燕說。吾恐此說一昌，則古文之經將廢，且非惟古文之經將廢
> 也。凡三代典章人物載於古文經者，亦將因此而失傳。非惟經學之
> 厄，亦且中國史學之一大阨矣。〔註51〕

劉氏感嘆治今文者昧於事實，撻伐古文為偽書，故發言責備「近人」所謂的創偽經之說，不點名批評康有為所撰《孔子改制考》。

2. 採西學理論，求致用之道

曾聖益於〈劉師培的應世經學〉一文說：

> 經學既「不足以致用於後世」，則惟揚棄其說，取法西人，或在傳統
> 學術思想中另尋用世之道。劉師培顯然以後者為主。認為傳統學術
> 中能致用於後世者即為「國粹」，並不限於經學，然國粹必須經過整
> 理尋繹，去蕪存菁而後探得，既非在道德性理的泛言之中。……考
> 察劉師培所欲取以致用之「國粹」，乃以《左傳》、《周禮》為核心，
> 可知其經學思想及應世方法之要旨。〔註52〕

劉氏的研究「國粹」，確以《左傳》、《周禮》為主，但不表示他揚棄西學，像他據西人拉克伯里〈支那太古文明西元論〉，曾做過一些初步探討，推斷中國人種西來即來自巴比倫說。但劉氏所言並不完善，需待釐清的問題尚多，而曾氏的說法不免有偏。不過劉氏期望以西學補充、完善「國粹」的學習體系的意圖，則是頗明顯的，他的意圖，無疑有致用的目的。

且看劉氏《論小學與社會學之關係》一文，開首發言便說：

> 西人社會之學，可以考中國造字之原。〔註53〕

社會學是一門探究社會秩序的經世致用學問，因為人群必有進化的歷史，可以發展成系統的西方社會學佐證中國社會的變化，劉氏即強調中西學相通之處。《經學教科書》第 2 冊內的第 23 課專論「易學與數學之關係」，第 27 課專論「易學與社會學之關係」，第 28 課專論「易學與倫理學之關係」，這證明劉氏

〔註51〕劉師培：《左庵外集》卷 4，《漢代古文學辨誣》，《劉申叔先生遺書》第 44 冊，頁 1。
〔註52〕曾聖益：〈劉師培的應世經學〉（興大中文學報第 27 期，2010 年 6 月），頁 265。
〔註53〕劉師培：〈論小學與社會學之關係〉，《左盦外集》卷 6，《劉申叔先生遺書》第 46 冊，頁 46。

心目中的經學範圍相當寬闊。在《周末學術史》一書，遂以學門為主，分全書為「心理學」、「社會學」、「倫理學」等16個學門。於《理學字義通釋》中，劉師培進一步以西方哲學、心理學、倫理學所述的道理，對中國傳統學術範疇的「理」，加上「性」、「情」、「志」、「意」、「欲」，加上「仁」、「惠」、「恕」，加上「命」，再加「心」、「思」、「德」，復加「義」並「恭」、「敬」等字義，重新作了詮釋。

（四）會通分歧

學術的基本特性分類，其一是容許並要求人們根據自己的理解作解釋。經學的發展固然有規律，義理的闡發關乎經學功能的發揮，辯論當中難免意見分歧。劉師培作為「揚州學派」的殿軍，矢志祖述先業，昌盛揚州學派。劉氏繼承家學傳統，兼有吳、皖兩派之長，是劉氏家學的集大成者，他的《左傳》學多承自家傳，難得治學試圖糾合傳統學術分歧。下面稍作說明：

1. 整合多方

劉師培先整理舊說，再判別各屬於今文說或古文說，然後整合各方意見，擇善而從，提出個人的特殊見解。劉氏作為經學教育者，吸收今古二家有價值的說法，調和今古二家不同的經學史觀。他所校訂各書，大抵收集前人舊議，保存異說，再判別屬今文說或古文說，比較同異，或指出原來已見於古誼，然後劉氏有時會提出個人的特別見解。劉氏的《禮經舊說》及斠補《白虎通義》的工作，都具有這樣的特色。

劉氏在《禮經舊說》一書中，題為〈燕禮〉「媵觚於賓」一句後云：

> 案鄭注云：「媵，送也。讀或為揚，揚，舉也。」又云今文媵皆為騰，（此統下經媵爵諸文言。）據《禮記・射義》「揚觶而語。」鄭注云：「今《禮》揚皆作騰。」〈鄉飲酒義〉「盥洗揚觶。」鄭注云：「揚，舉也。今《禮》皆作騰。」所云今文即據本篇為說。又〈檀弓下〉「杜蕢洗而揚觶。」鄭注云：《禮》揚作媵。揚，舉也。媵，送也。」揚近得之《禮》，謂本篇古文。故後兩注並云今《禮》，此不云今。又本經〈大射禮〉「媵觚于賓」鄭注云：「古文媵皆作騰。」（此統下經媵爵諸文言。）是彼篇古文均作騰，今文作媵，與此篇今文作騰，古文作媵者迥異。以漢石經證之〈大射〉一篇，媵觚、媵爵皆作媵，此即今文作媵之證也。本注謂讀或為揚，即謂此經舊

> 讀，疑亦古文家說，即本篇古經立釋也，其今文兩篇舊訓均不可攷
> 矣。〔註54〕

此條通過整合不同意見，旨在考證「媵」字之義，如鄭玄說「媵，送也。古文
媵皆作騰」，劉氏舉漢石經補充證「騰」今文作「媵」。「媵」是相送、致送；
飲爵亦曰「媵」。又得《禮記・檀弓下》鄭玄註，知「揚觶」為「舉爵」。揚，
本義就是用手舉起。《儀禮・燕禮》「主人媵爵于賓」，意謂「先飲一爵，後一
爵從之也」。「媵」，古代一種獻酒禮節。國君所舉之爵，要由《燕禮》稱為「媵
爵者」的專門準備，放在國君的席位前。

2. 論見精闢

經學是劉氏世代擅長的，《白虎通義》屬於經學的範圍，屬於禮方面的內
容頗不少。劉氏訂釋《白虎通義》，為他日深研禮學做前期工作。我想他打算
日後禮學的探索發展，應該會回過頭補釋《白虎通義》，如此劉氏的整體學術
會變得規模宏大，比前升高不止一階。劉氏給後人以影響的，不在於他四世
《左傳》家法和對漢古文經學的探幽擷微，而是他認認真真的研究給予後人
釐清經學歷史與古代歷史面貌的貢獻。劉師培論學貴通，他多次說到要做通
儒，惜天不假年，否則劉氏一生心力所瘁，必然會為群經新疏提供特別傑出
之作。讀劉氏的作品感覺其文議論縱橫，筆墨奇肆。但思想奔放，有時考量
稍稍覺欠周全。如其〈人類均力說〉較多譬諸想像。劉氏為「人類均力說」
下定義：

> 今欲義務平等，必使人人獨立，獨立之道若何？即人人不倚他人之
> 謂也，亦人人不受役於人之謂也。是謂人類均力說。〔註55〕

人人獨立，也就不受法律等管束，現實難以理想規劃，劉氏設計了分別由 21
歲至 36 歲及 36 歲以後的「作工表」，擬安排人民務農或當技師、醫生等工作。
既言人人獨立平等，則不應勉強規劃個人的工作、學習。劉氏欲人盡其才，然
而設想未免一廂情願，他著重中西學術方法的會通，把近代西方社會科學研究
與中國學術比較，企圖會通中西名學，以提高中國人名相之辨的水準。

以下一段出於劉師培在他的《經學教科書》〈序例〉中的一段文字，才真
正顯示劉氏的分析概括能力：

> 大抵兩漢之時，經學有今文、古文之分。今文多屬齊學，古文多屬

〔註54〕劉師培：《禮經舊說》卷6，《劉申叔先生遺書》第2冊，頁133。
〔註55〕劉師培：《劉師培辛亥前文選》，頁108。

　　　魯學。今文家言多以經術飾吏治，又詳于禮制，喜言災異、五行。
　　　古文家言詳于訓詁，窮聲音文字之原。各有偏長，不可誣也。〔註56〕
劉氏說話很得體，而且持平，沒帶偏見。他主張取消今古文的區別，因為：
　　　近代學者知漢代經學有今文家古文家之分，吾謂西漢學派只有兩端：
　　　一曰齊學，一曰魯學。……然魯學之中亦多前聖微言大義，而發明
　　　古訓亦勝于齊學，豈可廢哉？〔註57〕
所謂「微言大義」，並非今文學家獨攬，而是今古文都深蘊。

　　　論經學成就，劉氏不因早喪而名沒，他反對墨守，學主會通，所以研究《春
秋三傳》、《尚書》、《詩經》、《三禮》都有很大的貢獻，除了《左傳》家學，他
對《三禮》用功尤多。劉氏在古書的解說和校勘方面，都有獨到精闢的見解，
而在有關《春秋三傳》、《尚書》、《詩經》、《三禮》等研究中，也有很好的表現。
一些問題，前人未能發現，劉氏作出探討，最能觀其會通，屢有新穎精闢的見
解。《經學教科書》認為宋代禮學「掊擊古義，穿鑿淺陋，殊不足觀」。〔註58〕
而在中國學術史上，所謂漢學、宋學之分，自清代始起紛爭。對此，劉師培曾
有精闢論述。會通學術分歧求字義，以古語明今言，以古文字論證闡發古代社
會狀況，能會通且多有勝義。

　　　通過學術史考察，劉師培指出《春秋》三傳其分歧始於漢初。今古文的區
別僅在文字不同，劉氏於〈論今古文之分僅以文字不同之故〉一文中說：
　　　今文者，書之用漢代通行文字者也；古文者，書之用古代文字者也。
　　　　〔註59〕
這證明今古文經沒有本質的區別，有的不同僅關乎外在形態。

　　　在《西漢周官師說考》一書的序中，劉師培說：
　　　《周官》之學，闇而不章，孝平季年，說始芽萌，發見《周禮》，以
　　　明殷監。新莽制法，槧模斯頻；凡所闡繹，蓋出子駿，斯時本經无
　　　說，通以〈王制〉，二書並文，莽傳數見，雖地有贏紐，制弗捈齊，
　　　其它品數，推放並准。以近知遠，以淺持博，說有詳略，例得互補……。
　　　東漢初業，雅達書興……比義會意，冀別莽說，檃栝古學，立異今

〔註56〕劉師培著，陳居淵註：《經學教科書》，頁1。
〔註57〕劉師培：《國學發微》，《劉申叔先生遺書》第13冊，頁16，18。
〔註58〕劉師培著，陳居淵註：《經學教科書》，頁109～110。
〔註59〕劉師培：《左庵外集》卷4，《漢代古文學辨誣》，《劉申叔先生遺書》第44冊，
　　　　頁19。

文，典無鉅細，概主劈析，後鄭作注，稽業扶風，參綜今學，附比
移并，同事相違，疑炫難壹，今古之梻，至斯亦抉。師培服習斯經，
於茲五載，竊以六代暨唐，惟宗鄭說，隨文闡義，鮮關愭要，西京
逸緒，緜奧難見，顧鮮尋繹，莫能原察，用是案省班書，比伙甄錄，
賈馬諸說，亦間采刺《春秋》內外傳，旁隸《大戴記》、《周書》之
屬，以證同制；成《西漢周官師說考》二卷，雖復節族久絕，法數
滋更，然故典具存，師說未替，辨跡遡源，咸有籤驗。庶聖王之文
具于簟席，太平之跡布在方策。世之君子，或有取焉。〔註60〕

劉氏自言研習《周官》多年，博覽群籍，兼採眾說，最後成《西漢周官師說考》
一書，對《周官》古義，辨證今古，多有發明。

（五）富有創見

劉師培生逢西學東漸的文化轉型期，比他的先人多了一重時代的遭遇，因
而又與處在經學中心地位的先人大大不同。在經學研究方面，劉氏秉承家學，
宗古文經，但不墨守古文家法，在闡明經典別有心得，著了《舊說考略》、《逸
禮考》以及《古書疑義舉例補》、《論文劄記》等，都有較高的學術地位。他善
於獨立思考，著述宏富，涉獵廣博，最擅專門，對文字謬誤、句讀錯亂與音訓
異同一一加以考辨，用力甚勤，研究多有創見。

劉氏從開蒙起便遍讀經文，表現出超常的智力，不僅過目成誦，據說八歲
就掌握了《周易》的變卦規律。即使劉氏在端方幕府中繼續鑽研經史，並為《國
粹學報》投稿。劉氏經學研究的基本思路，內容涉及經學、文字學，以及訓詁、
校勘、地理、天文曆法等方面，劉氏的學養可謂廣博淵深。

只要讀過劉師培著作的人，大概都認同他聰敏明銳，思考深入，博學能文。
以下略舉幾門劉氏的心得之學，以說明他的治經特點。

1. 治《尚書》之說

《尚書》流傳至今分古文和今文，古文《尚書》用的是古文字書寫，經後
人從殘垣中挖掘出來，今文《尚書》則是由口耳相傳，用當時通行的文字書寫。
孔安國是孔子十二世孫，西漢魯國人，通習經學與董仲舒（前179～前104）
齊名。他取得孔子壁中古文尚書，後人將此本交給官方。劉向（約前77～前
6）整理秘府古籍，稱孔安國本為「中古文」，中古文即孔安國所獻。劉歆（約

〔註60〕劉師培：《西漢周官師說考》〈序〉，《劉申叔先生遺書》第4冊，頁5～7。

前50～23）〈移書〉說的藏之秘府，伏而未發，即指此。

　　劉師培撰寫〈駁泰誓答問〉、〈中古文考〉來回擊今文派龔自珍（1792～1841）等人，論「中古文」即孔安國所獻古文尚書。龔自珍《太誓答問》，明辨晚出《太誓》之不可信。劉氏〈中古文考〉證漢收圖籍，非謂詩書，中秘古文，藏諸武帝時，即安國所獻孔壁書，斷非贏秦舊籍〔註61〕。

　　孔安國打算獻書朝廷，因巫蠱事發，迫得放棄，這是古文《尚書》的其中一個版本。〔註62〕凡不信古文《尚書》者，往往懷疑孔安國所獻者為偽託。孔氏集錄《孔氏家語》為44篇，寫成後，正好發生巫蠱事件沒辦法印行。

　　有謂《古文尚書》為偽書之文，魏晉時《古文尚書》唯秘府藏之，因晉室東遷而散佚。劉氏上文中的「梅」指「梅賾」。梅賾（生卒年不詳），東晉時人，曾任豫章內史，獻《古文尚書》及《尚書孔氏傳》立為官學。梅賾獻上的一批經文，其中58篇據說傳自於孔安國的《古文尚書》，但被宋以來的考據家指為偽書；梅賾獻偽《尚書》的企圖被清代樸學家閻若璩（1636～1704）及惠棟（1697～1758）識破。〔註63〕清代閻若璩以30年光陰寫成《古文尚書疏證》8卷，列舉128條證據，認定梅獻尚書中多出的25篇是後世偽作，其餘33篇真偽雜糅，從此，通行本《尚書》中有25篇為偽書的說法。

　　有清儒考證，認為古文尚書與今文經相同的除外，其餘的經文與孔傳是王肅（195～256）或梅賾偽造，因而稱之為「偽古文尚書」、「偽孔傳」。不過有古文經學家認為，清儒的那些考據未足以否定古文尚書，因為《孔傳》詰屈聱牙的經文，並不是王肅或梅賾所能仿造的。

　　至於劉師培〈尚書源流考〉率先提出《孔傳》有兩種偽本的命題，他這樣說：

> 《尚書傳》者，蓋亦有兩偽本：東晉梅賾所獻《孔傳》，非即〈家語後序〉所稱之《孔傳》也。近儒治《尚書》，或以偽孔經傳始於東晉，或以梅賾所獻，即魏人作偽之本。二說均非。知者，魏晉之間實有《尚書孔傳》。據《書疏》、《釋文》及劉氏《史通》，均以梅賾獻《孔傳》缺〈舜典〉「慎徽五典」以下，補以王肅、范寧《注》。今〈舜典〉經傳別出姚方興所獻。〔註64〕

〔註61〕劉師培：《左盦外集》〈一〉，《劉申叔先生遺書》第41冊，頁1。
〔註62〕參閱周予同：《群經概論》，（台北：臺灣商務印書館，1997年1月），頁43。
〔註63〕參閱周予同：《群經概論》，（台北：臺灣商務印書館，1997年1月），頁44。
〔註64〕劉師培：《尚書源流考》，載《劉申叔先生遺書》第1冊，頁136。

再據虞萬里的說法，劉師培例舉幾條文獻，以駁正陸德明（約550～630）、孔穎達（574～648）及劉知幾（661～721）懷疑王肅見古文匿而不言之說，劉師培以為《尚書》孔傳實有二偽本。虞萬里的意見是：

> 申叔既認為有二偽本，梅本經傳非魏代所行《孔傳》，則必滋生一個
> 王肅《注》與梅本《傳》誰先誰後，若傳注相同則誰因襲誰之問題。
> 申叔例舉數條文獻，以駁正陸德明、孔穎達、劉知幾懷疑王肅見古
> 文匿而不見之說。〔註65〕

劉師培引的文獻材料，主要以《孔子家語》的王肅註比照《左傳疏》已亡佚的王肅遺文、《古文尚書》及《孔傳》等。因為久傳王肅偽造《古文尚書》及《孔傳》，如果《孔子家語》王肅註與《古文尚書》、《孔傳》內容多同，則證明王肅並非見古文匿而不言了。由於虞萬里見王肅註《古文尚書》、《孔傳》內容不盡同於一些古文經籍的論說，於是有「知前人所云王肅得見古文，誠未能作為定論」之說。可見虞氏支持劉師培的看法。

《尚書》的流傳，真中有偽，偽中存真，其複雜難解，有說是諸經之最。另一方面，學者對王肅偽作《孔子家語》有很多不同意見。像林保全《宋以前〈孔子家語〉流傳考述》第四章第二節中既說：

> 今出土文獻已說明王肅所能偽作，而《家語》及王注之內容，亦可
> 重新加以審視。

又於第7章結論中補充說：

> 然而，由於相關簡牘文獻出土，因此由合理之懷疑空間轉移研究焦
> 點，勢在必行。〔註66〕

從此可推斷，新一輪關於王肅偽作《孔子家語》的爭論已然開始，談論的激烈差可與《尚書》流傳辯論的情況相比。

《白虎通義・論祭祀五祀順五行》云：

> 〈月令〉春言其祀戶，祭先脾。夏言其祀竈，祭先肺。秋言其祀門，
> 祭先肝。冬言其祀井，祭先腎。〔註67〕

〔註65〕虞萬里：〈以丁晏《尚書餘論》為中心看王肅偽造《古文尚書傳》說──從肯定到否定後之思考〉，《中國文哲研究集刊》第37期（2010年9月），頁140。

〔註66〕林保全：《宋以前〈孔子家語〉流傳考述》，（台北：花木蘭文化出版社，2009年3月），頁170，303。

〔註67〕陳立：《白虎通疏證》卷2，頁80。

劉師培訂釋《白虎通義》，不拘限於他古文家的立場，討論今文的《尚書》等經學著作，於《白虎通義·論祭祀五祀順五行》案云：

> 此節均用今文《尚書》說，以春脾、夏肺、秋肝均用其所勝，惟祭心、祭腎、心以尊在中，腎以卑在末，不從所勝。蓋脾為土藏，肺為金藏，肝為木藏也。古《尚書》說則以脾、肺、心、肝、腎即為水、火、土、金、木本藏，與此不同，互詳〈五行篇〉。〔註68〕

《白虎通義·論祭祀五祀順五行》提到的金、木、水、火、土藏，與古《尚書》說不同，劉氏沒偏見，只客觀地鋪陳眾說。

《白虎通義·論制爵五等三等之異》云：

> 《尚書》曰：「侯、甸、任、衛，作國伯。」謂殷也。〔註69〕

劉向以古文校今文，所云〈酒誥〉脫簡者，指古文有而今文無，現在一般同意〈酒誥〉屬於今文《尚書》。《漢書·藝文志》云，劉向以孔安國所獻孔壁藏書，校歐陽、大小夏侯三家經文。劉氏據《漢書·藝文志》說明〈酒誥〉的流傳情況，疑上文「作」字為「伯」字的訛文而併入。〔註70〕由此可見，劉氏非常熟悉中國經學的演變沿革。

2. 治《詩經》之說

清代汪中《述學·荀卿子通論》以為魯、韓、毛三家《詩》同源異流，共祖荀子。汪中云：

> 由是言之，《毛詩》，荀卿子之傳也。……由是言之，《魯詩》，荀卿子之傳也。……由是言之，《韓詩》，荀卿子之別子也。〔註71〕

今從劉師培所引例子看，二三家詩序所述相同的居多，韓、魯、齊、毛四家都相同的則比較少見。他又同時於古籍上搜尋到轉折的證明，四家詩序的已知傳人像匡衡（生卒年不詳）等的著作，他們的文章被引用作為第二手的間接憑證，在道理上可以說得過去，這也看出劉氏的機靈和考據時頭腦的清醒。

劉師培撰〈詩分四家說〉進一步認為魯、韓、毛、齊四家同源，共祖荀卿。即四家詩遠祖子夏，近出於荀子。劉氏在〈詩分四家說〉一文中說：

〔註68〕陳立：《白虎通疏證》附錄6，劉師培《白虎通義定本》卷2，頁772。

〔註69〕陳立：《白虎通疏證》卷1，頁12。

〔註70〕陳立：〈白虎通疏證〉附錄8，劉師培《白虎通德論補釋》，頁788。

〔註71〕汪中：《汪中集》，（台北：中央研究所中國文哲研究所籌備處，2000年3月初版），頁117，118。

> 子夏之時，四家之說實同列一書……荀卿之世，四家之詩仍未分立。
> 〔註72〕

這是認為，先秦時期有一個相對統一的《詩經》本子在各國間流傳著，《詩》學流派的歧出是在秦火以後的漢代才發生的。這一觀點在學術界有相當影響。

考鏡源流，齊魯韓三家詩於西漢時立於學官，學說為政府承認，由博士主講。要了解《詩經》的淵源發展，先要參考《漢書‧藝文志》、《漢書‧儒林傳》和鄭玄的一些文章。《漢書‧藝文志》尤其論述中國經學的脈絡，文中說：

> 漢興，……又有毛公之學，自謂子夏所傳，而河間獻王好之，未得立。〔註73〕

顧實於是文下註說：

> 《儒林傳》曰：「毛公，趙人。治詩，為河間獻王博士。」鄭玄曰：「魯人大毛公為〈詁訓傳〉於其家，河間獻王得而獻之，以小毛公為博士。〔註74〕

另一方面，鄺健行老師在上新亞研究所《詩經》課上提示說：

> 班固行文所說的「自謂」，似乎班固不很相信子夏傳毛公之學。

鄺健行老師眼尖，懷疑有理。我覺得班固用「自謂」一詞有事不干己的含意：

> 那位魯國毛亨，後世稱（大）毛公（生卒年不詳）怎麼說是他的事，我只來個轉述！

荀子傳承子夏《詩》學的說法不少人都有異議，為的是荀子在〈非十二子〉篇中批評子夏的後學為「賤儒」，彼云：

> 正其衣冠，齊其顏色，嗛然而終日不言，是子夏氏之賤儒也。〔註75〕

給傳承老師之學的人起個賤儒的名號，不可謂不過分！既然評價如此，後人所以懷疑荀子竟肯繼承子夏的衣鉢。

劉師培於《白虎通義闕文補訂》中新補曰：

> 鰥之言鰥鰥無所親。

〔註72〕劉師培：〈詩分四家說〉，載《左盦集》卷一，《劉申叔遺書》第37冊，頁14。「劉氏論證《毛》、《荀》相通，自《毛詩》出于荀子起論。」（吳聲佑：〈劉師培《毛詩荀子相通考》析探〉，《臺北大學中文學報》第14期（2013年9月），頁157。）

〔註73〕顧實：《漢書藝文志講疏》（上海：上海古籍出版社，2009年12月），頁43。

〔註74〕顧實：《漢書藝文志講疏》，頁43。

〔註75〕梁啟雄：《荀子簡釋》（北京：中華書局，1983年1月），頁70。

鰥曰無妻，所以劉氏估量「鰥之言鰥鰥無所親」句似屬〈嫁娶篇〉中文，他說：

> 此語據《詩‧周南‧桃夭》〈疏〉所引補，似屬〈嫁娶篇〉佚文。然〈壽命〉諸篇亦或兼有斯語，今附於此。〔註76〕

劉氏遍讀經書及註疏，訂釋《白虎通義》，補錄《詩經》闕文。

3. 治《三禮》之說

劉師培專注《三禮》的研究，葉國良認為是在他入四川以後的事〔註77〕，所以短暫停留於四川，可以說是劉氏治學的分水嶺。

《三禮》來源不一，因為有諸多複雜因素，追尋線索困難，所以研究真實來源不易採定。

《禮經》即《儀禮》，論述冠禮、婚禮、喪禮、射禮等有關禮節，劉氏對於《儀禮》十七篇各有獨特的見解。《西漢周官師說考》根據《漢書‧王莽傳》等所載的王莽生平，了解王莽推崇《周禮》，託古改制以蒙騙世人。王莽又提倡《古文尚書》、《左傳》、《逸禮》等古文經傳，既表揚古文經學，又抑壓今文經學，從新莽時期經學推演西漢經說。王莽的改革制度，巧妙地利用西漢中期以來經學製造的某些理論，求達到自己篡漢的目的。〔註78〕至於《周禮古注集疏》的撰作，陳胤豪的論文〈劉師培《周禮古注集疏》研究〉分析說：

> 《周禮古注集疏》的宗旨有二：一為將鄭玄以前的「古注」整理出頭緒，並藉以修正鄭玄經說；一為會通《周禮》及其他先秦兩漢典籍之經說，以為《周禮》徵實。〔註79〕

劉氏研究《白虎通義》實在可與他的研究《三禮》互相發明，因為他的聰明才智過人，能夠把不同材料鑄於一爐，整理出頭緒。

劉氏繼承儀徵劉氏的家學，著述豐富。其中以標榜研究群經古註古說以及校勘先秦漢代諸子書為最多，正是家學擅長的。值得注意的是，劉師培自言入川（1911）後精力貫注在《三禮》之上，著有《禮經舊說》、《周禮古注集疏》等。劉氏入川後鑽研《三禮》，應是受到廖平影響，動機當在讓世人從另一個角度認識禮學。劉氏所謂「舊說」，指鄭玄以前經師的經說而言，是關於《儀

〔註76〕陳立：〈白虎通疏證〉附錄4，劉師培《白虎通義闕文補訂》，頁742。

〔註77〕葉國良：〈劉師培《禮經舊說》的寫作宗旨與詮釋上的問題〉，《臺大中文學報》第31期（2009年12月），頁249。

〔註78〕湯志鈞：《康有為傳》（台北：臺灣商務印書館，1997年12月），頁67。

〔註79〕陳胤豪：〈劉師培《周禮古注集疏》研究〉，臺灣大學碩士論文（2012年7月），摘要。

禮》此類著述的開創之作。《禮經舊說》此書除整理「舊說」外，區分今、古文而無門戶之見，且提出個人對《儀禮》疑難問題的見解。

4. 治《左傳》之說

劉師培既反對廖平又反對康有為，認為《左傳》並非劉歆偽造，他提出《左傳》在劉歆以前就存在學術傳承的關係。劉氏說：

> 今儒多以《左氏春秋》為偽書，而劉氏申受則以《左氏春秋》與《晏子春秋》、《鐸氏春秋》相同，別為一書，與《春秋》經文無涉。然《史記·吳泰伯世家》云：予讀古之《春秋》，即指左氏傳言。……又《漢書·翟方進傳》言：方進授《春秋左氏傳》。若以《晏子春秋》、《鐸氏春秋》例之，豈《晏子春秋》亦可稱《春秋晏子傳》，而《鐸氏春秋》亦可稱《春秋鐸氏傳》乎？〔註80〕

劉氏認為《左傳》與《春秋》的關係，絕非如《晏子春秋》、《鐸氏春秋》與《春秋》的關係〔註81〕。他還寫有〈司馬遷《左傳》義序例〉的論文，研究《左傳》曾為司馬遷創作《史記》興起過重要影響，證明司馬遷是見過《左傳》的，劉氏有言云：

> 〈吳太伯世家贊〉以《春秋》為古文，明係古文經作《左氏傳》。此《史記》採用《左傳》之確證。〔註82〕

錢穆先生（1895～1990）也發表過《左傳》傳授遠在劉歆之前，有其淵源，亦非劉歆偽造。錢先生〈劉向歆父子年譜自序〉云：

> 《左氏》傳授遠有淵源，歆師翟方進；翟子義，為莽朝反虜逆賊；方進發塚，戮及屍骨。歆苟偽託，何為而託於此？〔註83〕

雖各執證據，《左傳》傳授遠有淵源是劉氏與錢先生都同意的。特別是錢先生所言力足以抗衡今文經學者如康有為說劉歆欲彌縫其作偽之跡，值其校書中

〔註80〕劉師培：《讀左劄記》，《劉申叔先生遺書》第 7 冊，頁 4。

〔註81〕錢穆：《先秦諸子繫年》，《錢賓四先生全集》第 5 冊，（台北：臺灣聯經出版事業公司，2007 年 5 月），頁 696。
鐸氏指鐸椒（前 380～前 320），考鐸椒生卒年見錢穆《先秦諸子繫年》所附的〈諸子生卒年世約數〉。

〔註82〕劉師培：〈司馬遷《左傳》義序例〉，《左盦外集》卷三，《劉申叔先生遺書》第 43 冊，頁 2。

〔註83〕錢穆：〈劉向歆父子年譜自序〉，《錢賓四先生全集》第 8 冊。（台北：臺灣聯經出版事業公司），頁 5。
陳勇：《中國古代監察人物志》，（北京：紅旗出版社，1992 年 11 月），頁 22。

秘時，於一切古書多所羼雜的觀點。

史書說因出現災異的天象，漢成帝（前51～前7）追究宰相翟方進，令負起全責，翟方進被迫自殺。〔註84〕王莽（前45～23）時翟方進墓被挖，這其實是因為他的兒子翟義（？～前7）起兵反王莽。翟方進是劉歆的老師，錢先生〈劉向歆父子年譜自序〉的意見是，劉歆既然知道老師出事，何必偽託於與翟氏有淵源的《左傳》？

有為劉歆辯護的學者姜漢卿、傅榮賢說：

> 劉歆以漢家宗室助王莽篡漢建立「新」權且貴為國師，確是事實。
> 然斯事和當時的社會結構和意識形態有關，而與劉歆之修行無涉。
> 〔註85〕

至於「陰陽五行轉德說推論劉漢末世的思想」，姜、傅二氏又肯定地認為「決非劉歆一人所自持」〔註86〕。真要歸咎麼，就應「上推董仲舒以來的《春秋》公羊學家的『三統受命』說」，甚而追溯到《孟子》的「革命觀」以及《尚書‧多士》。

若憑《後漢書‧鄭興傳》及《後漢書‧孔奮傳》二傳所見劉歆的那種提拔後進、誨人不倦，就來斷定劉歆一定不跟政治扯上關係的學者，則不知如何說才好。我們似乎不必強把一個扶掖後學的好老師跟具野心的政治人物硬生生地掰開為二，一個偉人縱生就兩心或也不為過。

劉師培學問雖根植於古文經學，卻不深排今文經學，經學研究富新義，他在〈漢代古文學辨誣——辨明漢代以前經無今古文之分〉內批評某些今文學家如康有為輩：

> 至近人創偽經之說，扶今文而抑古文，於漢代古文之經，均視為劉歆之偽作，而後人人有疑經之心，於典章人物之確然可據者，亦視為郢書燕說。吾恐此說一昌，則古文之經將廢，……非惟經學之厄，亦且中國史學之一大厄矣。〔註87〕

〔註84〕參閱高明士主編《中國文化史》（台北：五南圖書出版股份有限公司，2007年2月，頁232。

〔註85〕姜漢卿、傅榮賢：〈知人論世說劉歆〉，《鹽城師範學院學報》（人文社會科學版）第27卷第6期（2007年12月），頁118。

〔註86〕姜漢卿、傅榮賢：〈知人論世說劉歆〉，頁118。

〔註87〕劉師培：〈漢代古文學辨誣——辨明漢代以前經無今古文之分〉，《左盦外集》卷四，《劉申叔先生遺書》第44冊，頁1。

對於「扶今文而抑古文」，「於漢代古文之經，均視為劉歆之偽作」，「於典章人物之確然可據者，亦視為郢書燕說」的做法，劉師培憂心忡忡。

作為古文經的旗手必然有其不凡的理論，而一種學說的興衰多有其內在變化規律，劉師培論述今古文的分別並歸為四方面：

> 一曰「晚出」。(《春秋》三傳，《左傳》成書最早，《穀梁》稍後，《公羊》最晚。)二曰「妄誕」。(今文家言多雜讖緯，而今文家末流「雜仙術神術為一談，合術數六藝為一軌，非惟惑世誣民，且失經義之本真，豈若古文之通故訓詳故事乎？」)三曰「口授」。(今文如《公羊》、伏生《尚書》為口耳相傳，「(今文)于經文必有增損，且俗語方言雜糅于經文之內，致正字易為錯字，而古義漸淪。若古文之經則有竹帛可憑，與僅憑口授者不同。」)四曰「分歧」。(古文家派少於今文的紛雜。)〔註88〕

（六）攘夷大義

劉師培一一論列《三家詩》、《小戴禮》不昧「種族之學」，當中〈王制篇〉以為「夷狄非我族類，其心必異」。包括《白虎通義》在內均含「種族之學」，劉氏復謂《白虎通義》倡「夷狄無禮義」。〔註89〕

從〈孫蘭傳〉中，亦可以看到劉氏說出「學術之界可以泯，種族之界不可亡」的警語。〔註90〕劉氏也說：

> 吾獨惜乎宋丙子之後，無正統者幾百年，明甲申之後，無正統者又三百年。其所謂史者，乃胡史而非華史，長夜漫漫，待旦無期，史臣不察，謬以正統歸之。〔註91〕

劉氏相信不能保持如明季遺民孫蘭（生卒不詳）等的民族氣節，就無法強國救民。

〔註88〕劉師培：〈漢代古文學辨誣——辨明漢代以前經無今古文之分〉，《左盦外集》卷四，《劉申叔先生遺書》第 44 冊，頁 38。
又林旦旦：〈劉師培論漢代今古文之爭〉，《浙江萬里學院學報》第 18 卷第 5 期（2005 年 10 月），頁 86。
〔註89〕劉師培：《兩漢學術發微論·兩漢種族學發微論》，見於寧武南氏校印《劉申叔先生遺書》本第 15 冊，頁 22～26。
〔註90〕劉師培：《左盦外集》，收入寧武南氏校印《劉申叔遺書》本第 58 冊，頁 44。
〔註91〕劉師培：〈攘書·胡史篇〉，收入錢鍾書主編、朱維錚執行主編：《劉師培辛亥革命前文選》（北京：北京三聯書店，1998），頁 22。

路新生於〈劉師培的古文經學研究及其現代史學意義〉一文中，縷述劉氏鄙視蠻夷態度的一面：

> 劉師培涉及到的實際上是滿清政權的合法性問題。「夷狄」不能用，
> 亦即清廷沒有資格擔任中華民族的政治代表。〔註92〕

歷史上但凡「用夷變夏」的都沒有好結果〔註93〕，似是路氏總結劉氏意見的話語。

必須注意劉師培提出攘夷，是為了排滿。他認為只有「王政復古」才能如歐洲各國、日本般維新復興，把保存國粹與尊王攘夷連繫一起。劉氏在其〈論中國宜建藏書樓〉一文中說：

> 嗟乎！歐民振興之基，肇於古學復興之世，倭人革新之端，啟於尊
> 王攘夷之論，此非拘於則古昔、稱先王之說也。〔註94〕

劉氏保全國粹，所倡導的理念，與《春秋》「尊王攘夷」中的大義是不是有所扞格，抑劉氏一時意氣，借題發揮，可堪玩味。

劉氏又於其〈擬設國粹學堂啟〉一文中說：

> 昔西歐肇跡，兆於古學復興之年，日本振興，基於國粹保存之論，
> 前轍非遙，彰彰可睹。〔註95〕

《國粹學報》是清末國粹運動的代表，劉氏對西學的認識遠不如他的國學根柢，於演繹西學時有時未能抓緊重點。羅志田《國家與學術：清季民初關於「國學」的思想論爭》指出劉氏日本振興基於「國粹保全」的說法不符事實。〔註96〕即使劉師培立場反覆無定，個人言論有時又前後不一，我覺得他提倡的「攘夷大義」，不過是結合現實情勢，企圖藉政治借題發揮。「尊王攘夷」原意是尊奉周室，抵禦游走於北方廣漠草原的少數民族。劉氏遂在文化上崇漢排滿，對於當時情勢的判斷，無疑較傾向於政治現實，以歐美日為學習對象。

〔註92〕 路新生：〈劉師培的古文經學研究及其現代史學意義〉，載入《經學的蛻變與史學的「轉軌」》（上海：上海古籍出版社，2006 年 1 月），頁 205。

〔註93〕 路新生：〈劉師培的古文經學研究及其現代史學意義〉，載入《經學的蛻變與史學的「轉軌」》，頁 205。

〔註94〕 劉師培：〈論中國宜建藏書樓〉，見於錢谷融主編《劉師培書話》（杭州：浙江人民出版社，1998），頁 222。

〔註95〕 劉師培：〈擬設國粹學堂啟〉，載入《國粹學報》社論（1906 年 1 月），頁 2。

〔註96〕 羅志田：《國家與學術：清季民初關於「國學」的思想論爭》，（北京：三聯書店，2003 年 1 月），頁 95。

小　結

　　劉師培認為重拾《周禮》面貌，「只有深入研究古禮從而比較〈王制〉與《周禮》的真偽，衡量它們的價值」〔註97〕，還要旁參《大戴記》、《周書》之屬。他治學幾乎不會遺漏哪些古籍，就是西方有關心理學、民族學與哲學等書都參考，《經學教科書》所立含多條中西學術融匯的條目，有開創之功。

　　《白虎通義》的訂釋，更待劉氏掃蕩固塞險阻。《白虎通義》是《三禮》相輔的重要典籍，而《三禮》正是劉氏他晚年戮力的所在。至於他早期力詆戎狄的侵陵，後期說法已有修正。劉氏學術特色是通過文字考證古代社會情狀，於經學既尊漢奉古文派為宗，卻能夠持平評論各家的得失，家派門戶壁壘觀念顯然不重。

　　劉氏家學具有學術經世的眼光，劉師培本人則嚮往西學，十分注重經世利民的治國理念。他自與近代古文經學另一重鎮章太炎訂交，因學術路向相近而交往日密。劉氏治學態度平和，研究不局限古文學說，強調《公羊》、《孟子》，《荀子》、《毛詩》等之間的學術思想都存在相通之處。劉氏研究的《白虎通義》屬於今文學，他研究《白虎通義》並沒有詆毀貶損今文的話，相反採納不少今文經典佐證，劉氏覺得《白虎通義》等今文經典所說的很多時和古文學先輩提到的暗合，所以沒必要斤斤計較區分今古文的疆界。章氏與黃侃是他少數的同道。劉氏學術論著的評論恰到好處，對當時社會的許多學術問題進行探討。他主張兼收並蓄，要打通經史，平分今古文經學，治學試圖糾合傳統學術分歧，而且還要調和漢宋，溝通中西，不致各得一隅之偏說。雖取材宏博、取捨謹嚴，不過因為早喪，文稿失編，有些內容稍嫌言未盡題。若劉氏研習西學有他國學一半的深厚，融會中西之學當能跳出國學復興的層次。劉氏攘夷論是他早期的撰寫題材，到後來投靠滿清後，說法當然轉了彎。我覺得後人對劉氏的研究仍未足夠，尚待今後的努力。

〔註97〕方光華《試論劉師培對〈左傳〉的整理和研究》（《孔子研究》1995年第4期），頁97。

第四章 《白虎通義》的形式和內容

　　前面第二章提到周德良的〈洪業《白虎通引得序》辨〉引錄了 1931 年洪業為哈佛燕京學社作〈白虎通引得序〉。洪氏質疑今本《白虎通義》非班固所撰，亦非漢章帝所稱制臨決者，而實為三國時作品。[註1]洪氏序文無疑推翻了前人對《白虎通義》的基本共識，並為後繼研究者開出生面，但語氣不大肯定，我會於後文作較詳細的論證。

一、文本形式結構

　　《白虎通義》書名不同，或曰《白虎通》、《白虎通義》、《白虎通德論》，此正名的問題，實際觸及到《白虎通義》文本與白虎觀會議的相應問題。史書記載，東漢建初四年（79）章帝下詔集合當時學術精英會於白虎觀，講議五經同異，班固將討論結果纂輯成《白虎通德論》一書，又稱《白虎通義》、《白虎通》，會議由天子下詔而開。天子行使職權，親自裁決，那是當時學術界一大盛事。目前學界普遍同意以上所述對白虎觀會議與《白虎通義》文本的看法。

　　白虎觀會議開會的形式仿照石渠閣會議，會議程式由一人「承制問」，傳達討論提綱，另一人奏，彙報各家的觀點、討論的情況、結論，最後由皇帝親自「稱制臨決」，即章帝親自裁決經義。

　　就會議的形式而言，石渠閣會議是群儒以問答形式討論《五經》同異，結論由宣帝（前 91～前 48）作最後裁決。然而就文本形式而言，那又該如

〔註 1〕周德良的〈洪業《白虎通引得序》辨〉見錄於臺北大學《中文學報》2011 年 3 月第 9 期，頁 99～128。

何，二者面貌相近嗎？清代馬國翰（1794～1857）有《石渠禮論》輯佚一卷，王謨、洪頤煊（1765～1833）皆有輯本。既然白虎觀會議是仿照石渠閣會議的形式，先看看漢代戴聖（生卒年不詳）撰、清代洪頤煊輯的《石渠禮論》一卷，自然對白虎觀會議的情況有初步了解，可以說，《石渠禮論》在相當大的程度上反映了石渠閣會議的情形。如在討論喪禮時，漢代禮學家探討了經書中大夫之臣為諸侯、父卒子為改嫁之母等不被時人理解的喪服關係，並對《儀禮·喪服》中宗子孤為殤、逾期不葬除服等內容作了進一步辯論。我們若對種種禮法感困惑，事屬正常，因為沒疑難就不用勞煩群儒費神開會討論了。

劉師培〈白虎通義源流考〉一篇，提議《白虎通》文本應正名為《白虎通義》。劉氏以為，白虎觀會議所有議論呈奏章帝，章帝依議奏內容評定裁核。其後史臣選取議奏重要的內容，去除冗雜，遂成《白虎通義》，所以《白虎通義》與《議奏》有別。章帝依議奏內容評裁，可云規格至高。《白虎通義》援引事類，鑒必窮源，議論古今，舉要治繁，堪稱切合時代。

（一）版本概況

《白虎通義》有稱為《白虎議奏》，議奏或稱奏議的，意思差不多。議奏謂討論後將處理意見向皇帝奏聞；奏議指臣下向帝王上書言事，條議其是非。議奏或奏議若下筆便就，率皆稱旨，便是符合上意，自己的建議即順利通過。史書記載，漢章帝建初四年（79），令當時學術精英會於白虎觀，講議《五經》同異，參加者有今文經學家和古文經學家。

然而《後漢書》記錄白虎觀會議的文獻語焉為不詳，有學者比對《白虎通義》文本及《後漢書》的描述後生疑，覺得存在一些矛盾。的確范曄（398～445）著《後漢書》，曾三次提及三個「不同」的書名——《白虎通德論》、《白虎通義》、《白虎議奏》。范曄的年代跟班固差了近三百年，記錄難保不失真。惟肯定的是白虎觀會議的成果，《後漢書》確有三處表示書名「不同」的記錄。

〈章帝紀〉載：

　　如孝宣石渠故事，作《白虎議奏》。〔註2〕

〈班彪列傳〉載：

　　天子會諸儒講論《五經》，作《白虎通德論》，令固撰集其事。〔註3〕

〔註2〕范曄：點校本《後漢書》第1冊，卷3，頁138。

〔註3〕范曄：點校本《後漢書》第5冊，卷40下，頁1373。

〈儒林傳〉載：

> 顧命史臣，著為《通義》。〔註4〕

南宋朱翌（1097〜1167）的《猗覺寮雜記》稱，《荀子》註引《白虎通義》「天子之馬六」句，今本無之。古書輾轉傳寫，或亦有所脫佚，似不宜僅以一句評斷，朱翌因是而指《白虎通義》偽撰，是否篤論，著實難說。《學海類編》中載朱翌的《猗覺寮雜記》云：

> 《荀子》注「六馬仰秣」引《白虎通》「天子之馬六」。今之《白虎通》無此言。緣本朝求書有賞，往往多自撰以求賞，非古書也。如《竹林》、《玉杯》、《繁露》皆後人妄言，見仲舒當時書，以「天子六馬」推之，則諸侯五馬無疑。〔註5〕

《荀子・勸學篇》云：

> 昔者瓠巴鼓瑟而流魚出聽，伯牙鼓琴而六馬仰秣。

王先謙集解云：

> 《白虎通》曰：「天子之馬六者，示有事於天地四方也。」〔註6〕

「流魚」別有版本作「沈魚」，王先謙據《大戴記》從「沈魚」校改成「流魚」。〔註7〕

　　皇帝由六匹馬拉的兩輛馬車，即「天子駕六」，是古代的禮制。瓠巴，古代善鼓琴的人。「秣」一說指頭。六馬仰秣，形容樂聲美妙，馬停食抬起頭傾聽。據謂《繁露》、《玉杯》、《竹林》都是董仲舒所著書名，而今本《玉杯》、《竹林》在此書之中，後人因而質疑。朱翌循古書多偽的思路去推斷，在《猗覺寮雜記》中表達他認為今本《白虎通義》是偽書的意見，而且明確斷定作偽於宋代。古書需要辨偽，因為後撰之稿往往雜出其間，像《春秋繁露》就未必全出董仲舒之手。

　　清代莊述祖認為《白虎通》與《白虎通義》二者不同，但不執著分開《白虎通》、《白虎通義》為二書。

〔註4〕范曄：點校本《後漢書》第9冊，卷79上，頁2546。

〔註5〕朱翌：《猗覺寮雜記》，載《學海類編》卷5（上海：涵芬樓影印道光六安晁氏木活字本），頁7。按：《猗覺寮雜記》6卷，435條，《四庫全書》收於子部雜家類，以前3卷為上卷，後3卷為下卷。上卷為詩話，下卷雜論文章。

〔註6〕王先謙：《荀子集解》，卷1（北京：中華書局，1988年），頁10。

〔註7〕董治安、鄭杰文彙撰：《荀子彙校彙注》（濟南：齊魯書社，1997年6月），頁47。

孫詒讓（1848～1908）〈白虎通義考〉承接莊述祖之說，亦同意今天我們
看到的《白虎通》應為《白虎通義》，不過莊述祖以為《白虎議奏》該有百篇
以上，篇數不同於《白虎通義》。孫氏進一步指出今所傳《白虎通義》，是《白
虎議奏》內的《五經雜議》，他這樣說：

> 今所傳《通議》，蓋《白虎義奏》內之《五經雜議》也。〔註8〕

洪業〔註9〕《白虎通引得序》反映出《白虎通義》行文氣韻顯露與班固文章大
不相類，且與當時漢制往往不合，並且《白虎通義》抄襲魏博士宋衷之緯註甚
多。此外，蔡邕之時尚有「白虎議奏」，因此洪氏質疑今本《白虎通義》非班
固所撰，亦非漢章帝所稱制臨決者，而實為三國時作品。如此始能合理解釋不
僅許慎、馬融不能得其書而讀之，且蔡邕、鄭玄並不曾舉引的現象。

洪氏〈《白虎通》引得序〉考證《白虎通》書中抄襲宋衷之緯註甚多。宋
衷或即宋忠、宋均，他（們）的緯註尚能見於由日本人安居香山、中村璋八輯
錄的《緯書集成》，題為宋衷或宋忠名下註的很少，但題為宋均名下註的卻多
不勝數，有幾百條之數。為了看看洪氏考證《白虎通義》書中抄襲宋衷之緯註
甚多的論點是不是正確，我只有用笨方法，逐條逐條比對，發現緯註中很大一
部分的關鍵詞像「獄圓」、「蒼龍」、「日房」、「持方」、「朝珥」、「燚室」、「井飲
人」、「象斗運」、「老人星」、「吐精」、「鈎鈴」、「神馬」、「黃龍」、「授河」都沒
見於《白虎通義》，或意義與之不相配，不知洪氏所述宋衷的緯註根據的是哪
個版本。我發現有關《白虎通義》〈九錫〉一篇的內容，抄自宋衷緯註的整體
只是微不足道。

蔡邕見過並擁有《白虎議奏》則明確不過，他著〈巴郡太守謝版〉一文時，
離建初四年（79）十一月開白虎觀會議的日子不遠，蔡邕寫〈巴郡太守謝版〉
這文章為謝恩，明白說他獲贈了《白虎議奏》一書。蔡邕云：

> 詔書前後賜石鏡盒、《禮經》素字、《尚書章句》、《白虎議奏》，合成
> 二百一十二卷。〔註10〕

〔註8〕孫詒讓：〈白虎通義考〉，《國粹學報》第55期（1909年6月），頁2。

〔註9〕洪業，字鹿芩，號煨蓮，福建人，歷史學家。他的一生對於編纂中國古籍引得、
哈佛燕京學社的發展貢獻很大。

〔註10〕蔡邕：《蔡中郎集》，載張溥輯：光緒己卯（1879）信述堂重刻本《漢魏六朝百
三家集》，第18卷，頁32。

鄧安生：《蔡邕集編年校注》（石家莊：河北教育出版社，2002年1月），頁
398。

文中提到的文物想來在當時應該是比較具代表性的，故贈與重臣。石鏡奩是石英製成的鏡匣，《禮經》素字指於生絹上書寫的《儀禮》，而《尚書章句》由漢歐陽高（生卒年不詳）撰。因此推斷《白虎議奏》一名可靠，而劉師培也提出蔡邕被賜予《白虎議奏》的史實，不過他進一步說《白虎通義》經要刪《議奏》而成《白虎通義》，《議奏》跟《白虎通義》二者體例不同，《議奏》內容詳於《白虎通義》。阮孝緒（479～536）於〈七錄序〉中說魏秘書郎鄭默〔註11〕（213～280）曾刪定《別錄》等的書，如《白虎通義》也可能被後代勤奮盡責的國家圖書館館員所刪定，刪繁去蕪成書的相類情況，在歷史上不是未曾發生過。

　　阮孝緒的《七錄》今天已亡佚，但〈七錄序〉仍存，現在就看看《廣弘明集》裏所保留的〈七錄序〉是怎麼說的：

　　　　魏晉之世，文籍逾廣，皆藏在秘書、中、外三閣。魏秘書郎鄭默刪

　　　　定舊文，時之論者謂為朱紫有別。〔註12〕

魏晉時的國家藏書樓，有內外三閣，屬秘書監。秘書監是掌管國家的圖書著作的長官，鄭默為秘書監屬下的職員。鄭默的工作能夠做到考定核查舊文，刪除省略繁蕪的成績，他撰成國家藏書目錄，記載了魏國藏書情況。古人以朱為正色，紫為間色。朱紫比喻優劣、善惡、正邪等相對的兩方，故朱紫有別比喻為優劣之分。這是稱譽鄭默有整理書籍、辨析好壞的貢獻。

　　劉師培〈白虎通義源流考〉同意《白虎通》應正名為《白虎通義》。文從省約則稱《白虎通》，《白虎通義》應涵蓋《議奏》的主要內容。

　　今人雷戈〈今本《白虎通義》真偽考〉一文擬採取從兩漢經學背景、經學思潮，特別是從東漢初期的經學矛盾、經學問題入手，冀全面解決《白虎通義》的真偽問題，方法是從經學、經書、讖緯、禮制等九個方面來對《白虎通義》的真偽問題進行一番新的考證，證明《白虎通義》為偽書。雷氏說主要由思想層面推斷，如說《白虎通義》混亂經學家法，今本《白虎通義》沒有一處提及《左傳》。個人以為《白虎通義》可以說是合乎現實要求的一件妥協產品，並非反映某人觀點的著作。你批評這些是缺點可以，說成尚有其好處未嘗不可。或者人們讀了我這番言論，會覺得我鄉愿，但有學者評論《白虎通義》思想不

〔註11〕鄭默（213～280）西晉滎陽人，字思元。為人廉潔敦重，卒諡成。仕魏秘書郎，考核舊文，刪省浮穢。

〔註12〕阮孝緒：〈七錄序〉，載《廣弘明集》，《四部叢刊》初編本477～488冊。

深刻並非毫無道理,因為此書是集合眾論而成。〔註13〕

　　《白虎通義》徵引六經傳記而外,兼涉讖緯,而多傳古義,至今為學者研究漢代經學所依據。今本《白虎通義》有人說是班固所撰,也有人說不是。直到現在還有個別學者甚至懷疑《白虎通義》的來歷,周德良於其博士論文〈《白虎通》研究——《白虎通》暨《漢禮》考〉中自謂大膽推論:

　　　　目前所見之《白虎通》文本,實非白虎觀會議之記錄彙編,而是曹褒受命制作之《漢禮》。〔註14〕

周氏提出一項新論點,即:《白虎通義》一書,實非出於白虎觀會議任何一種形式的會議文獻,而是後人「出於誤會」,將曹褒(?~102)所制的《漢禮》錯誤定名為《白虎通義》。〈《白虎通》研究——《白虎通》暨《漢禮》考〉一文論述主要分三點:首先,依元大德本《白虎通義》的文本,闡釋並確立其「國家憲法」、「法典」的內容與性質;其次,從漢代經學的發展歷史,分析白虎觀會議宗旨實與《白虎通義》內容性質不相應;再者,由漢代禮制的沿革推論章帝在章和元年(87),朝廷詔令曹褒校訂漢儀典籍,比對《漢禮》與《白虎通義》兩者在篇目結構與內容性質相符的地方。文末附加分析蔡邕與《白虎通義》的關係,探究《漢禮》被誤改為《白虎通義》的可能,以為結論。周氏的「大膽」推論在於懷疑《白虎通義》與《漢禮》兩書是否因遭後人妄託其人之名,有兩書共此一名。

　　《漢禮》實質上是一本多災多難的書,書雖編成卻未流行於世。白虎觀會議數年之後,章帝命禮臣曹褒制訂《漢禮》,但章帝還沒有來得及宣傳貫徹就駕崩了。曹褒在接下來的和帝時期,被指控擅自制定《漢禮》,壞亂聖人之術,應該加以刑罰懲處,還差點命不保。和帝(79~106)雖然扣住奏書不發,但《漢禮》也因此沒有實行。漢順帝(115~144)時也曾短暫採用曹褒的《漢禮》。廖吉郎著《兩漢史籍研究》根據《宋書・禮志》作蒐證說:

　　　　是褒之所撰(《漢禮》),世亦稍用之,然至劉宋時則已亡失矣。〔註15〕

〔註13〕雷戈〈今本《白虎通義》真偽考〉(《古籍整理研究学刊》第 2 期〔1996 年 3 月〕,頁 36~43。

〔註14〕周德良:〈《白虎通》研究——《白虎通》暨《漢禮》考〉,台灣國立中央大學博士論文(2004 年 6 月),頁 299。

〔註15〕廖吉郎:《兩漢史籍研究》,古典文獻研究輯刊 6 編第 12 冊(永和:花木蘭文化出版社,2008 年 3 月,修訂新版),頁 159,160。

《白虎通義》的來歷言人人殊,《白虎通義》和《白虎通》料是同一本書,是《白虎議奏》的簡要本。今天能看到的《白虎議奏》輯佚本近於會議記錄,有學者的辯論質疑和皇帝裁決。《白虎通義》有悖於正常的,是保留多種不同的意見卻沒評論是非,不能不使人懷疑是《白虎議奏》刪訂或改寫不盡的痕跡。

(二)卷數與篇數及其名稱

漢朝於白虎觀舉行經論大會,朝廷欽定頒發官方文書,後來名之為《白虎通義》,以下分別敘述《白虎通義》的卷數、篇數情況:

《隋書·經籍志》著錄為六卷,不載作者名氏。《隋書·經籍志》云:

> 白虎通六卷。〔註16〕

《隋書·經籍志》將《白虎通義》歸類為經部「論語類」。

《新唐書·藝文志》亦載《白虎通義》為六卷,始題班固之名。《新唐書·藝文志》由北宋歐陽修(1007～1072)等撰,合四卷。《新唐書·藝文志》云:

> 班固等《白虎通義》六卷。〔註17〕

正史裏的藝文志,像《漢書·藝文志》、《隋書·經籍志》、《舊唐書·經籍志》、《新唐書·藝文志》等,除了著錄當代的著作以外,也著錄前人所撰尚有傳本的圖書。

《崇文總目》載作十卷,凡十四篇:

> 《白虎通德論》十卷,後漢班固撰,凡十四篇。〔註18〕

自王堯臣(1003～1058)《崇文總目》之後,不少人開始認為《白虎通德論》即是《白虎通義》一書。《崇文總目》明確說後漢班固作《白虎通德論》一書。

《郡齋讀書志·經解類》說:

> 《白虎通德論》十卷《隋志》。

後有《郡齋讀書志》的原註:

> 通解群經者系之論語類。〔註19〕

〔註16〕長孫無忌:《隋書經籍志》卷一(上海:商務印書館,1955年10月),頁29。

〔註17〕歐陽修:點校本《新唐書》卷五十七(北京:中華書局,1975年2月),頁1445。

〔註18〕王堯臣:《崇文總目》卷一,載於《後知不足齋叢書》第四函,卷一),頁39。

〔註19〕晁公武撰、孫猛校證:《郡齋讀書志校證》上冊(上海:上海古籍出版社,1990年10月),頁140,141。

《宋史‧經籍志》卷三中的「經解類」云：

> 班固《白虎通》十卷。〔註20〕

陳振孫（1179～1262）《直齋書錄解題》將《白虎通義》置於「經解類」：

> 《白虎通》十卷，漢尚書郎班固撰，凡四十四門。〔註21〕

宋代的大目錄學家晁公武（1102？～1187？）〔註22〕、陳振孫都將《白虎通義》歸入「經解類」，細分的只是小歧異。

《四庫全書總目》卷一百十八「子部二十八」的「子部‧雜家類二」，列《白虎通義》為「雜家類」，通行本四卷，四十四篇。又四庫館臣云：

> 書中徵引，六經傳記而外涉及緯讖，乃東漢習尚使然。……方漢時崇尚經學，咸兢兢守其師承，古義舊聞，多存乎是，洵治經者所宜從事也。〔註23〕

《四庫全書總目‧子部雜家類一》文後續有說明：

> 「雜家類」雜學之屬，二十二部，一百七十八卷，皆文淵閣著錄。
>
> 案：古者庠序之教，胥天下而從事六德、六行、六藝，無異學也。周衰而後，百氏興。名家稱出於禮官，然堅石白馬之辨，無所謂禮；縱橫家稱出於行人，然傾危變詐，古行人無是詞命；墨家稱出於清廟之守，併不解其為何語；〔以上某家出某，皆班固之說。〕實皆儒之失其本原者各以私智變為雜學而已。其傳者寥寥無幾，不足自名一家，今均以雜學目之。其他談理而有出入，論事而參利害，不純為儒家言者，亦均附此類。〔註24〕

從《四庫全書總目》所擬的歸類來看，《白虎通義》究屬儒家的變體，為不純的儒學，所以被認作子部「雜家類」的書，而治經者因而忽略它。

《書目答問補正》的「經部‧論語類」云：

> 《白虎通義》四卷。

〔註20〕脫脫：《宋史‧藝文志》，張壽榮輯：《八史經籍志》，光緒八年校刊本。

〔註21〕陳振孫：《直齋書錄解題》卷三（上海：上海古籍出版社，1987年11月），頁81。

本論文採納何師廣棪〈陳振孫生卒年新考〉考證得出的結論：陳振孫生於宋孝宗淳熙六年（1179），卒於宋理宗景定三年（1262），享年84歲。（何廣棪：〈陳振孫生卒年新考〉，《文獻季刊》第1期（2001年1月），頁160。）

〔註22〕晁公武撰，孫猛校證：《郡齋讀書志校證》（1990年10月），〈前言〉頁1。

〔註23〕永瑢：《四庫全書總目》（北京：中華書局，1965年6月），頁1015。

〔註24〕永瑢：《四庫全書總目》，頁1012，1013。

原書的小字夾註曰：

此書皆言禮類，故入此類。〔註25〕

《藝風藏書記‧經學第一》云：

《白虎通德論》十卷。〔註26〕

繆荃孫（1844～1919）是張之洞的學生，他們師徒倆都覺得《白虎通義》是經學類的書。

歷代目錄學家探討《白虎通義》在目錄學上的歸屬，所得的結論可以概括為《白虎通義》是有關禮學制度的經解類書，多涉今文學說。私人修的目錄書目或多或少有自己的說法，像《虞山錢遵王藏書目錄彙編‧經部‧經總類》云：

《白虎通德論》十卷。

原註：

總經白虎通德論。〔註27〕

《白虎通義》是解釋諸經的書，此說得到不少人認同。

《白虎通義》傳本流傳至今的主要有《四庫全書》本；清盧文弨的《四部叢刊》校刻《抱經堂》本；北京中華書局《新編諸子集成》收錄（清）陳立《白虎通疏證》（上下冊）點校本；孫詒讓著《白虎通校補》，見於1987年齊魯書社出版的《籀廎遺著輯存》，孫氏指出《白虎通義》和《白虎通德論》是兩本不同的書。寧武南氏在1934年刻的劉師培遺書，包括《白虎通德論補釋》、《白虎通義定本‧白虎通義源流考》和《白虎通義斠補》等。

今除了徵引版本，再以表列方式作概況說明：

《白虎通義》今存本	版本名稱	卷、篇數	作　者	資料見於
《白虎通義》	元大德本	共四卷、四十四篇	（漢）班固	何志華、朱國藩、樊善標：《〈荀子〉與先秦兩漢典籍重見資料彙編》，（香港：香港中文大學中國文化研究所，2005年8月），頁10。

〔註25〕張之洞著，范希曾補正：《書目答問補正》（上海：上海古籍出版社，2001年7月），頁26。

〔註26〕繆荃孫：《藝風藏書記》（上海：上海古籍出版社，2007年6月），頁10。

〔註27〕錢曾著，瞿鳳起編錄：《虞山錢遵王藏書目錄彙編》（上海：古典文學出版社，1958年3月），頁1。

《白虎通德論》	明程榮刻《漢魏叢書》本	共二卷，四冊一函	（漢）班固	清華大學圖書館編《清華大學圖書館藏善本書目》（北京：清華大學出版社，2003 年 1 月），頁 176。
《白虎通義》	《四庫全書》本	共四卷	（漢）班固	永瑢：《四庫全書總目》（北京：中華書局，1965 年 6 月），頁 1015。
《白虎通》	清盧文弨抱經堂校刻本	共四卷	（漢）班固	1923 年 5 月北京直隸書局影印。
《白虎通德論》	《四部叢刊》本	／	（漢）班固	台北：臺灣商務印書館，1965 年，頁 176。

《白虎通義》的卷數與篇數歷代有異，應是當中經過編校人的合併錯置所致，卻無損它的價值。錢玄同後來為編輯《劉申叔先生遺書》時與鄭裕孚（1886～？）商量，說：

> 《白虎通》全書有十卷，若次羽所藏為全壁，則真獲得拱壁矣。緣此書在漢代經學書籍中為碩果僅存之唯一要籍，而左庵於此書，用功又極深，其每節下所記「案此節用今文○○說」云云，分析極為精當，雖寥寥數語，實是一字千金，於經學上有極大之功績。〔註28〕

錢氏指出，劉師培對《白虎通義》的研究，為他以禮制治經奠定了重要的基礎，於經學研究非常有用。

二、內容特色

唐杜佑《通典・禮典》保存了十一條內容，稱為「石渠論」、「石渠議」、「石渠禮」或「石渠禮議」。《通典》與《石渠禮論》可考石渠閣議佚文者，有十三則。基本上，石渠禮論十三則條文皆以「問答」方式記錄，而構成「問答」的要素，可分為「問」、「答」與「結論」。以下是漢《石渠議》的遺文片段：

先是有問有答，加上宣帝詔，這該是一套議決的模式。漢《石渠議・父卒為嫁母服》章：

> 問：「父卒母嫁，為之何服？」蕭太傅云：「當服周。為父後則不服。」
> 韋玄成以為：「父歿則母無出義，王者不為無義制禮。若服周，則是

〔註28〕錢玄同：〈致鄭裕孚〉，載《錢玄同文集》卷 6《書信》（北京：中國人民大學出版社，2000 年 8 月），頁 210。

－62－

子貶母也，故不制服也。」宣帝詔曰：「婦人不養舅姑，不奉祭祀，

下不慈子，是自絕也，故聖人不為制服，明子無出母之義，玄成議

是也。」〔註29〕

漢《石渠議・父卒為嫁母服》的章目，見《通典》，《漢魏遺書鈔經翼二集》沒此章目，下三則同此安排。

（一）存例證，顯特色

　　蕭望之（？～前46）是西漢宣帝、元帝（前76～前33）倚重的大臣，又是著名的經學家。韋玄成（？～前36）於漢宣帝時受重用，奉詔入朝，至元帝為丞相。服周，謂子為改嫁母服周親之服。周親，意云至親。兒子怎樣為改嫁母守喪，太子太傅蕭望之的意見，與韋玄成有不同。根據范志軍〈略論石渠閣會議中的喪服觀〉一文對《儀禮・喪服》中沒有記載的喪服關係作的探討，像針對父卒母嫁，子該為嫁母服哪種喪服來闡述：

　　蕭望之認為應該服齊衰一年喪，但是作了父的繼承人，則不為嫁母

服。〔註30〕

喪服等級，分別適用於與死者親疏遠近不同的各種親屬，各有特定的居喪服飾、時間和生活起居行為規範。「齊衰」亦作「齊縗」，是一種喪服，次於最重的「斬衰」，以粗麻布製成，因其縫齊，故稱為「齊衰」。《儀禮・喪服》記祖父母喪、妻喪、已嫁女的父母喪，服期為一年；曾祖父母喪，服期為五月；高祖父母喪等，服期為三月。因為夫妻離異，雖然彼此恩情斷絕，可是母子血緣至親卻無從切斷，所以出妻之子仍應為出母有服。〔註31〕以現在的觀念，縱使父卒母嫁，兒子為改嫁母服一年喪似乎也不為過。

　　茲據鄭雅如《情感與制度：魏晉時代的母子關係》就韋玄成「父歿則母無出義」的意見先作分析。「在禮經無文的情況下，應否有服，依據甚麼原則制服，都是爭議的問題。」〔註32〕鄭氏說：

〔註29〕戴聖：《石渠禮論》，洪頤煊輯《漢魏遺書鈔經翼二集》，頁4。

　　　　杜佑：《通典》，王文錦等點校（北京：中華書局，1988年），頁2455。

〔註30〕范志軍：〈略論石渠閣會議中的喪服觀〉，《華北水利水電學院學報》（社科版）

　　　　第24卷第6期（2008年12月），頁66～69。

〔註31〕林素英：《喪服制度的文化意義──以〈儀禮・喪服〉為討論中心》，（台北：

　　　　文津出版社，2000年10月），頁315。

〔註32〕鄭雅如：《情感與制度：魏晉時代的母子關係》，（台北：國立臺灣大學出版中

　　　　心，2001年9月），頁101。

　　韋玄成以為「父歿則母無出義」。有兩種可能的涵義：一是指出母以
父命而出，無父命則不為出；二是指父歿，母無再嫁之義。〔註33〕
出母，指被父休棄的生母。用現代熟悉的語言說，即生母被丈夫離棄。決議者
宣帝認同韋玄成所答的「父歿則母無出義」，可以看作為宣帝對父歿母再嫁，
由內心不同意至宣之於口表示的做法。

　　次就韋玄成「王者不為無義制服」的意見作分析，鄭氏認為也可以有兩種
解釋：一是韋玄成以為將嫁母類比於出母似於禮不合，所以子為嫁母不制服。
二是韋玄成以無父命，兒子沒有出母的合理理由，因而反對將嫁母比於出母制
服。鄭氏又說：

　　禮經不為於禮不成立者或無義之行為制服。〔註34〕
鄭氏由子為嫁母怎樣制服帶出自己的觀點。

　　三是就韋玄成「若服周，則是子貶母也，故不制服也」的意見作分析，鄭
氏認為：

　　服周，即是將嫁母類比於出母，母尊於子，子不得自出其母，結論
　　是子為嫁母不制服。〔註35〕
韋玄成「子無出母之義，故不制服」的主張，獲得西漢宣帝的贊同。重構那時
背景大概是這樣的：為父所出的妻子，其子為母服喪，夫妻離異雖情義斷絕，
但母子親情難言割斷，所以出妻之子為母仍有服，也就表示他在居喪。「服」
謂喪服或服喪期，若出妻改嫁，則母子恩情亦隨之斷絕。換了在今天，要母子
恩情斷絕，做法彷彿不合人情之常。繼母並不等同於生母，因為父親之連帶關
係，自然類比將之作母親，事之如母。禮法的解釋可能是出母改嫁，則成為他
人之母，母子恩義也隨之斷絕。由於繼母缺乏血緣之親，一旦被出，未許為父
之妻，不再繼母如母了。

　　再鄭氏對宣帝詔所謂「婦人不養舅姑，不奉祭祀，下不慈子，是自絕也」
的理解是：

〔註33〕鄭雅如：《情感與制度：魏晉時代的母子關係》，頁100～102。
〔註34〕鄭雅如：《情感與制度：魏晉時代的母子關係》，頁100～102。
〔註35〕鄭雅如：《情感與制度：魏晉時代的母子關係》，頁100～102。
　　　　庶子欲為其所生母的親族服孝，馬其昶〈庶子為其母黨服辨〉認為較通達的辦
　　　　法，是問准父親和嫡母（即父親的正妻），然後盡孝。（馬其昶：〈庶子為其母
　　　　黨服辨〉，載耿素麗、胡月平選編：《三禮研究》（北京：國家圖書館出版社，
　　　　2009年5月），頁613。）
　　　　我同意馬氏的建議。

詔書中更強調婦人對父系家族的責任，婦人未盡婦職而自絕於夫家，

「故聖人不為制服」，似有責備再嫁的意味。〔註36〕

在父系家族中，母子關係受父親好惡意志的支配。上愛下曰「慈」，在此專指父母對子女應盡之道。「自絕」等於自取斷絕，換言之婦人因自己的行為而被夫家棄絕，斷了跟公婆的關係。

跟著為有問有答的模式。漢《石渠議》〈天子諸侯大射鄉射〉章：

「鄉請射告主人，樂不告者，何也？」戴聖曰：「請射告主人者，賓

主俱當射也。夫樂，主所以樂賓也，故不告於主人也。」〔註37〕

「鄉射」是古代習射的禮儀，可以為地方政府與民提供鍛鍊、娛樂的機會，賓主都需參與。

再者為重複有問有答的模式。漢《石渠禮議》〈繼宗子〉章：

「『宗子孤為殤』，言孤何也？」聞人通漢曰：「孤者，師傅曰『因殤

而見孤也』，男二十冠而不為殤，亦不為孤，故因殤而見之。」戴聖

曰：「凡為宗子者，無父乃得為宗子。然為人後者，父雖在，得為宗

子。故稱孤。」聖又問通漢曰：「因殤而見孤，冠則不為孤者，《曲

禮》曰『孤子當室，冠衣不純采』。此孤而言冠，何也？」對曰：『孝

子未曾忘親，有父母無父母衣服輒異。《記》曰「父母在，冠衣不純

素；父母歿，冠衣不純采」，故言孤。言孤者，別衣服也。」聖又曰：

「則子無父母，年且百歲，猶稱孤不斷，可乎？」通漢對曰：「二十

冠而不為孤；父母之喪，年雖老，猶稱孤。」〔註38〕

這裏《石渠禮論》的文字跟《通典》的稍異，不過無礙理解。

受封人的嫡長子世世相傳為宗子，宗族的一切權位，包括宗族長權、政治權、經濟權等由宗子繼承。宗法社會以嫡系長房為「大宗」，餘子為「小宗」。男女未成年而死，謂之殤。年十九至十六為長殤，十五至十二為中殤，十一至八歲為下殤。不滿八歲為無服之殤。今天，我們一般說未成年而夭折稱為

〔註36〕鄭雅如：《情感與制度：魏晉時代的母子關係》，頁100～102。

〔註37〕戴聖：《石渠禮論》，洪頤煊輯《漢魏遺書鈔經翼二集》，頁2。

杜佑：《通典》，王文錦等點校，頁2105。

〔註38〕戴聖：《石渠禮論》，洪頤煊輯《漢魏遺書鈔經翼二集》，頁2，3。又，杜佑：

《通典》（北京：中華書局），頁1998，1999。

聞人通漢（生卒年不詳），字子方，浙江嘉興人，漢代學者，官太子舍人、中

山中尉。

「殤」，幼年喪父或無父母稱「孤」。而自《石渠禮論》「經云『宗子孤為殤』，言孤何也」之後，聞人通漢和戴聖兩人便開始討論「何為孤？何為殤？」。《石渠禮議》此章圍繞宗子「為人後者」的問題深入談論。或有將「為人後」解釋作：

> 同宗支子出繼為大宗之後者。〔註39〕

《儀禮・喪服》：

> 為人後者，……何如而可以為人後？支子可也。〔註40〕

原來大宗無子，則同宗之「支子」過繼大宗為「大宗後」，使大宗不絕，這個過繼者的身分即被稱為「為人後者」。

在論辯中，聞人通漢對「因殤而見孤」的理解是：

> 因經文稱宗子殤亡，才能間接得知宗子為孤兒的身分。〔註41〕

以上是經陳殷宜〈博士、學官與儒生官僚——漢代經學體制化的歷程〉一文轉化聞人通漢原文的話。

聞人通漢云：「二十冠不為孤；父母之喪，年雖老，猶稱孤。」雖屬練達人情，他也難以否定戴聖「為人後者，父雖在，得為宗子，故稱孤。」這種以父母有無來解釋而道理充分的觀點，但他仍未放棄「二十而冠不為孤」的主張，重點認為這條專為居喪者的大宗嫡長子立。陳氏繼而細心地提示戴聖所云的「父雖在，得為宗子」，以為這裏說的父親可能指生父。〔註42〕

陳氏對聞人通漢「孝子未曾忘親，有父母無父母衣服輒異」，「言孤者，別衣服也」的想法作了如下的推斷：

> 聞人通漢認為該經文的重點在表示父母在與父母殁的區別，因此
> 「孤」是對親在與否的狀態的說明，而非針對兒子年齡狀態的說明。
>
> 〔註43〕

至於通漢對戴聖「子無父母，年且百歲，猶稱孤不斷，可乎」的詰難，如何招架？他慧黠地選取另外一個視角回答。

〔註39〕丁鼎：《〈儀禮・喪服〉所體現的周代社會關係和倫理觀念》，（北京：社會科學文獻出版社，2003年1月），頁266，267。

〔註40〕李學勤：十三經注疏本《儀禮注疏》，頁642。

〔註41〕陳殷宜：〈博士、學官與儒生官僚——漢代經學體制化的歷程〉，台灣國立政治大學碩士論文（2000年6月），頁146。

〔註42〕陳殷宜：〈博士、學官與儒生官僚——漢代經學體制化的歷程〉，頁146。

〔註43〕陳殷宜：〈博士、學官與儒生官僚——漢代經學體制化的歷程〉，頁146。

陳氏在其論文裏為通漢詮譯說：

> 孤兒的身分與孤兒喪親時的年紀有關，凡二十歲的喪父者皆稱孤，
> 只要父母在兒女二十歲前喪亡，那麼即使子女百歲，他仍具備未冠
> 而喪父的孤兒身分。〔註44〕

聞人通漢與戴聖二人同師后倉（生卒年不詳），后倉對於漢代禮學的貢獻很
大。聞人通漢凡稱「師傅曰」者，即為稱引老師后倉之說。本條論題未詳議論
的勝負，雖是同門師兄弟，但面對真理立場互不退讓。〔註45〕

最後是有答有議，加上宣帝的意見，現場作出裁決。漢《石渠禮議》〈齊
縗三月〉章：

> 「大夫在外者，三諫不從而去，君不絕其祿位，使其嫡子奉其宗廟。
> 言長子者，重長子也，承宗廟宜以長子為文。」蕭太傅曰：「長子者，
> 先祖之遺體也。大夫在外，不得親祭，故以重者為文。」宣帝制曰：
> 「以在故言長子。」〔註46〕

這裏《石渠禮論》的文字跟《通典》只有一小處不同，《通典》指明前面一段
說話是由戴聖發表的。戴聖與蕭太傅先後發言，最後有宣帝的最終定案。戴、
蕭二位都重長子地位，只是從不同的觀點出發。這裏所引的《石渠禮議》〈齊
縗三月〉是說大夫為了勸諫君主流放在外，君主為了顯示眷念之情，盼望大夫
有一天會回朝，不打算斷絕大夫的俸祿，尚留一份拆分予大夫的長子，因為嫡
長子的身分並非其他兒子地位可比。宣帝的回應似乎是說舊國君去世，昔日恩
情深厚，大夫的長子既在國內，可以合法地為處於外地的父親代祭舊國君和服
喪。〔註47〕

接著舉《白虎通義》與《石渠禮議》內容很相近的一段，略述《白虎通義》
例證與《石渠禮議》記載形式卻有些不同的特色。《白虎通義·論三諫待放之
義》：

〔註44〕陳殷宜：〈博士、學官與儒生官僚──漢代經學體制化的歷程〉，頁146。
〔註45〕江乾益：〈后倉與兩漢之禮文化〉，《興大中文學報》第19期（2006年6月），
　　　　頁145～168。
　　　　柯慧蓮：〈今本《禮記》中有關喪服制度的篇章與《儀禮·喪服篇》之關係〉，
　　　　台灣國立中央大學碩士論文（2001年6月），頁49，70。
〔註46〕戴聖：《石渠禮論》，洪頤煊輯《漢魏遺書鈔經翼二集》，頁5。又，杜佑：《通
　　　　典》（北京：中華書局），頁2472。
〔註47〕參閱彭怡文：〈黃以周《禮書通故》女子喪服禮考〉，台灣東海大學碩士論文
　　　　（2010年），頁89～92。

臣待放於郊者，君不絕其祿者，示不合耳。以其祿參三分之二與之，
一留與其妻長子，使得祭其宗廟。……或曰：天子之臣，不得言放。

天子以天下為家也。親屬諫不得放者，骨肉無相去離之義也。〔註48〕

經統計，《白虎通義》內文本身含「或曰」的異文約18條、「又曰」的異文約
2條，而「一說」的異文約11條，我懷疑是會議記錄刪削後的文錄，《石渠禮
議》內容有答有議，最後是君主的「聖裁」。但《白虎通義》絕少論及「或曰」
「又曰」及「一說」內容的對錯，記載了意思相近的幾個片段。

另《白虎通義・論制爵五等三等之異、論天子諸侯爵稱之異》：

《春秋傳》曰：「合伯子男為一爵。」或曰：合從子，貴中也。或曰：
大夫，爵之下者也。稱大夫，明從大夫以上受下施，皆大自著也。天
子爵連言天子，諸侯爵不連言王侯何？即言王侯，以王者同稱，為衰
弱僭差生篡弒，猶不能為天子也，故連言天子也。或曰：王者天爵，
王者不能王諸侯，故不言王侯。諸侯人事自著，故不著也。〔註49〕

《白虎通義》這裏舉兩例，一是把伯子男爵合為一爵，一是或是怕僭越不把天
子爵和王侯爵連在一起說。

又《白虎通義・論無爵無諡》：

夫人無諡者何？無爵，故無諡。或曰：夫人有諡。夫人一國之母，
修閨門之內，則群下亦化之，故設諡以彰其善惡。〔註50〕

一是沒有爵位就沒有諡號，一是夫人垂範閨門，繼而為天下法，所以定諡表述
她的善惡。

《白虎通義》內文中含「或曰」的不過十多條的異文例，這裏舉三例嘗試
推論，《白虎通義》在某方面看來，應是一個會議記錄的節本。

（二）勇於探索的編寫理念

後來《白虎通義》編寫的過程採開放態度，有些條目還容納不同甚至相反
的意見，個人認為在這個地方保留了《石渠禮論》以至《白虎議奏》開放議論
的模式。《白虎議奏》應該是類似石渠閣會議對同一個經學問題，諸儒各抒己
見，皇帝最後作出取捨裁定。這種議奏形式的文獻可能讀來沉悶，但作為檔案
文獻則價值很大。

〔註48〕陳立：《白虎通疏證》卷5，頁231，232。
〔註49〕陳立：《白虎通疏證》卷1，頁13，20，21。
〔註50〕陳立：《白虎通疏證》卷1，頁74。

章帝建初四年（79）召開白虎觀會議，《後漢書‧章帝紀》詳細記載曰：

> 中元元年詔書，《五經》章句煩多，議欲減省。至永平元年，長水校
> 尉儵奏言，先帝大業，當以時施行。欲使諸儒共正經義，頗令學者
> 得以自助。……於是下太常，將、大夫、博士、議郎及諸生、諸儒
> 會白虎觀，講議《五經》同異，使五官中郎將魏應承制問，侍中淳
> 于恭奏，帝親稱制臨決，如孝宣甘露石渠故事，作白虎議奏。〔註51〕

《後漢書》清楚記載，此會議之程序如下：首先由魏應承制問，以天子之名義
提出問題供大會討論。白虎觀會議於時展演，要角出場。其餘如太常、將、大
夫、博士、議郎、諸生、諸儒等與會者，講議《五經》同異，再命淳于恭記錄
講議結果上奏，最後由章帝稱制臨決，遂發展為典制政教的一個決策會議，此
過程一如西漢宣帝甘露三年（前51）的石渠故事。

　　由漢章帝親自裁決經義的討論，並編寫成「白虎議奏」，再由班固完成《白
虎通義》一書，全書共彙集 43 條名詞解釋。一般說法，《白虎議奏》亡於隋唐
時期，獨以《白虎通義》此編傳世。石渠閣議華麗落下帷幕，又到白虎觀會議
隆重登場，營造了崇尚切磋學術的濃厚氛圍。論學帝前，爭的是御前的榮寵
嗎？要了解《白虎議奏》的思辨模式，《石渠禮議》肯定是道跨越時間隔欄的
橋梁。《白虎通義》的編寫理念不是完全開放兼容，不過肯定勇於探索。

　　《石渠禮論》、《白虎議奏》和《白虎通義》在體例、內容上有相同的地方，
試看下表的分析：

《石渠禮論》、《白虎議奏》和《白虎通義》關係的比較

書　名	作　者	體例特點	內容特點
《石渠禮論》	洪頤煊輯《石渠禮論》，輯佚戴聖《石渠議》，文字與杜佑《通典‧禮典》的大致相同。	今存遺文以「問答」方式記錄，而構成「問答」元素，可分為「問」、「答」與「結論」。	《石渠禮論》的編寫模式屬於開放議論形式，《白虎議奏》於辯論形式不復見，議題仍有相同的地方。《白虎通義》含「或曰」、「又曰」和「一說」的異文，我懷疑是白虎觀會議的遺留文字記錄，理由是班
《白虎議奏》	由班固記錄。	清人莊述祖《白虎通義考》明確指出《白虎議奏》和《白虎通義》二書不同，劉師培〈白虎通義源流考〉則進一步	

		認為《通義》是據《議奏》「撰集」而成。	固沒對這些文錄加上個人對錯的意見，平常人寫書少作如寫家珍的鋪述。結論是《石渠禮論》、《白虎議奏》和《白虎通義》有傳承的關係。
《白虎通義》	由班固記錄。	雖然記載形式有些不同，《白虎通義》舉的例子有與《石渠禮論》輯佚的內容很相近。	

（三）保留不同的主張、學說

進一步比較現存的《石渠禮議》和《白虎通義》，發覺《白虎議奏》的辯論形式不復見，僅議論多方的一些意見被保存。雙方都有較大的論題，如「大宗」〔註52〕；《石渠禮議》談「三諫」〔註53〕內容較少，《白虎通義》談的較多；談「為國君服」，《石渠禮議》論諸侯大臣的服喪，《白虎通義》論庶人；說明妾有貴賤之別〔註54〕，則同樣為《石渠禮議》、《白虎通義》所論及。喪服有「五服」，即斬衰、齊衰、大功、小功、緦麻五個等級，分別適用於與死者親疏遠近不同的各種親屬，各有特定的居喪。妻的隨嫁姪娣和有子的妾均稱貴妾。以其身世地位尊貴，故稱。貴妾所生子女比賤妾所生子女地位要高；記載周文王（前1152～前1056）武王（約前1087～前1043）七廟的事，《石渠禮議》可見的很少，《白虎通義》多一些；不祿，士死的諱稱。天子曰崩，諸侯曰薨，大夫曰卒，士曰不祿。《石渠禮議》、《白虎通義》所說的大致相同。〔註55〕

《石渠禮議》跟《白虎通義》雖然從形式或內容上都未盡相同，不過個人寧抱「立」多於選擇「破」的看法，沒有很強的論據，倒不如維持固有的說法：《石渠禮議》和《白虎通義》有著傳承的關係。

漢章帝建初四年（79），令太常、博士、議郎、郎官及諸生會白虎觀，講議《五經》同異，參加者有賈逵、楊終、班固等數十人，有今文經學家，亦有古文經學家；當時撰有《白虎議奏》，統名《白虎通德論》，後又命班固撰成此書。《白虎通義》反映兩漢經學的研究成果，表達兩漢今文經師的意見，主要內容為記述白虎觀會議關於經學的議論。在本章中我想探討《白虎通義》的形式和內容，並進一步陳述《白虎通義》有些甚麼特色，我覺得劉氏研究《白虎通義》主要是藉以考究古代的禮制。

〔註52〕陳立：〈白虎通疏證〉卷4，頁151～153。
〔註53〕陳立：〈白虎通疏證〉卷5，頁229～232。
〔註54〕陳立：〈白虎通疏證〉卷10，頁481。
〔註55〕陳立：〈白虎通疏證〉卷11，頁534。

　　寫文章時少不免要引證、舉例，《白虎通義》這部著作如何援引文章，對探究怎樣宣揚漢代儒學相當重要。

　　《白虎通義》開題說的「門必有闕者何？」預設的問題本來就隱含著「門必有闕」的答案，後加上「別尊卑也」一句似乎有點突兀，說得不好聽是說教。「闕」指古代宮門外兩邊的樓台，或泛指帝王的住所。又可以說，「闕」是君主所居住的宮城的門，其住所自然尊貴了。《白虎通義》愛說教是事實，相對地，盡看其事，僅憑目驗即可確定《春秋公羊傳》、《爾雅》等著作的編寫都沒這麼累贅。試看，《春秋公羊傳》何休（129～182）註解釋「兩觀」云：

　　　　天子諸侯臺門……天子外闕兩觀，諸侯內闕一觀。〔註56〕

「闕」指在門兩旁的建築物。又《爾雅》云：

　　　　觀謂之闕。

而《爾雅》疏引劉熙《釋名》曰：

　　　　闕在門兩旁，中央闕然為道也。〔註57〕

《春秋公羊傳》、《爾雅》此處的解釋明顯不涉尊卑。

　　再者，《白虎通・五行》說：

　　　　子順父，妻順夫，臣順君，何法？法地順天也。〔註58〕

人類有最高之性靈，當法地順天之道，照《白虎通義》看來，君臣、父子、夫婦之間的關係，猶如天在上、地在下一樣，不容改變。天置高位，地處卑位，猶如君臣、父子、夫婦之間的尊卑等級關係。這樣順天之化，就把君權、父權、夫權的隸屬關係秩序，說成是天經地義。

　　《白虎通義》這部著作援引前人之說，其中一個好處是能並存異說，言大義，不同的主張、學說和大道理得以保留。人們經常把約300年的春秋時期最有影響的霸主，合稱為春秋五霸。其中最有影響的有兩說，其一為《白虎通義》中的說法，即齊桓公、晉文公、宋襄公、秦穆公、楚莊王。為要並存異說，《白虎通義・號》記：

　　　　五霸者，何謂也？昆吾氏、大彭氏、豕韋氏、齊桓公、晉文公也。……

　　　　或曰：五霸，謂齊桓公、晉文公、秦穆公、楚莊王、吳王闔廬也。……

〔註56〕李學勤：十三經注疏本《春秋公羊傳注疏》，頁602。
〔註57〕李學勤：十三經注疏本《爾雅注疏》（北京：北京大學出版社，2000年），頁143，145。
〔註58〕陳立：《白虎通疏證》卷4，頁194。

或曰：五霸，謂齊桓公、晉文公、秦穆公、宋襄公、楚莊王也。〔註59〕

後二說既言「或曰」，則此三種異說該不會是毫不重要的吧？

《白虎通義‧封禪》：

> 狐九尾何？狐死首邱，不忘本也。明安不忘危也。必九尾者也？九
> 妃得其所，子孫繁息也。於尾者何？明後當盛也。〔註60〕

穴居之狐，死而首丘的行為是種美德。〔註61〕但《說文解字》云：

> 狐，祙獸也。鬼所乘之。有三德：其色中和，小前大後，死則丘首。
> 从犬瓜聲。〔註62〕

「祙」同「祅」，也作「妖」。「鬼所乘之」似可釋義為人死後魂魄所憑藉幻化
而來。狐有三種特性，其一是傳說狐狸將死，頭必向出生的山丘，喻不忘本。
但同樣是東漢的《白虎通義》，當中的〈封禪篇〉認為九尾狐象徵子孫繁衍。
加上《白虎通義‧衣裳》一篇記錄天子披上狐白之裘〔註63〕，其他人都不能服
白狐裘，可知白狐裘的名貴。《白虎通義》的確保留了有價值的異文，而「九
尾獸（狐）」圖案屢見於漢代的畫像磚石上，可證是祥瑞的符號。

（四）引述典籍考

據周德良〈《白虎通》研究──《白虎通》暨《漢禮》考〉一文比較《白
虎通》引述典籍的次數，依序是：《禮》類，《春秋》類，《書》類，《詩》類，
《論語》，「讖緯」類，《易》類，《孝經》類，《爾雅》，《管子》。引述典籍的文
句，幾佔全書大部分，而引述典籍的種類，亦不限《五經》。合計《白虎通》
文本稱引《禮》之經傳者，共 231 則；《春秋》經傳共 114 則；《尚書》經傳共
79 則；《詩》之經傳共 58 則；《論語》51 則；「讖緯」31 則；《易》之經傳共
20 則；《孝經》之經傳共 9 則。〔註64〕

〔註59〕陳立：《白虎通疏證》卷 2，頁 60，62，65。

〔註60〕陳立：《白虎通疏證》卷 6，頁 286，287。

〔註61〕高莉芬：〈九尾狐：漢畫像西王母配屬動物圖像及其象徵考察〉，《政大中文學
報》第 15 期（2011 年 6 月），頁 84。

〔註62〕許慎：《說文解字》卷 10 上（北京：中華書局，1963 年 12 月），頁 206。

〔註63〕陳立：《白虎通疏證》卷 9，頁 434。

〔註64〕周德良：〈《白虎通》研究──《白虎通》暨《漢禮》考〉（台灣國立中央大學博
士論文，2004 年），頁 24～27。據我讀沈�民著〈王捍鄭《白虎通義》引書表
補正〉後，發覺不意外地，《白虎通義》不多引《穀梁》，但《公羊》某些篇章
引得很多，有些則隻字沒提。所引群書則以緯書居多。（沈祾民：〈王捍鄭《白
虎通義》引書表補正〉，《制言》半月刊，第 31 期（1936 年 12 月），頁 1～40。）

1. 直接引用典籍

周氏明引典籍的統計工作做得很詳細，可見稱引《禮》的經傳最多，有點意外的是「讖緯」比《易》及《孝經》經傳被轉載的還要多。明引典籍較暗引典籍容易，當然「暗引」不是說暗得任誰都看不出，摸不著。至於要怎樣才暗得讓其他人能看出來，下面會有交代。

有時一篇文章，為了論證一個觀點，引用了好多典籍，也不管時間對不對得上，能用的都上了，這般行文當然夠不上華章佳構。《白虎通義》引用了為數不少的典籍，具體結合實例作闡述。

據周德良〈劉師培《白虎通義源流考》辨〉一文說：

> 就《白虎通》引述典籍之文句與次數觀察，粗估《白虎通》文本引
>
> 述典籍，凡十類，共五百九十五則。〔註65〕

2. 間接引用典籍

周氏統計屬明引典籍的數目，殆無可疑。至於《四庫全書總目提要》卷16經部詩類2存目1的附錄為評論《韓詩外傳》，有幾句論及《春秋繁露》、《白虎通》的話：

> 繭絲、卵雛之喻，董仲舒取之為《繁露》。君群王往之訓，班固取之
>
> 為《白虎通》。〔註66〕

「繭絲、卵雛之喻」、「君群王往之訓」，應可看作成暗喻。

緊隨這段訓喻後四庫館臣寄託精警的感言：

> 精理名言，往往而有，不必盡以訓詁繩也。〔註67〕

不通訓詁當然有問題，《四庫全書總目》所說的和《白虎通義》相關，說明精闢的言詞多有言不盡，還需讀者意會。讀者看過上述一段文字，大概會問：「這樣的理解對嗎？」說繭說卵只是過渡，目的是說人性。善是後天的人為，而不是先天的本性，像蠶繭鳥卵，要滾沸蠶繭，煮過，才可抽出絲，卵要孵化才可

〔註65〕周德良：〈劉師培《白虎通義源流考》辨〉，載《經學研究期刊》第 8 期（高雄：台灣高雄師範大學經學研究所，2010 年 10 月，頁 200。）。

〔註66〕永瑢等撰《四庫全書總目》（北京：中華書局），頁 136。
　　　　鄭穎《白虎通》引文釋例》說《白虎通義》「徵引群經繁富，明引、暗襲文獻千餘條，包括經書、讖緯、逸書及解說經書的傳記等各類文獻。其中絕大部分是今文經及今文經說，特別是一些現在已經亡佚的經文及經說。」（鄭穎：《白虎通》引文釋例》（浙江大學碩士論文，2009 年，摘要。）

〔註67〕永瑢等撰《四庫全書總目》，頁 136。

產雛，性要教化才可為善。要做到君臣有義不容易，想要做到如《白虎通義》中說的君主臣下相視親密，外託君臣之義，內結骨肉之恩的更難。百姓遇兇暴的君主，能夠的話當然要逃走，棄之不一顧了。解讀古書義理，於完密之訓詁學原理外，以直解精微的義理為依據何嘗不可？接著無妨研討「繭絲、卵雛」、「君群王往」訓喻的真義，便於明白暗引典籍的繼承。

（五）宇宙天人思想

關於天地萬物的起源，《白虎通義・天地篇》作了解釋：

> 始起先有太初，然後有太始，形兆既成，名曰太素。混沌相連，視之不見，聽之不聞。然後判清濁，既分，精曜出布，庶物施生。……
> 故《乾鑿度》云：「太初者，氣之始也。太始者，形之始也。太素者，質之始也。」〔註68〕

《白虎通義》援引發揚緯書，比附天地星辰等各種自然現象，託言陰陽五行，譬諸君臣、父子、夫婦之義，用以匡扶王統。

《白虎通義・論名社稷之義》云：

> 不正月祭稷何？禮不常存，養人為用，故立其神。〔註69〕

劉師培訂釋《白虎通義》，因體恤百姓，常從他們的角度去琢磨，於《白虎通義・論名社稷之義》案云：

> 盧校云：「疑『禮』或『稷』之訛。」其說是也。「不」乃衍字。此言不正月祭稷，而立其神，因稷之為物常存，而為養民之用也。〔註70〕

劉氏考辨《白虎通義》的原文實應作：「不正月祭稷何？稷常存，養人為用，故立其神。」循百姓的角度推斷，劉氏覺得稷起養育人民的功用，稷物又常在，人民因而感戴神靈。百姓的想法很簡單，匡扶王統的論調距離太不實際了。

《白虎通義》相信一套理論，〈五行篇〉云：

> 子順父，妻順夫，臣順君，何法？法地順天也。〔註71〕

這理論驟看很順暢，絲毫沒有破綻。

又〈日月篇〉云：

> 《感精符》曰：「三綱之義，日為君，月為臣也。」〔註72〕

〔註68〕陳立：《白虎通疏證》卷9，頁421。
〔註69〕陳立：《白虎通疏證》卷3，頁89。
〔註70〕陳立：《白虎通疏證》附錄3，劉師培《白虎通義斠補》，頁628。
〔註71〕《白虎通疏證》卷4，頁194。
〔註72〕《白虎通疏證》卷9，頁424。

提出「三綱」的名目為釐清君臣之道。月亮本身不發光，它的光源於太陽的照耀，照此而推論，「臣有功，歸功於君」〔註73〕的說詞聽來，隱約像是合情合理。掂量再三，卻不是那麼一回事。

又〈五行篇〉云：

> 君有眾民何法？法天有眾星也。〔註74〕

是君之於民，猶如天由星辰所拱衛。

又〈三綱六紀篇〉云：

> 三綱者，何謂也？謂君臣、父子、夫婦也。……故《含文嘉》曰：
> 「君為臣綱，父為子綱，夫為妻綱。」……人皆懷五常之性，有親
> 愛之心，是以綱紀為化，若羅網之有紀綱而萬目張也。〔註75〕

綱舉目張，正好舉一綱而萬目張。

《白虎通義·論天子諸侯爵稱之異》云：

> 天子爵連言天子，諸侯爵不連言王侯何？。〔註76〕

《白虎通義》無疑有些神化帝王的情況，方便管治天下，但劉師培訂釋《白虎通義》，說若「王侯並稱，侯將上僭。……王侯之爵以天人區」。〔註77〕劉氏案云：

> 言天子諸侯，名分闊絕，與王侯位號相近者不同，故可言天子，諸
> 侯不可言王侯也。〔註78〕

以上羅列的理由充分，劉氏於理解《白虎通義》，覺得書中要說的是王侯並稱不好，致侯有上僭的機會。天子爵連言就沒風險，帝王終究不是神，地位還是有一步之遙。

〈三綱六紀篇〉另一則說的應該不教人突兀：

> 君臣法天，取象日月屈信，歸功天也。父子法地，取象五行轉相生
> 也。夫婦法人，取象人合陰陽，有施化端也。〔註79〕

〔註73〕《白虎通疏證》卷4，頁195。
〔註74〕《白虎通疏證》卷4，頁196。
〔註75〕《白虎通疏證》卷8，頁374。
〔註76〕《白虎通疏證》卷1，頁20。
〔註77〕陳立：《白虎通疏證》附錄6，劉師培《白虎通義定本》卷2，頁752。
〔註78〕陳立：《白虎通疏證》附錄8，劉師培《白虎通德論補釋》，頁789。
　　　　陳立：《白虎通疏證》附錄3，劉師培《白虎通義斠補》，頁614。
〔註79〕陳立：《白虎通疏證》卷8，頁375。

信，伸也。故屈信相感而利生焉，蓋倫理關係取諸陰陽。有施化端，得為造化的起始。天地之施化能和，雖寡必盛。但在強調臣絕對服從君的基調下，《白虎通義》還在《五行》中提出臣對「無道之君」，就像紂王可以推翻，這類的思想可算是變道。

（六）禮制政治思想

《白虎通義》遵循儒家重禮教的治國理念，但不排拒刑罰，認為刑罰可以「佐德助治」。《白虎通義・五刑篇》云：

> 聖人治天下，必有刑罰何？所以佐德助治，順天之度也。故懸爵賞者，示有所勸也。設刑罰者，明有所懼也。〔註80〕

同篇又指出：

> 故禮為有知制，刑為無知設也。〔註81〕

只有通過教化才能知禮，禮節是為有知識的人制定的，刑罰是為沒有知識的人設定的。這麼說來，《白虎通義》是認同禮教與刑罰可相輔同行。「禮不下庶人」〔註82〕是為了鼓勵人民上進，勉勵他們成為大夫，他日就可以受禮遇尊重了。設刑罰是為了使人有所畏懼，因而具警惕的含義。如此看來，刑與禮的確不是對立，而是互動相成，這種觀點顯然利於管治。

《白虎通義・論刑不上大夫》云：

> 刑不上大夫何？……庶人雖有千金之幣，不得服。刑不上大夫者，據禮無大夫刑。〔註83〕

《白虎通義》無疑有推崇帝王地位的情況，方便管治天下，但劉師培訂釋《白虎通義》，云：

> 陳云：「『不得服』下有脫文，當是『不得弗服刑』也。」案：陳說誤。此申明「禮不下庶人」之義，「不得服」猶言「不得衣」然。雖有幣帛不能服于外也。〔註84〕

〔註80〕陳立：《白虎通疏證》卷9，頁437，438。
〔註81〕陳立：《白虎通疏證》卷9，頁442。
〔註82〕陳立：《白虎通疏證》卷9，頁442。
〔註83〕陳立：《白虎通疏證》卷9，頁442。
〔註84〕陳立：《白虎通疏證》附錄8，劉師培《白虎通德論補釋》，頁805，806。
「劉氏案：此謂庶人不得衣幣帛。」（陳立：《白虎通疏證》附錄3，劉師培《白虎通義斠補》，頁705。）

「陳」指陳立，陳氏說的意思是庶人縱有大量財帛，也不能不服刑。但劉氏主要解釋禮節不施行到庶人身上。

位列三公，功在家國，他的子孫能學到他的一部分，其人必不壞，也繼承了一些賢德品質，這樣就能夠貢獻社會人民。

《白虎通義・論刑不上大夫》云：

> 賢者之體，能有一矣，不二矣。〔註85〕

劉氏案云：

> 「賢者之體能有一」，猶言能得賢者之一體也。此明三公子孫當封之
> 故。〔註86〕

又云：

> 「賢者之體，能有一矣，不二矣。」大旨，蓋言三公均賢人，為其
> 子者必得其一體之賢，得其一體之賢則其人不貳，（「貳」即「忒」，
> 與「賢」義反。）故可封以附庸也。即繼世象賢之義。〔註87〕

《白虎通義》重視考核賞罰制度的推行，劉氏讓我們明白三公子孫當封的理由。三公子孫具備成材長進的有利條件，但世襲制度是不是就產生「龍生龍，鳳生鳳」的效應，該給予三公子孫附屬於諸侯大國的小國？我看他們未必都能繼承先世，效法先人的賢德。

禮和社會的進化息息相關，同時不離制度，《白虎通義・論三皇五帝三王五伯篇》云：

> 古之時，未有三綱六紀，民人但知其母，不知其父。〔註88〕

而劉師培考察古代社會，於《古政原始論》中也以為：

> 天下之人惟知有母不知有父。《白虎通義》亦同。〔註89〕

母系社會以女性為中心，而劉氏續謂：

> 上古婦人習于一妻多夫之俗。〔註90〕

劉氏參考了英國學者甄克思（Jenks, Edward (1861～1939)）的 A History of Politics（《社會通詮》）中講西方婦女婚俗的一段，移過來用，嚴復的譯文是：

〔註85〕陳立：《白虎通疏證》卷7，頁313。
〔註86〕陳立：《白虎通疏證》附錄3，劉師培《白虎通義斠補》，頁672。
〔註87〕陳立：《白虎通疏證》附錄8，劉師培《白虎通德論補釋》，頁800。
〔註88〕陳立：《白虎通疏證》卷2（北京：中華書局），頁50。
〔註89〕劉夢溪：《黃侃 劉師培卷》（石家莊：河北教育出版社，1996年8月），頁700。
〔註90〕劉夢溪：《黃侃 劉師培卷》，頁701。

一夫而眾妻，乃宗法社會之通制。〔註91〕

劉氏應該參考過嚴復（1854～1921）譯甄克思的《社會通詮》〔註92〕，他關心的社會進化發展，在西方歷史上已顯露出多重的進化。想了解嚴復譯作的思想，甄克思的《社會通詮》是一道橋梁。

　　劉師培訂釋《白虎通義》，給我們明白到禮節與賞罰制定的標準，西方社會學的推廣，為劉氏提供更廣闊推動經學的發展空間。《白虎通義》有它的尊經思想和宣漢特點，劉師培本著尊經的立場訂釋《白虎通義》，注重比較《白虎通義》內容的詮釋，澄清他認為不合理的章節。當代西方學者可能比較看重劉氏學人與思想家的身分，如討論劉氏論述「權利」的問題。〔註93〕日本學者佐藤豐〈清末の功利主義受容に関連して見たところの前近代における功利概念〉（從清末功利主義的接受看由古代中國下迄現代的功利概念）談到中國近代研究「功利概念」的思想家，以劉氏為其中的一個代表〔註94〕，倒也別有異趣。也是日本學者的小林武著〈清末における utility と功利観〉（清末間的效用與功利觀），自承參考過佐藤豐談「功利主義」和「功利概念」的文章，以梁啟超和劉師培等中國學人為主要探討的對象，為後續佐藤氏研究「功利」的新觀念提出意見。〔註95〕

小　結

　　本章主要是探討《白虎通義》的形式和內容，並進一步陳述《白虎通義》的特色。一、有關《白虎通義》的內容：洪業《白虎通引得序》指出《白虎通

〔註91〕按：嚴復把 "A History of Politics" 譯為《社會通詮》。劉氏在〈古政原始論〉裏引錄《社會通詮》一書的段落。（劉夢溪：《黃侃 劉師培卷》，頁 700。）

〔註92〕王壽南編：《嚴復・康有為・譚嗣同・吳敬恆──中國歷代思想家》（台北：臺灣商務印書館，1999 年 8 月），頁 700。

〔註93〕像在 Wesleyan University 研究東西方哲學的 Stephen Angle 教授著 *Human Rights and Chinese Thought: A Cross-Culture Inquiry*，說他過往一直迷思於劉氏論述「權利」的問題。"I was intrigued by what Liu Shipei had written about *"quanli"*-- his term for rights -- in the first years of the twentieth century." (Angle, Stephen C. 2002. *Human Rights and Chinese Thought: A Cross-Culture Inquiry*. p. xiii. Cambridge University Press.)

〔註94〕佐藤豐：〈清末の功利主義受容に関連して見たところの前近代における功利概念〉，《愛知教育大學研究報告》第 51 期（人文・社會科學編）（2002 年 3 月版），頁 9。

〔註95〕小林武：〈清末における utility と功利観〉，京都產業大學論集〔人文科學系列〕第 41 號（2010 年 12 月版），頁 54，76。

義》的行文氣韻顯露與班固的文章大不相類，劉師培〈白虎通義源流考〉認為《白虎通義》和《白虎通》是同一本書，《白虎通》應正名為《白虎通義》，文從省約則稱《白虎通》。《白虎通義》徵引六經傳記而外，兼涉讖緯，而多傳古義，至今為學者研究漢代經學所依據。我比較認同劉師培之說，《白虎通義》涵蓋《白虎議奏》的主要內容，料是《議奏》的簡要本。二、有關《白虎通義》的形式：《白虎通義》的卷數與篇數歷代有異，想是當中經過編校人的合併錯置所致，然而應該無損它的價值。《白虎通義》編寫的過程採開放態度，有些條目還容納不同甚至相反的學說，個人認為在這個地方保留了《石渠禮論》以至《白虎議奏》勇於探索模式的殘留。經統計，《白虎通義》內文本身含「或曰」的異文約 18 條、「又曰」的異文約 2 條，而「一說」的異文約 11 條，我懷疑部分或許是會議記錄刪削後的文錄。自漢章帝親自裁決經義，會議結果作成《白虎議奏》，再由班固寫成《白虎通義》一書，全書共彙集 43 條名詞解釋。若進一步比較現存的《石渠禮議》和《白虎通義》，會發覺《白虎議奏》的辯論形式不復見，僅議論多方的一些意見被保存，《石渠禮議》的編寫形式是有答有議，加上宣帝的意見，現場作出裁決。《石渠禮議》跟《白虎通義》雖然從形式或內容上都未盡相同，不過個人寧抱「立」多於選擇「破」的看法，沒有很強的論據，倒不如維持固有的說法：《石渠禮議》和《白虎通義》有著傳承的關係。三、有關《白虎通義》的內容特色：《白虎通義》這部著作援引前人之說，其中一個好處是能並存異說，言大義，不同的主張、學說和大道理得以保留。《白虎通義》的編寫不完全開放兼容，往往透露君臣有別的思想。《白虎通義》不是沒有記述約制君主的辦法，只是必須通過上天呈現的徵兆或示警的災禍。

第五章　劉師培訂釋《白虎通義》的方法（上）

現在流傳的《白虎通義》在形式上分 43 或 44 門，涉及了漢代今古文經學家爭論的具體過程，當中含有章帝的決斷內容。這類對應方式，其表現形式也開始多樣。君權、夫權縛緊人民的兩條繩索，不期然遵照皇帝欽定的「綱常」理論，成為法典。宣揚維護封治權的「三綱」、「五常」、「六紀」是《白虎通義》的主要內容，將天道與人事規範在一個「天人感應」的區域內，再加以發揮，成為《白虎通義》的主要內容。劉氏以不同的形式，突出了對古代社會生活的闡述，兼有在訓詁學內容的創新。我試圖調和郭在貽《訓詁學》、程俊英《訓詁學》及陸宗達《訓詁簡論》等書的意見，並仿效陳垣先生《通鑑胡注表微》的體例，初定以下所見「訂釋方法」合「訂釋內容」共二十篇的標目。現先就前者析論。

劉師培通考《白虎通義》，從文字詞義、句法、句意等各層面對漢儒設定的《白虎通義》做全方位的訂釋。在訂釋《白虎通義》時，劉氏很注意文字的異同、字詞的古今義，破假借，求本字，可稱為「釋古以今」的語義訂釋方法。本篇主要剖析劉氏訂釋《白虎通義》字詞的方法，並根據古文獻中的例句，通過聲訓、義訓等方法解說字詞的意義。謹試探析劉氏訂釋《白虎通義》的方法如下：

一、據古訓

古人遵行和推崇的準則，以至古代流傳下來的典籍統統可以作為準繩。劉師培於《經學教科書》〈序例〉說：

治經學者當參考古訓，誠以古經非古訓不明也，大抵兩漢之時經學有今文古文之分，今文多屬齊學，古文多屬魯學。今文家言多以經術飾吏治，又詳於禮制，喜言災異五行；古文家言詳於訓詁，窮聲音文字之原，各有偏長，不可誣也。……宋明說經之書喜言空理，不遵古訓。〔註1〕

劉氏訂釋《白虎通義》，信守「古訓是式」的原則，他以兩漢經說為古訓的意見也很清楚。以此為據，我們應該明白他不大喜歡宋明說經的理由了。

劉氏訂釋《白虎通義》並沒有具體舉出「宋明說經之書喜言空理，不遵古訓」的實例，如《白虎通義·論制爵五等三等之異》云：

伯者，白也。

劉氏案云：

若伯訓長，則字音匪近，《孝經疏》所引，似未足據。〔註2〕

到了宋代，邢昺奉詔疏解《孝經》。劉氏覺得宋人的疏解，未可盡信。

劉氏認為，左手今文經卷、右手古文經卷，顯得左右逢源，略無偏頗。《白虎通義·論王者接上下之稱》云：

故尚書曰：「不施予一人。」

而《白虎通義斠補》說：

今考「施」、「易」二字，古多互通，疑今文《尚書》「惕」或作「易」，因叚用「施」字。《詩·小雅·何人斯》「我心易也」，《韓詩》作「施」。又《韓非子·八經篇》云：「詭曰易。」易與施同，均其證。此疑「德不逢君」之誼與作「惕」誼殊。〔註3〕

西漢時燕人韓嬰（生卒年不詳）所傳授的詩，稱為「韓詩」。「韓詩」於漢文帝時立為博士，與「魯詩」、「齊詩」並稱三家詩。

同是西漢時人的劉向（約前77～前6）著《五經通義》，今見於《漢魏遺書鈔經翼》四集《玉函山房輯佚書》本，可自此窺《五經通義》鱗爪。劉氏在《白虎通義·論天子諸侯兩社》下說：

〔註1〕劉師培：《經學教科書》，見寧武南氏校印：《劉申叔先生遺書》第66卷（1934年），頁1。

〔註2〕劉師培：《白虎通德論補釋》，見陳立：《白虎通疏證》附錄八（北京：中華書局，1994年8月），頁788。

〔註3〕劉師培：《白虎通義斠補》卷上，見陳立：《白虎通疏證》附錄三（北京：中華書局，1994年8月），頁619。

《五經通義》以太社在中門外，王社在籍田。〔註4〕

古代天子、諸侯親耕，徵用民田，以示勤勞。

　　劉氏謂《漢書》引劉歆意見以說經，遂得旁證《白虎通義》。劉氏在《白虎通義・論天子即位改元》「乃受銅」下案云：

　　　　「琩也」二字，陳氏《疏證》云：「銅琩二物，似未可刪。」「琩」字
　　　　當刪，惟「銅」字弗誤。……《漢書・律歷志》引劉歆說，釋「同」
　　　　為「銅」。〔註5〕

《漢書》雖是史書，但班固必然有他自己的經學觀。

　　《白虎通義・論五聲八音》：

　　　　祝，始也；敔，終也。

劉氏案說：

　　　　《書・益稷》〈疏〉云：「《漢禮器制度》及《白虎通》、馬融、鄭玄、
　　　　李巡，其說皆為然也。」〔註6〕

「祝」或為「柷」之譌，於古訓有徵。〔註7〕唐代孔穎達疏《書・益稷》，劉氏據引《白虎通義》，他沒反對《書・益稷》〈疏〉採納《漢禮器制度》、《白虎通義》、馬融、鄭玄和李巡之說，視以上各書都正確的言論。《漢禮器制度》一卷據說是秦末漢初儒生叔孫通（？～約前194）撰。馬融（79～166）鄭玄（127～200），東漢著名經學家。宦官李巡（189）與諸位大儒校訂《五經》，料他的學識不致遠差於那些儒者。

　　以下略述劉氏採納了馬融（？～83）、鄭玄等人的註疏《白虎通義》。先是劉氏參考馬融的《尚書》註，在「論堯舜禹湯均諡」章下案說：

　　　　馬融《書注》亦以堯舜為證，與此同。〔註8〕

馬融曾教導鄭玄經學，後世並稱經學大家。

　　劉師培覺得《禮》家舊說於「公士」所論，不與鄭玄註同，就如《白虎通

〔註4〕劉師培：《白虎通義定本》卷二，見陳立：《白虎通疏證》附錄六（北京：中華
　　　　書局，1994年8月），頁774。

〔註5〕劉師培：《白虎通義斠補》卷上，見陳立：《白虎通疏證》附錄三，頁617。

〔註6〕劉師培：《白虎通義斠補》卷上，見陳立：《白虎通疏證》附錄三，頁636，
　　　　637。

〔註7〕案祝，柷之譌。見古文字詁林編纂委員會編：《古文字詁林》第五冊（上海：
　　　　上海教育出版社，2002年12月），頁948。

〔註8〕劉師培：《白虎通義定本》卷二，見陳立：《白虎通疏證》附錄六，頁767。

義》把「公士」解釋為「天子太子」般,與鄭玄註不合。《白虎通義‧論太子食采》曰:

> 故《禮》曰:「公士大夫子子也。」無爵而在大夫上。

劉氏案說:

> 《儀禮‧喪服》云:「公士大夫之眾臣為其君,布帶繩屨。」鄭注云:「士,卿士也。」疑《禮》家舊說以「公士」之士即天子元子,與鄭不同,此文所述是也。〔註9〕

至於想理解劉氏所謂《禮》家舊說的,最好翻閱他廣徵博引兩漢經師的說法,篇帙為四卷的《禮經舊說考略》。

許慎撰寫《五經異義》後,鄭玄隨之著《駁許慎五經異義》,提出相反觀點。唐宋間兩書散佚,宋以後出現一些輯佚本。劉氏點出《駁許慎五經異義》的特色:

> 鄭駁《五經異義》蓋兼據今文《春秋》、今文《詩》之義。〔註10〕

《五經異義》欲說明經典異說之所由,許慎分辨今古之說,鄭玄萌生駁許慎《五經異義》而為文的思想。《白虎通義‧論靈臺明堂》曰:

> 十二坐法十二月。

劉氏加案語說:

> 《禮記‧玉藻疏》載鄭駁《異義》引《大戴》,正作「九室十二堂」,此其證。〔註11〕

劉師培據引鄭玄《駁五經異義》中的引述材料為證,《駁五經異義》是漢鄭氏所駁許慎《五經異義》之文。

劉氏訂釋,會酌量轉引列出鄭玄等儒者的註文,如在「去其懷任者也」下加案語說:

> 陳疏引《周禮‧大司馬》鄭《注》云:「夏田為苗,擇取不孕任者,若治苗去不秀實也。」「孕任」即「懷任」,則「去其懷任」當作「去其不懷任」。〔註12〕

「懷任」可以比作「懷妊」、「懷孕」。

〔註9〕劉師培:《白虎通義斠補》卷上,見陳立:《白虎通疏證》附錄三,頁641。

〔註10〕劉師培:《白虎通德論補釋》,見陳立:《白虎通疏證》附錄八,頁801。

〔註11〕劉師培:《白虎通義斠補》卷上,見陳立:《白虎通疏證》附錄三,頁658。

〔註12〕劉師培:《白虎通德論補釋》,見陳立:《白虎通疏證》附錄八,頁811。

《白虎通義・論天地之始》曰：

　　性情生汁中，汁中生神明。

劉氏加案語說：

　　汁、協古通。《周禮・鄉士》「汁日刑殺」，先鄭《注》：「汁，合也，
　　和也。」汁中與中和同。〔註13〕

古來鄉士掌獄訟，處決罪犯要選擇協日，這是天地陰陽配合的定理。

　　自古已通的不僅「汁」與「協」，「施」、「易」古亦通用，易字有古讀施的，
《詩》「我心易也」，《韓詩》作「我心施也」。西漢時燕國學人韓嬰所傳的詩，
稱為《韓詩》。《白虎通義・論王者接上下之稱》曰：

　　故《尚書》曰：「不施予一人。」

劉氏案說：

　　《詩・小雅・何人斯》「我心易也」，《韓詩》作「施」。〔註14〕

換言之，「施、易」是可以通假的。

　　《詩經》自西漢以來分今文與古文，齊、魯、韓三家為今文，均已亡佚，
《毛詩》則為古文，今獨留存。《毛詩》採用古文，每一篇下都有小序，以評
價該篇要旨。劉氏訂釋《白虎通義》也參考《毛詩》或稱《詩》毛說的意見。
劉氏在「論樂歌」章後案說：

　　《詩》毛說誤「金聲」為「詩」。〔註15〕

齊、魯、韓三家詩是用漢代通行的隸書寫定的，屬今文經學；《毛詩》則屬古
文經學。

　　劉氏判別「中古文者，即安國所獻《古文尚書》，亦「《班志》所列《尚
書古文經》四十六卷也」〔註16〕。考劉氏所論，意謂《漢書・藝文志》載《尚
書》古文經四十六卷，是為漢世孔子後人孔安國（生卒年不詳）獻上朝廷的壁
中書。《白虎通義・論制爵五等三等之異》曰：

　　《尚書》曰：「侯、甸、任、衞，作國伯。」謂殷也。

　　劉氏評說：

〔註13〕劉師培：《白虎通德論補釋》，見陳立：《白虎通疏證》附錄八，頁805。
〔註14〕劉師培：《白虎通德論補釋》，見陳立：《白虎通疏證》附錄八，頁790。
〔註15〕劉師培：《白虎通義定本》卷三，見陳立：《白虎通疏證》附錄六，頁780。
〔註16〕劉師培：《左盦集》卷一，見《劉申叔先生遺書》三十七集（南京：江蘇古籍
　　　　出版社，1997年11月），總頁數28。

〈酒誥〉一篇，今文歐陽、大、小夏侯三家，較中古文有脫簡。（見
《漢書藝文志》。）〔註17〕

孔安國以今文字讀《古文尚書》的有關問題，給出訓解，不昧於古訓，今天的
「中古文」其內容實在被視作古訓了。

　　至東漢末年，何休（129～182）著《春秋公羊解詁》，通過註釋儒家重
要經典《春秋公羊傳》，為兩漢《公羊》學作結。劉氏在「總論樂」章後分
析說：

案此節均用今《禮》說。末段亦成語，與《公羊解詁》、《韓詩外傳》
同。〔註18〕

何休的《公羊解詁》可與《白虎通義》、《韓詩外傳》等互相印證。

　　除了註釋《春秋公羊傳》外，何休亦曾註釋《孝經》、《論語》，劉氏特別
仔細地參考何註《春秋公羊》，有不同意的地方定會提出，好像《白虎通義‧
論設牧伯》曰：

《春秋公羊傳》曰：「自陝已東，周公主之，自陝已西，召公主之。」

劉氏案說：

「陝」與「郟」同，即北郏也。《公羊》何《注》誤。下云「所分陝
者，是國中也」。與《史記》諸書「洛邑為天下之中」語合。則此書
亦以陝為郟矣。〔註19〕

北郏即在洛陽北。劉氏認為與何說不合的，還有《白虎通義‧論天子嫡媵》：

不娶兩娣何？博異氣也。娶三國女何？廣異類也。

劉氏先引陳立的話：

何休《公羊膏肓》謂「媵不必同姓，所以博異氣」。則何氏以娶三國
為博異氣，當以何說為正。

劉氏隨之案說：

此文「博異氣」、「廣異類」，仍係同姓，非異姓，與何說不同。〔註20〕

劉氏所說可謂考核簡實，為《白虎通義》解說，「姪娣」是妻的堂妹，諸侯恐

〔註17〕劉師培：《白虎通德論補釋》，見陳立：《白虎通疏證》附錄八，頁788。

〔註18〕劉師培：《白虎通義定本》卷三，見陳立：《白虎通疏證》附錄六，頁779。

〔註19〕劉師培：《白虎通德論補釋》，見陳立：《白虎通疏證》附錄八（北京：中華書
局，1994年8月），頁795。

〔註20〕劉師培：《白虎通德論補釋》，見陳立：《白虎通疏證》附錄八，頁807。

怕一國血脈相似，萬一無兒，則三女皆無。所以再分別娶岳父兩個兄弟的女兒各一位，才應了「博異氣」、「廣異類」的安全措施。

　　賈逵、馬融、許慎、鄭玄固然是東漢時期的訓詁大師，他們開創漢儒治經的研究。唐代孔穎達仍承繼了古訓說經的精神，劉氏訂釋《白虎通義》多引孔穎達的說法。像《白虎通義・論四夷之樂》：

　　　　助時煞也。

劉氏案說：

　　　　《明堂位疏》引「煞」作「殺」。

也是《白虎通義・論四夷之樂》：

　　　　故夷狄安樂，來朝中國，於是作樂樂之。

劉氏案說：

　　　　《明堂位疏》約引作「故制夷狄樂」，疑「作樂」古本作「制樂」。

同樣是《白虎通義・論四夷之樂》：

　　　　《南》之為言任也……《朝離》者，萬物微，離地而生。

劉氏又案說：

　　　　《明堂位疏》正引作「朝」。

再來也是《白虎通義・論四夷之樂》：

　　　　王者制夷狄樂，不制夷狄禮何？以為禮者，身當履而行也，夷狄之
　　　　人不能行禮。

劉氏隨後案說：

　　　　盧本據《明堂位疏》易「行也」為「行之」。〔註21〕

除了《明堂位疏》，劉氏並參考了孔穎達《王制疏》、《禮器疏》。〔註22〕又《白虎通義・總論巡狩之禮》：

　　　　巡者循也，狩者牧也，為天下巡行守牧民也。

劉氏案說：

　　　　《禮器疏》引下語作「謂循行天下牧人也」。〔註23〕

劉氏曾據經疏上下文，判斷用字的正確。另一方面，因孔穎達解經註經有功，吳十洲《兩周禮器制度研究》誇讚說：

〔註21〕劉師培：《白虎通義斠補》卷上，見陳立：《白虎通疏證》附錄三，頁631，632。
〔註22〕劉師培：《白虎通義斠補》卷下，見陳立：《白虎通疏證》附錄三，頁662。
〔註23〕劉師培：《白虎通義斠補》卷下，見陳立：《白虎通疏證》附錄三，頁669。

繼鄭玄之後，對文獻所載禮器注釋最有成就的當數唐代的孔穎達。〔註24〕

由於傳統上疏不破註，孔疏《禮記·明堂位》等篇就等於上溯古訓說經的源頭。

在遍註群經的基礎上，劉師培的學問以古文經學為主，兼采今文經學之長，融會貫通。劉氏在《白虎通義·總論禮樂》標題下說：

> 案此節用今《禮》、今《孝經》說。凡今文師說並同。〔註25〕

因為劉氏深究今古文師說，所以能入乎其內而又出乎其外。

二、破假借，明通假

劉師培憑仗其豐富的音韻學識，反覆驗證經文疏解，期破假借字，不時恢復其本字，從而經義立明，求得正確含義。《白虎通義·論三皇五帝三王五霸》：

> 下伏而化之，故謂之伏羲也。

劉氏案說：

> 「化」「羲」古音同部，故「羲」字从化得義，猶「蛾」从蠶化得聲義也。〔註26〕

凡古代由同聲符構成的形聲字，讀音既是相同的，應該可以假借。劉師培認為蛾蠶化，羲則從化得義。查《漢字古音手冊》，知「化」、「羲」二字古聲韻都同，古聲韻都同等於是同音字。〔註27〕

《白虎通義·論王者接上下之稱》曰：

> 故《尚書》曰：「不施予一人。」

劉氏案說：

> 盧校云：「疑即『不惕予一人』之駁文。」今考「施」、「易」二字，古多互通，疑今文《尚書》「惕」或作「易」，因叚用「施」字。《詩·小雅·何人斯》「我心易也」，《韓詩》作「施」。又《韓非子·八經篇》云：「詭曰易。」易與施同，均其證。此疑「德不逯君」之誼與作「惕」誼殊。〔註28〕

〔註24〕吳十洲：《兩周禮器制度研究》（台北：五南圖書出版股份有限公司，2004年7月），頁40。

〔註25〕劉師培：《白虎通義定本》卷三，見陳立：《白虎通疏證》附錄六，頁778。

〔註26〕劉師培：《白虎通義斠補》卷上，見陳立：《白虎通疏證》附錄三，頁620。

〔註27〕郭錫良：《漢字古音手冊》（北京：北京大學出版社，1986年11月），頁13、76。

〔註28〕劉師培：《白虎通義斠補》卷上，頁620。

《先秦兩漢典籍引〈尚書〉資料》這本工具書，彙編了引《尚書》的先秦兩漢典籍，列出了《白虎通義》引《尚書》「不惕予一人」的資料，〔註29〕明顯看到「惕」、「施」假用的關係。他再於他書同條中案說：

> 「施」、「易」古互通。〔註30〕

劉氏已於多處證明「施」等同「易」。像《白虎通義·釋天地之名》：

> 地者，易也，萬物懷任，交易變化。

劉氏案說：

> 竊以「施也」即「易也」異文，「交易變化」即「交易變化」異文。
>
> 〔註31〕

試看顧頡剛（1893～1980）、劉起釪二氏著《尚書校釋譯論》，在「不惕予一人」下的註解可以獲佐證：

> 《白虎通·號篇》引此句作「不施予一人」。……段玉裁謂古文作「惕」，今文作「施」。「惕」、「施」同在歌支一類。……俞樾云：「施，本字，惕，假字。」〔註32〕

很可能劉氏覺得「施」、「易」古聲相近，遂得通假。〔註33〕

《說文》裏保存古字古義，為研究古代典籍和研究古文字者所必讀，方便古字尋音定義。《說文》對經傳詁訓的價值，可以想見。《白虎通義·論八風節候及王者順承之政》云：

> 清明風至物形乾，景風至棘造實。

劉氏於其下案說：

> 陳云：「造，始也。」案：「造」疑「蓮」字之假。《說文》：「蓮，艸貌。」蓮、萃古通。蓋叢萃之義。《說文》：「棘，小棗叢生者。」則棘蓮尤言棘叢矣。〔註34〕

綜合劉氏上文，「蓮」指草雜聚。那麼「棘造實」可以解作「小棗雜聚彙結果實」。

〔註29〕 何志華：《先秦兩漢典籍引〈尚書〉資料》（香港：中文大學出版社，2003年），頁142。

〔註30〕 劉師培：《白虎通德論補釋》，見陳立：《白虎通疏證》附錄八，頁790。

〔註31〕 劉師培：《白虎通義斠補》卷下，見陳立：《白虎通疏證》附錄三，頁699。

〔註32〕 顧頡剛、劉起釪：《尚書校釋譯論》（北京：中華書局，2005年4月），頁938。

〔註33〕 郭錫良：《漢字古音手冊》，頁55，65。

〔註34〕 劉師培：《白虎通德論補釋》，見陳立：《白虎通疏證》附錄八，頁802。

再看《白虎通義‧論冕制》云：

故前蔥大者，在後時物亦前蔥也。

劉氏案說：

「蔥」蓋「總」字之假。……「總」為斂聚、束結之義。〔註35〕

林尹《訓詁學概要》總合段玉裁於聲義上的發明，認為：

鬷、中、蔥（蔥）、囪、聰、轜」和「舂杵」的舂，含意略近「中通」。

〔註36〕

「中通」含意和劉氏謂「蔥」有「收斂」的意思不大相近，但我以為仍可互相
參證。

不過，劉氏更多時候沒有解釋通假的例子。如「假」通「格」是個普遍的
情況，奇怪的是劉氏不作闡述。下面試稍作補充。《白虎通義‧論告天告祖之
義》云：

還格於祖禰者。〔註37〕

考《詩經‧大雅‧文王之什‧思齊》云：

烈假不瑕。

《釋文》曰：

烈，鄭作厲。

阮校：

如〈噫嘻〉「既昭假爾」之箋，上仍用經字，云「假，至也」。〔註38〕

及《詩經‧大雅‧蕩之什‧烝民》云：

昭假于下。

黃忠慎註曰：

假，通「格」，至、到的意思。昭假，指神之降臨。下，指人間。

〔註39〕

「假」通「格」假，解作「至，致」。祭祀時倘精誠上達於神，神會受感動願
意降臨人間？

〔註35〕劉師培：《白虎通德論補釋》，見陳立：《白虎通疏證》附錄八，頁809。

〔註36〕林尹：《訓詁學概要》（台北：正中書局，2007年10月），頁141。

〔註37〕劉師培：《白虎通義斠補》卷上，見陳立：《白虎通疏證》附錄三，頁650。

〔註38〕鄭玄註，孔穎達疏：《毛詩正義》，見於李學勤主編《十三經注疏》，（北京：北
京大學出版社，1999年12月），頁1187。

〔註39〕黃忠慎：《詩經選注》（台北：五南圖書出版公司，2002年9月），頁550。

三、辨字形

　　有些字形相似，古時常常相混。劉氏注意到古字形相近的，如「義」、「嘉」二字。《白虎通義・論墳墓》云：

> 《春秋含文嘉》曰：「天子墳高三仞，樹以松。……庶人無墳，樹以楊柳。」

劉氏案說：

> 盧本刪「《春秋》」二字，云「《含文嘉》係《禮緯》」，但《周禮・冢人疏》引此又作「《春秋緯》」，或後人校此書者，旁注此二字，以見異同耳。《御覽》五百五十八「曰」字下有「《春秋》之義」四字。……後儒以此文復見《含文嘉》，義、嘉字形復近，因改「義」為「嘉」，上增「含」字。〔註40〕

我引錄以上引文及劉氏案說，著重的是分析劉氏怎樣判別《白虎通義》應據哪個字形。

　　《緯書》譬如《含文嘉》能夠反映出漢代對於天文、地理、曆法、醫學、五行等方面的思想。

　　若覺得字形不合，劉氏會儘量提出並作分析，好像《白虎通義・論王臣不仕諸侯異義》云：

> 《春秋傳》曰：「許公不世，待以初。」

劉氏案云：

> 盧本從梁履繩校改「許」為「寓」，然「許」、「寓」字形匪近。「許」、或「託」訛，疑當作「託寄之公不世」。〔註41〕

字形近而訛，劉氏需要作出核對和判斷。

　　古漢字歷經甲骨文、金文、小篆、隸書、楷書等過程，或添加筆畫，或刪減筆畫。一個字屢屢含多種形態，不少字已無法看出這個字的本來意義。試看「壬」字有說象人裹妊之形。古「任」通「妊」，又即「孕」，合適應用於婦人懷妊，鳥獸含胎。劉氏判定：

> 「孕任」即「懷任」，則「去其懷任」當作「去其不懷任」。〔註42〕

「懷任」就是「懷妊」，《春秋公羊傳注疏》云：

〔註40〕劉師培：《白虎通義斠補》卷下，見陳立：《白虎通疏證》附錄三，頁721。
〔註41〕劉師培：《白虎通義斠補》卷下，見陳立：《白虎通疏證》附錄三，頁673。
〔註42〕劉師培：《白虎通德論補釋》，見陳立：《白虎通疏證》附錄八，頁811。

彼注云「陽氣始起於懷任之物,各離其株也。南者,任也,盛夏之時,物皆懷任矣。〔註43〕

縱然《春秋左傳正義》中《釋文》云:

漢代古學不行,明帝集諸學士作《白虎通義》,因《穀梁》之文為之生。……苗非懷任之名,何云「擇去懷任」?……雖名通義,義不通也。〔註44〕

「雖名通義,義不通也。」這話挖苦得屬害。劉氏的態度顯得平和,值得仔細研究。

《白虎通義》強調人的性情繫於五藏六府,五藏六府的衰旺,表現為人的精力充沛與精氣衰頹。《白虎通義・論五藏六府主性情》云:

人怒無不色青目眰張者。

劉氏案云:

此疑正文作「目眰」,或本作「張」,校者併合為一。〔註45〕

劉氏的意思是說正文當作「人怒無不色青目眰者。」,或作「人怒無不色青目張者。」,為的是「眰」同「瞋」,意為「怒而張目」。劉氏意見合理。

劉氏就《白虎通義・論五藏六府主性情》原文補釋,是文云:

春曰祠者,物微,故祠名之。〔註46〕

劉氏案云:

「名」疑「食」之剝字。《公羊》何《注》云:「春物始生,孝子思親,繼嗣而食之。」(陳引。)其證也。〔註47〕

「春物始生,孝子思親,繼嗣而食之。」摘自《春秋公羊傳》桓公五年的何休《註》。〔註48〕「剝」字似宜釋為「割裂」,為的是一壁刻石或一紙久剝缺,字體漶滅的情況往往出現,「食」疑剝字缺損而成「名」。

〔註43〕何休:《春秋公羊傳注疏》,見於李學勤主編《十三經注疏》,(北京:北京大學出版社,1999年12月),頁603。

〔註44〕杜預註,孔穎達正義:《春秋左傳正義》,見於李學勤主編《十三經注疏》,(北京:北京大學出版社,1999年12月),頁106。

〔註45〕劉師培:《白虎通德論補釋》,見陳立:《白虎通疏證》附錄八,頁804。

〔註46〕劉師培:《白虎通疏證》卷十二(北京:中華書局,1994年8月),頁574。

〔註47〕劉師培:《白虎通德論補釋》,見陳立:《白虎通疏證》附錄八,頁811。

〔註48〕何休:《春秋公羊傳注疏》,見於李學勤主編《十三經注疏》,(北京:北京大學出版社,1999年12月),頁105。)

　　劉氏較早注意到藉文字發掘《白虎通義》的文化價值與政治底蘊。如因「盛」訛作「感」，他感悟「太平」有不同意思。

　　《白虎通義・總論諡》云：

　　　　諡之為言引也，引列行之迹也。

劉氏建議說：

　　　　是「言引」當作「言列」。〔註49〕

據劉氏所說，原文大意是諡是羅列，引出並羅列行為事迹。《白虎通義》跟文化、政治的關係非常密切，劉氏校訂訓釋文字，自然同樣牽涉到文化和政治。

四、考異文，備異辭

　　劉氏訂釋《白虎通義》，主要根據宋元以上和宋代以前《白虎通義》的不同傳本，還收錄了古書註釋和類書輯引的《白虎通義》異文異辭，收羅頗廣，目的在求真。〔註50〕劉氏對《白虎通義》的同義或近義異文異辭作了全面、系統的整理、分析和歸類，於訂釋《白虎通義》的貢獻不少。

　　宋代朱翌（1097～1167）著《猗覺寮雜記》，提出當時流傳的《白虎通義》，非原來面貌，而為宋人偽作。〔註51〕劉氏只同意宋本《白虎通義》已缺「天子之馬六者，示有事於四方也」。〔註52〕此條所據的宋本《白虎通義》是個殘缺版本。〔註53〕劉氏於多處提到《白虎通義》北宋版脫殘厲害，像另於《白虎通義斠補》裏考察到《白虎通義》也作相近的論述，文字他主要根據元本《白虎通義》來斠補，鉤覈宋元諸書所引，考得的異文數以千計。〔註54〕

　　《白虎通義・論制爵五等三等之異》云：

　　　　子者，孳也，孳孳無已也。

劉氏案云：

〔註49〕劉師培：《白虎通義斠補》卷上，見陳立：《白虎通疏證》附錄三，頁 623。

〔註50〕劉師培：《白虎通義斠補》，見陳立：《白虎通疏證》附錄三，頁 610，611。

〔註51〕朱翌：《珩璜新論　猗覺寮雜記》，見王雲五編：《叢書集成初編》（長沙：商務印書館，1939 年 12 月），頁 56。

〔註52〕劉師培：《白虎通義闕文補訂》，見陳立：《白虎通疏證》附錄四（北京：中華書局，1994 年 8 月），頁 740。

〔註53〕劉師培：《白虎通義闕文補訂》，見陳立：《白虎通疏證》附錄四，頁 734。

〔註54〕劉師培：《白虎通義斠補》，見陳立：《白虎通疏證》附錄三，頁 610。

《孝經》〈序〉邢〈疏〉引作「子者，字也，常行字愛於人也」，與今本殊。〔註55〕

既與今本殊，自然產生若干異文。

以下試舉劉氏引字典為《白虎通義》作證的例子，《白虎通義·論帝王禮樂》云：

頊項樂曰《六莖》，帝嚳樂曰《五英》。

劉氏案云：

原本《玉篇》〈音部〉引作「六誙五䪼」，與《廣雅》合。〔註56〕

「誙」是「莖」的異文。《玉篇》是主要以楷書為解釋的古代字書，全書共收2萬多字。《玉篇》編纂人顧野王，南朝吳郡人。《白虎通義·論帝王禮樂》接著說：

禹樂曰《大夏》，湯樂曰《大護》。

劉氏案云：

原本《玉篇》引「護」作「䕶」。〔註57〕

「䕶」是「護」的異文。劉氏善考察異文，有時會詳分析，更多是僅列出相關的辨異。

《太平御覽》引《白虎通義》的情況亦屢見不鮮，像《白虎通義·論侑》有例云：

王者平居中央，制御四方。

劉氏案云：

《御覽》八百九十四引「御」作「馭」。〔註58〕

「御」、「馭」都有引導前進的意思。黃天樹遍考甲金銘文，得出的結論說：

御、馭二者不是異體而是假借關係。〔註59〕

漢字並非出自某一個人之手，而是由不同的時代、地區的人共同創造的，不妨看看《白虎通義·論五聲八音》云：

磬者，夷則之氣也，象萬物之成也，其氣磬。

劉氏案云：

〔註55〕劉師培：《白虎通義斠補》，見陳立：《白虎通疏證》附錄三，頁611。
〔註56〕劉師培：《白虎通義斠補》，見陳立：《白虎通疏證》附錄三，頁630。
〔註57〕劉師培：《白虎通義斠補》卷上，見陳立：《白虎通疏證》附錄三，頁630。
〔註58〕劉師培：《白虎通義斠補》卷上，見陳立：《白虎通疏證》附錄三，頁634。
〔註59〕黃天樹：《黃天樹古文字論集》（北京：學苑出版社，2006年8月），頁320。

《御覽》五百七十六引「磬」作「罄」。〔註60〕

《爾雅注疏》云：

> 磬，樂器名也，以玉石為之。……《釋名》云：「磬，罄也，聲堅罄
> 罄然。」〔註61〕

或謂磬、罄相通。相通的還有如《白虎通義・論王后夫人》云：

> 天子之妃謂之后何？

劉氏案云：

> 《書鈔》二十三、《類聚》十五、《初學記》十、《事文類聚前集》二
> 十並引「妃」作「配」。〔註62〕

以上各書都是所謂的類書，人們檢索類書，便於摹寫修辭、掌故查尋等，有希
望還原古籍的原貌，循線索知「妃」即「配」。

校書者要知道字形的變遷，劉氏分列了「帣」與「卷」二字，他指出這兩
個字是異體字，《白虎通義・總論冠禮》云：

> 冠者，帣也，所以帣持其髮也。

劉氏案云：

> 字亦作「卷」。〔註63〕

劉氏僅道出事實，沒作任何參考文獻的解釋。

《白虎通義・論王者六樂》云：

> 所以作供養，謂傾先王之樂，明有法，示亡其本。與己所以自作樂，
> 明作己也樂。

劉氏認為於「明」下五字，盧文弨的校勘二說並通。劉氏指出這二說是：

> 盧本改「亡」為「正」，「所」下刪「以」，「也」下刪「樂」字，云：
> 「『作己』疑誤倒，又疑當是『明樂己也』。」又云：「『謂』字唯何本
> 有之，吳本作『不亡其本』。」〔註64〕

第一，「作己」改「己作」；第二，「明作己也樂」改「明樂己也」。劉氏同意「作
己」疑誤倒，應是「己作」，認為整段應作：「所以作供養，謂順先王之樂，明

〔註60〕劉師培：《白虎通義斠補》卷上，見陳立：《白虎通疏證》附錄三，頁636。

〔註61〕郭璞：《爾雅注疏》，《十三經注疏》整理本（北京：中華書局，1999年12月），
　　　　頁172。

〔註62〕劉師培：《白虎通義斠補》卷下，見陳立：《白虎通疏證》附錄三，頁710。

〔註63〕劉師培：《白虎通義斠補》卷下，見陳立：《白虎通疏證》附錄三，頁711。

〔註64〕劉師培：《白虎通義斠補》卷上，見陳立：《白虎通疏證》附錄三，頁631。

有法，不亡其本。興己所以自作樂，明作己也樂。」或：「所以作供養，謂順先王之樂，明有法，不亡其本。興己所以自作樂，明樂己也。」劉氏檢誤倒，自己作了解釋：

> 此言循先王之樂，由於明有法，及不忘本也。〔註65〕

值得注意的是，這裏劉氏判別異文異詞，「作己」改「己作」，「明作己也樂」改「明樂己也」，純粹靠從文意估量，沒列出書證，我覺得似乎補上《漢書·禮樂志》的敘述較好：

> 蓋樂己所自作，明有制也；樂先王之樂，明有法也。〔註66〕

經比對《漢書·禮樂志》與《白虎通義》，值得相信「興己所以自作樂，明樂己也」的版本可信。

陳立校勘《白虎通義》以為屬「駁文」，劉氏有判別為「古同義」的。我想「駁文」近同「異文」。《白虎通義·論王者接上下之稱》云：

> 故《尚書》曰：「不施予一人。」

劉氏案云：

> 陳校云：「疑即『不惕予一人』之駁文。」今攷「施」、「易」二字，古多互通，疑今文《尚書》「惕」或作「易」，因叚用「施」字。〔註67〕

又《白虎通義·論王者稱一人》同樣說：

> 故《尚書》曰：「不施予一人。」

在這段語句後，劉氏於案語中用了較肯定的字眼：

> 施、易古同，疑今文《書》「惕」作「易」。〔註68〕

辨「駁文」就是考「異文」的方法。劉氏稱兩字是「異文」，是他覺得古同義或多互通。

再舉異文異辭的一些例子，像「盧」本不與「宮室」為通稱，但劉氏研究異文，指出《白虎通義》裏所見「盧」、「宮室」屬異文，黃帝以結「盧」或建「宮室」來避寒暑，語意均未算不通。那麼，「黃帝為盧」與「黃帝修絡宮室」，作用不過為了遮風擋雨，期能抗寒抵暑。〔註69〕王獻唐（1897～1960）著《炎黃氏族文化考》辨別盧制，說：

〔註65〕劉師培：《白虎通義斟補》卷上，見陳立：《白虎通疏證》附錄三，頁631。

〔註66〕班固：《漢書》點校本，卷22（北京：中華書局，1959年），頁1044。

〔註67〕劉師培：《白虎通義斟補》卷上，見陳立：《白虎通疏證》附錄三，頁619。

〔註68〕劉師培：《白虎通義定本》卷一，見陳立：《白虎通疏證》附錄六，頁759，760。

〔註69〕劉師培：《白虎通義闕文補訂》，見陳立：《白虎通疏證》附錄四，頁741。

不知盧制別源炎族，黃帝後又從而效之，以其寒暑居去諸語之不符，
知黃帝一句，亦不可據。〔註70〕

王氏不把研究眼界局限於地方考古，著〈炎黃二族名物禮俗之差異〉一篇，告訴我們盧舍最初為游牧民族發明的活用帳篷，到後代名稱依舊，實則已失去古誼了，看來劉氏解釋「盧」與「宮室」為異文的意思，恰與王氏說的不謀而合。

劉氏考察異文異辭，也有分析一組詞的，他所花的時間肯定不少。像劉氏引《白虎通義》，謂「玄景、滋良、承原、慈涼、滋涼」異文，並出他籍所引。《白虎通義‧論異表》云：

舜重瞳子，是謂玄景。

劉氏案云：

今考謂「承原」諸異文，並出他籍所引……《元命苞》作「滋涼」，
當即《禮記‧樂記》「子諒」之異文。〔註71〕

劉氏認為，「子諒」一詞應是正確的。

《白虎通義》多以今文經解釋《白虎通義》，劉氏相對以《公羊》解《白虎通義》，例釋異文。《白虎通義‧論諸侯襲爵》云：

公會王世子于首止。

劉氏案說：

此用《公羊》說，「首止」似當從彼《經》作「首戴」，「首止」乃後
人據《左氏經》所改。〔註72〕

考證舊時地名，不能不依據古文獻。《春秋公羊傳注疏》云：

公及齊侯、宋公、陳侯、衛侯、鄭伯、許男、曹伯會王世子于首戴。
〔註73〕

薛安勤於《春秋穀梁傳今註今譯》裏註釋「首戴」一詞：

首戴：地名。《左傳》作首止。戴、止古音相近。〔註74〕

薛氏提出戴、止古音相近，可另備一說。

〔註70〕王獻唐：《炎黃氏族文化考》（濟南：齊魯書社，1985 年 7 月），頁 151，152。

〔註71〕劉師培：《白虎通義斠補》卷下，見陳立：《白虎通疏證》附錄三，頁 676。

〔註72〕劉師培：《白虎通德論補釋》，見陳立：《白虎通疏證》附錄八，頁 789。

〔註73〕何休：《春秋公羊傳注疏》，《十三經注疏》整理本（北京：中華書局，1999 年
12 月），頁 253。

〔註74〕薛安勤：《春秋穀梁傳今註今譯》（台北：臺灣商務印書館，2001 年 5 月版），
頁 208。

　　《白虎通義》引用《春秋》的情況很不少，劉氏發現《白虎通義》取今文《春秋》異說的不同而並列，一謂伯子男同位。〔註75〕《春秋公羊傳》是今文經，而《左傳》傳《春秋》是古文派學者同意的，劉氏自不例外，上例符合《左傳》傳《春秋》的說法。

　　劉氏訓釋《白虎通義》，說「闍闍」二字不可考，但為「亮陰」的異體；「闍闍」不可考，「亮陰」於史籍不難找到這詞語，正因此而可證涉及居喪之事，劉氏循有力的線索復道出「闍闍」為「闍闍」傳寫之誤的論述，可惜委實欠缺有力的證據，〔註76〕好在丁鼎的《〈儀禮‧喪服〉考論》鋪陳證據，告訴我們鄭玄解「亮陰」為「凶盧」，即居喪時所居住的房子，試看丁鼎《〈儀禮‧喪服〉考論》第二章〈中國古代喪服制度的形成和確立〉所云：

> 在周公所列舉的商王的可以作為楷模的嘉言懿行中，有殷高宗（武丁）「乃或亮陰，三年不言」的事例。何為「乃或亮陰，三年不言」？鄭玄解「亮陰」為「凶盧」，即居喪時所居住的房子。偽孔傳曰：「武丁起其即王位，則小乙死乃有信默，三年不言，言孝行者。」又《尚書‧說命上》載殷高宗為其父守喪曰：「王宅憂，亮陰三祀。既免喪，其惟不言。」偽孔傳釋「亮陰」為「居憂信默」，即默默無語地居喪。雖然鄭注與偽孔傳所釋有所不同，但二者都認為「亮陰」與守喪有關。〔註77〕

我這才明白為甚麼劉氏訓釋「闍闍」為「亮陰」的異體，緣乎此涉及居喪之事。考證二字的異體，正是辨別異文異辭的具體表現。

　　君王處於至高無上的政治地位，劉師培引《通典》比對《白虎通義》，發覺《通典》舉有關稱王者不當做臣下所做的，有三種人，內容較《白虎通義》的為詳，所以懷疑《通典》的文字即《白虎通義》舊文〔註78〕，不過劉氏沒有提供證據，大抵以理推之。

　　「異文」、「異辭」的意思分別大致輕微，總之二說說法不全一致就有異。劉氏訂釋《白虎通義》，以為〈論君薨委政冢宰〉一節「或說本古《周禮》說，

〔註75〕劉師培：《白虎通義定本》卷一，見陳立：《白虎通疏證》附錄六，頁749。
〔註76〕劉師培：《白虎通義斠補》卷下，見陳立：《白虎通疏證》附錄三，頁702。
〔註77〕丁鼎：《〈儀禮‧喪服〉考論》（北京：社會科學文獻出版社，2003年7月），頁37。
〔註78〕劉師培：《白虎通義斠補》卷下，見陳立：《白虎通疏證》附錄三，頁673。

僅以備異辭。」〔註79〕「尋本真」與「爰鉤覈」成為劉氏訂釋《白虎通義》，「錄為定本」的原因。〔註80〕在劉氏看來，他鳩集經史，增廣異聞，藉以訂釋《白虎通義》，具體做法之一，就是「備異辭」，進而包含歷史變易觀點，可以據之發揮。

劉氏訂釋《白虎通義》的工作很大程度上是考辨「異文」、「異辭」，他非常有耐性地處理，可惜有時沒說出論據。

五、通古書辭例

劉氏論古書辭例，能夠歸納出變例的規律，他會據多書引錄《白虎通義》以考證。若謂古漢語有其語法，不能否定變例亦復不少，劉氏《古書疑義舉例補》已提出很多自己的創見。現在看從劉氏訂釋《白虎通義》中能找到多少有關古書辭例的例子，由於古書辭例的範圍非常廣，我打算集中探討劉氏訂釋《白虎通義》中，考察到關於古籍中句法的通例和變例，古書字句的錯誤脫漏、誤解及關於古書的誤增字句以及錯簡的問題。

先是二字互乙，字倒而可通者，舉例如《白虎通義‧論卿大夫上士妻妾之制》云：

> 士一妻一妾何？下卿大夫禮也。《喪服小記》曰：「士妾有子，而為之緦。」

劉氏案說：

> 此疑當作「下卿大夫也，《禮‧喪服記》曰云云」。今二字互乙。〔註81〕

「二字互乙」所指是「禮也」二字，二字互乙後，既可上接「下卿大夫」，亦可下連「喪服記」。今所見《儀禮》有〈喪服〉，《禮記》篇名則標為〈喪服小記〉。

正確理解「相對成文」這個訓詁術語的重要意義，幫助我們探求詞義、校勘文句。劉氏提出「相對成文」，是王念孫、王引之父子在《廣雅疏證》中使用的一個訓詁術語，不過前人運用「相對成文」一語，早於明代開始。而王氏父子選擇「在章法形式對應的場合下運用『對言』一語」。〔註82〕今人利用「相對成文」校勘文句的開始多了，而《白虎通義‧論贈襚賻賵》云：

〔註79〕劉師培：《白虎通義定本》卷一，見陳立：《白虎通疏證》附錄六，頁758。
〔註80〕劉師培：《白虎通義定本》卷一，見陳立：《白虎通疏證》附錄六，頁746。
〔註81〕劉師培：《白虎通德論補釋》，見陳立：《白虎通疏證》附錄八，頁809。
〔註82〕張其昀：《廣雅疏證導讀》（北京：社會科學文獻出版社，2009年3月），頁321〜327。

> 賻者,助也;賵者,覆也,所以相佐,給不足也。

劉氏案說:

> 「所以相佐給不足也」八字係承「賻者助也」言。「佐、給」即釋「助」之詞。《音義》所引二語當在其下,兩「所以」相對成文。盧補「賻者」四字于「助也」下,尤誤。〔註83〕

劉氏認為《白虎通義・論贈襚賻賵》有脫文,應正作:「賻者,助也,所以相佐,給不足也。賵之為言赴也,所以相赴佐也。」兩「所以」得便相對成文。「佐、給」釋「助」,是則「赴、佐」便釋「赴」了。

劉氏所佩服的俞樾早於其《諸子平議》一書中分析《荀子》文章。他引的《荀子》一段文章云:

> 人之城守,人之出戰,而我以力勝之也。

俞氏案曰:

> 人之城守,人之士戰,正相對成文。士譌為出,義不可通矣。〔註84〕

又後來由香港中文大學出版的《〈荀子〉與先秦兩漢典籍重見資料彙編》彙編了《韓詩外傳》卷五,以比對〈荀子・王制篇〉,知道《韓詩外傳》一段引錄的是「人之城守,人之出戰」。於《〈荀子〉與先秦兩漢典籍重見資料彙編》下加註說:

> 俞樾《諸子平議》(卷 13 頁 247)云:「『出』當為『士』,字之譌也。……守必以城,戰必以士,『人之城守,人之士戰』,正相對成文。」〔註85〕

俞樾的《古書疑義舉例》還有一「涉上下文而衍」例,為劉氏訂釋《白虎通義》所用,他以為「侯、甸、任、衛,作國伯」中的「作」字是多餘的〔註86〕,我覺得劉氏是襲用《古書疑義舉例》一書也標作「涉上下文而衍」的例子。〔註87〕

〔註83〕劉師培:《白虎通德論補釋》,見陳立:《白虎通疏證》附錄八,頁810,811。

〔註84〕俞樾:《諸子平議》(北京:中華書局,1956年11月),頁247。

〔註85〕何志華:《〈荀子〉與先秦兩漢典籍重見資料彙編》(香港:中文大學出版社,2005年),頁81。
《〈荀子〉與先秦兩漢典籍重見資料彙編》採用俞樾《諸子平議》的本子,卷數頁碼正與北京中華書局於1956年出版的相合,是同一版本。

〔註86〕劉師培:《白虎通義斠補》卷上,見陳立:《白虎通疏證》附錄三,頁612。

〔註87〕俞樾:《古書疑義舉例五種》(北京:中華書局,1956年7月),頁90。

　　俞樾的著作有《群經平議》、《諸子平議》、《古書疑義舉例》等。《諸子平議》對先秦諸子著錄內的誤字、冗詞等，分別作詳盡的研究與考據。《古書疑義舉例》晚出，該書的研究方法影響深遠，促成劉氏補寫《古書疑義舉例》，二書對通古書辭例甚有裨益。

　　劉氏論古書辭例可討論的殊多，《白虎通義・論制爵五等三等之異》云：

　　　　侯者百里之正爵，士上可有次，下可有第。

劉氏案說：

　　　　「士」乃「土」字之訛。爵、土聯文。〔註88〕

劉氏謂「爵、土」聯文，個人覺得「士」若不改作「土」，其實文意尚稱通順。「爵、土」聯文的例子，不妨旁參《東觀漢記・陰興傳》，雖然《東觀漢記》後出，作參考還是有價值的。《東觀漢記・陰興傳》云：

　　　　興固讓曰：「臣未有先登陷陣之功，而一家數人並蒙爵土，令天下觖
　　　　望，誠不願。」

《東觀漢記校注》於句下有註：

　　　　「誠不願」，范曄《後漢書・陰興傳》作「至誠不願」。〔註89〕

「誠不願」、「至誠不願」的意思分別不大。憑「聯文」這種聯綴詞，劉氏作分開或合併解釋的根據。

　　復推求「即言王侯」的文義，「即」字應訓為「若」，「為」字訓「將」。《白虎通義・論天子諸侯爵稱之異》云：

　　　　天子爵連言天子，諸侯爵不連言王侯何？即言王侯，以王者同稱，
　　　　為衰弱僭差生篡弒，猶不能為天子也，故連言天子也。〔註90〕

分析《白虎通義・論天子諸侯爵稱之異》所見的「即」訓「若」，「為」訓「將」，劉氏皆有根據。《經傳釋詞》曰：

　　　　即，亦「若」也。……為，猶「將」也。〔註91〕

古書嘗有「即」與「若」通，「為」與「將」通兩種用法，我以為引用了王引之《經傳釋詞》等書的意見。

〔註88〕劉師培：《白虎通義斠補》卷上，見陳立：《白虎通疏證》附錄三，頁611。

〔註89〕吳樹平：《東觀漢記校注》（鄭州：中州古籍出版社，1987年3月），頁458，459。

〔註90〕劉師培：《白虎通義斠補》卷上，見陳立：《白虎通疏證》附錄三，頁614。

〔註91〕王引之：《經傳釋詞》（長沙：嶽麓書社，1985年），頁44，185。

　　還有的是，如今整理過的古籍，給古人的訓詁加引用的：「A之為言B，C也」，這個判斷句格式為訓詁學家長期沿用。《白虎通義‧論天子諸侯爵稱之異》云：

　　　　卿之為言章，善明理也。〔註92〕

卿、章古同韻。〔註93〕卿的意思是表彰，創發美善闡明道理。劉氏心目中所想《白虎通義》裏的訓詁「A之為言B，C也」，據林尹《訓詁學概要》說是「有釋稱謂意義例」〔註94〕，即以譬人之表彰創發美善而闡明道理。盧烈紅論《孟子》中的訓詁，談到「言」這個術語，用來申講文意。把有關的說法套入劉氏的訂釋《白虎通義》，實無不可。〔註95〕

　　「字之訛文而衍」是常見的古書辭例，如《白虎通義‧論衰》云：

　　　　布衰裳、麻絰、箭笄、繩纓、苴杖，為略及本經者，亦示也。故總而
　　　　載之，示有喪也。

劉氏案說：

　　　　「亦」即「示」字之訛文而衍者。〔註96〕

《白虎通義》強調喪禮有喪禮穿的服飾，不容含糊，劉氏論喪服，意謂「亦」係「示」的形訛而衍。

　　古書中文字次序錯亂的情況甚夥，最初或因竹簡按次串聯編就古籍，竹簡前後次序錯亂故形成錯簡。如考證〈日月篇〉中「日月為經」以下一節，謂「此篇佚文或出《五經通義》諸書」。〔註97〕錯的原因或出於錯簡。

　　再舉例如《白虎通義‧論閉房開房之義》云：

　　　　又曰：「父子不同椸，為亂長幼之序也。」

陳立疏證云：

　　　　「又曰」有譌脫。〔註98〕

〔註92〕劉師培：《白虎通義斠補》卷上，見陳立：《白虎通疏證》附錄三，頁613。
〔註93〕柯響峰的碩士論文〈《白虎通義》音訓研究〉，將「卿、章」二字的音訓關係，分別訂為本字與訓字，疊韻為訓及同位相諧。說《白虎通義》以章訓卿或以章為訓，形式是本字+訓字+申訓。（柯響峰：〈《白虎通義》音訓研究〉，台灣玄奘大學大學碩士論文（2004年5月），頁57，128，173，174，218。）郭錫良：《漢字古音手冊》，頁250，276。
〔註94〕林尹：《訓詁學概要》，頁309。
〔註95〕盧烈紅：《訓詁與語法叢談》（武漢：湖北人民出版社，2005年），頁8。
〔註96〕劉師培：《白虎通德論補釋》，見陳立：《白虎通疏證》附錄八，頁809。
〔註97〕劉師培：《白虎通義斠補》卷下，見陳立：《白虎通疏證》附錄三，頁701。
〔註98〕陳立：《白虎通疏證》（北京：中華書局，1994年8月），頁492。

劉氏則案說：

> 「又曰」二字，上無所承，且所引與上下文「閉房」、「開房」不相
> 屬，必係錯簡。〔註99〕

東漢社會受禮教約束，從《白虎通義》所見，即便是出嫁的女兒歸寧，父兄回
避與她同席飲食，甚而不共用衣服架子置放衣物。

小 結

劉師培據古訓，有以下特點：一、從實證分析出發，不言泛泛之論，廣徵
博引兩漢經師的說法，雜採儒者以古訓治經的方法。二、舉出「施、易」可以
通假，謂「蔥」有「收斂」的意思，惜沒有解釋通假的例子。劉氏判別異文異
詞，總合諸家學者於聲義上的發明。三、劉氏在推求造字方法，尋原始字形，
若覺得字形不合，劉氏會盡量提出並作分析，例如判定「孕任」即「懷任」，
則「去其懷任」當作「去其不懷任」。他認為字音繫於字形，會舉例剔出字形
的訛俗混雜。四、劉氏訂釋《白虎通義》，主要根據宋元以來和宋代以前《白
虎通義》的不同傳本，還收錄了古書註釋和類書輯引的《白虎通義》異文異辭，
收羅較廣，目的求真，可見劉氏疏通異文、尋找文句異例的眼光獨到。劉氏於
多處提到《白虎通義》北宋版脫殘嚴重，例如於《白虎通義斠補》裏考察到《白
虎通義》也作相近的論述，文字他主要根據元本《白虎通義》來斠補，鉤覈宋
元諸書所引，考得的異文數以千計。五、劉氏訂釋《白虎通義》中，考察到關
於古籍中句法的通例和變例，古書字句的錯誤脫漏、誤解及關於古書的誤增字
句以及錯簡的問題。俞樾的著作如《群經平議》、《諸子平議》、《古書疑義舉例》
等，確實對劉氏在「通古書辭例」方面的影響極其深遠。

〔註99〕劉師培：《白虎通德論補釋》，見陳立：《白虎通疏證》附錄八，頁 809。

第六章　劉師培訂釋《白虎通義》的方法（下）

　　劉師培訂釋《白虎通義》的方法，在第五章中已討論了五種，現繼續討論另外五種，包括：審文例、依聲見義、探求語源、核證文獻語言、考察古代社會。古文字「嶴」、「耑」屬異文，須依文例而釋，這從劉氏審文例的方法可以梳理糾結。自語言出現之日，音義就結合，劉氏藉依聲見義的道理，說出由「牙」有「出」義，連繫「蔥」有「斂聚」義的觀點。探求語源的目的有多方面，我想不止劉氏，眾多語言學家都想求得音義通轉的方法。劉氏對於古代名物考釋很重視，認為能夠核證文獻語言。古代宗法制社會嚴格規定男女的交往，婦女必須分席而坐，現在看來或許不近人情。古代宗法制社會的確曾重父黨、輕母黨，不過劉氏觀察到《白虎通義》在嘗試提升母族的地位。

一、審文例

　　審文例裏的所謂文例，包含內容比較複雜。我嘗試把「文例」側重於歸納謀篇行文中，詞語組合規律與表達意義特徵的研究。今時可見《白虎通義》的面貌是間存異文，這是作者廣納眾本之故。

　　未作審訂前有哪些步驟要準備呢？劉氏主據古本改，就是以古本校勘近本。今古文有同有不同，劉氏未必都作是非判斷。他原則上不容許據後來的本子改動時代較早的本子，但偶爾也會酌情處理。

　　劉氏按文義補字，以為凡《白虎通義》引《禮經》，必先著「禮」字，然後標上篇名。至於詮引《大戴記》、《小戴記》及佚《禮》、《禮緯》，篇名義上

均冠「禮」字,今本多脫。根據這標準訂釋《白虎通義》,遂得分辨古本、今本。實際的例子如,引《禮記》中〈諡法〉一篇,宜統一作《禮記‧諡法》,這原來是劉氏堅持的訂釋規矩。《禮記‧諡法》曰:

> 德象天地稱帝,仁義所生稱王。帝者天號,王者五行之稱也。〔註1〕

統一作《禮記‧諡法》,是劉氏訂立的通則。

在《白虎通義定本》序言中,劉氏說明因為《白虎通義》流傳的本子多失真,故欲昭示「章節所析,牴繹指歸」。〔註2〕隨後案說,以為今本《易》、古《春秋》說主「天子為爵」,古《周禮》、古《左氏春秋》說主「天子非爵」稱〔註3〕,劉氏這樣做是存異說。劉氏視《白虎通義》存異說的做法有某種意義,他發覺《禮記‧明堂位》《疏》和《玉海》所引,恰好重現《白虎通義》新一些與舊一些版本的面貌,劉氏自己案云:

> 《通義》備引二說舊文,當並存,不當刪易。〔註4〕

說這兩個版本均屬舊版本也是事實,看你從哪個角度觀察。總之二說並通,劉氏主張儘存異說。

怎樣引書補缺,即使是註解,劉師培也建議補於《白虎通義》的書證內。劉氏對準心存一把量度標尺的刻度線,按照訂定的尺規去做,就能在紛繁複雜的環境去量度歷史。試看《白虎通義‧總論性情》:

> 陽氣者仁,陰氣者貪。

劉氏案說:

> 清河郡本載宋注云:「陽氣主於流動,故仁。陰氣主於積聚,故貪也。
> 當補入陳氏《疏證》。〔註5〕

當補的當然要補上,按文義補字是劉氏同意的訂釋文字手段。《白虎通義‧總論樂》云:

> 揖讓則不爭。

劉氏於「揖讓則」三字後案說:

> 三字舊本並無,盧本按文義補,今從之。〔註6〕

〔註1〕劉師培:《白虎通義定本》卷一,見陳立:《白虎通疏證》附錄六(北京:中華書局,1994年8月),頁758。
〔註2〕劉師培:《白虎通義定本》卷一,見陳立:《白虎通疏證》附錄六,頁746。
〔註3〕劉師培:《白虎通義定本》卷一,見陳立:《白虎通疏證》附錄六,頁747。
〔註4〕劉師培:《白虎通義斠補》卷上,見陳立:《白虎通疏證》附錄三,頁631。
〔註5〕劉師培:《白虎通義斠補》卷下,見陳立:《白虎通疏證》附錄三,頁687。
〔註6〕劉師培:《白虎通義定本》卷三,見陳立:《白虎通疏證》附錄六,頁779。

若文義有需要補，就隨之加上。

決定採用那個字補缺《白虎通義》，劉氏立意參考較合理的。《白虎通義‧總論性情》：

> 性生于陽，以就理也。

劉氏案說：

> 今考清河郡本作「以理察也」，誼較長。〔註7〕

劉氏以為互引各書，理當據語詳者為先。劉氏於「于領大度曰」下案說：

> 竊以此節互引各書，以微棺椁衣衾之度，蓋以語詳者為據。〔註8〕

遇上語詳略互異，較多時候劉氏主張今並保存。

劉氏訂釋《白虎通義》於一段後則每每註明是今文、古文，甚具參考價值。他在〈總論制爵五等制土三等〉章下案曰：

> 此節均用今文說，所云「千乘」，謂十井出車一乘，與《公羊》何氏《訓詁》同。古《周禮》說則以「公封五百里，侯四百里，伯三百里，子二百里，男百里」，與此迥異。〔註9〕

劉氏審議某節用哪家之說，看似揮灑自如，實在考驗一個人的能耐。只要是略窺門檻的，大概都曉得劉氏擁有拿捏精準、分辨輕重的能力。蒙文通（1894～1968）絕對明白個中分寸，他在《中國哲學思想探原》中說道：

> 孔、孟屢言千乘之國，蓋周之舊也，何休、包咸皆云：「十井出兵車一乘，千乘之國，則百里之地。」……《管子‧乘馬》：「方六里而一乘」，與《司馬法》成百井出一乘相吻合，則千乘之國，地方實當三百餘里。……又《管子‧輕重篇》言：「天子中立，地方千里，兼霸之壤，三百有餘里」。〔註10〕

是古文的，劉氏自不怠慢註明。遇有懷疑的，劉氏會以他證補充節引，如於「肺者，金之精」下案曰：

〔註7〕劉師培：《白虎通義斠補》卷下，見陳立：《白虎通疏證》附錄三，頁687。

〔註8〕劉師培：《白虎通義斠補》卷下，見陳立：《白虎通疏證》附錄三，頁720。
郭沫若：《郭沫若全集‧歷史編第五卷》（北京：人民出版社，1984年10月），頁411，412。
上一條劉師培《白虎通義斠補》卷下的註認為「『大度』為古書名」，這條《郭沫若全集‧歷史篇第五卷》校《管子》，郭沫若以為「〈大度〉乃古禮之一篇」。劉、郭二氏這是說〈大度〉記載古禮。

〔註9〕劉師培：《白虎通義定本》卷一，見陳立：《白虎通疏證》附錄六，頁749。

〔註10〕蒙文通：《中國哲學思想探原》（台北：臺灣古籍出版社，1997年），頁170。

此節引《元命苞》，語句多不齊一，惜無他證以補之。〔註11〕

補充證據當然重要，而審文例端賴分析書本中的文句，藉以了解其義舉其要者，有對文、上下文、整部書的用詞等等。按《白虎通義》文例，引《經》不悉同經文；同樣地，他書引《白虎通義》也不是全文照錄。

因為劉氏覺得宋代《白虎通義》非完本，種種訂釋校勘上的問題從此萌生。就於「天子之馬六者，示有事於四方也」句下案說：

宋代《白虎通義》非完書，固也。〔註12〕

劉氏有不少次訂釋《白虎通義》時，考證《太平御覽》的轉錄，先引《白虎通義‧論爵》：

或曰諸侯之子，……晉有太子申生，鄭有太子華，齊有太子光。由是觀之……

劉氏案說：

今考《御覽》一百四十七引《通義》已列此節為正文，惟無三「有」字，……竊以「齊有太子光」上乃《通義》舊文，「由是觀之」以下乃後人附注之詞。〔註13〕

至於不宜據《太平御覽》以證宋初《白虎通義》本內容的意見，想來劉氏沒有看過洪業及伯希和討論考證《太平御覽》轉錄原則的文章，這一點實在關係到劉氏訂釋《白虎通義》建立的原則。〔註14〕

〔註11〕劉師培：《白虎通義斠補》卷下，見陳立：《白虎通疏證》附錄三，頁689。
〔註12〕劉師培：《白虎通義闕文補訂》，見陳立：《白虎通疏證》附錄四，頁740。
〔註13〕劉師培：《白虎通義斠補》卷上，見陳立：《白虎通疏證》附錄三，頁617。
〔註14〕北宋初年，宋太宗趙光義（939～997）於太平興國二年（977）命李昉（925～996）等編修《太平御覽》。法國語言學家、漢學家伯希和（1878～1945）評論洪業（1893～1980）所作《白虎通引得序》，謂洪氏不宜據《太平御覽》以證宋初《白虎通義》本的內容，難得洪氏在自己的著作中表示虛心同意伯氏所進讜言。這是洪業於《洪業論學集》中〈所謂修文殿御覽者〉一篇下的註解：

近讀法文《通報》(XXVIII, 513～517)，中有伯希和教授批評去年所出《引得》數種。論及業所作《白虎通引得序》，謂不宜據《太平御覽》以證《白虎通》本的內容。此誠至論。未究《御覽》編纂之方法，輒據以為說，是業之過。

（洪業：《洪業論學集》（北京：中華書局），頁64。）小心選擇《太平御覽》的轉錄畢竟重要，伯希和所說不無道理。《通報》是法國一份漢學雜誌，起初的文章主要以法文刊出，間或有英、德文寫成的文章。洪氏的中英文俱佳，早已享譽士林，他能夠就伯氏登在法語期刊上的批評作出回應，想來其法語有一定的造詣。

　　屬於審文例，見於《白虎通義》，有一種稱為「對文」的修辭手法。關於「對文」，郭在貽在《訓詁學》下的定義是：

> 所謂對文，就是指在結構相似的上下兩個句子中的相同位置上的字和詞。這樣的字和詞往往是同義或反義的。根據對文的這一特點，可以利用它來求得某一詞的確切解釋。〔註15〕

我們可以看看《白虎通義‧論九族》：

> 故與禮母族，妻之黨廢，禮母族父之族，是以貶妻族，以附父族也。

劉氏案說：

> 以義審之，「與」當作「興」，興、廢對文，即升降也。此言以母族與妻之黨較則升其禮，以母族與父之族較則黜其禮。故妻族貶為二，父族益為四，而母族仍其三，以見母族厚于妻黨，薄于父族也。
>
> 〔註16〕

「對文」謂意義相反的詞。血緣的聯繫，包含父族、母族和親族。會聚親族，《白虎通義》以「父族四、母族三、妻族二」為九族。

　　「對文」的例子還有如《白虎通義‧論五刑》云：

> 公家不出，大夫不養。

劉氏案說：

> 「出」疑「生」字之誤。……生、養對文，與春生夏養對文同。〔註17〕

訓詁學上「對文」指意義相反或關聯的詞句相對成文，《白虎通義》一併舉出兩種例子。「對文」於辨析詞義與考訂文字能起一定作用，幫助我們了解文意。

　　其次，經疏不少約引經書全文，就是《白虎通義》記錄經典，有時並非全文抄錄。如《白虎通義‧論名》云：

> 以《尚書》道殷家太甲、帝乙、武丁也。

劉氏案說：

> 盧本據《御覽》所引於「乙」上補「帝」字，是也。《禮記‧檀弓下》

我明白劉氏擴大傳世材料並尋求範圍的用心，他的做法是明智的，不過採用材料的編纂方法不能不審慎處理。

〔註15〕郭在貽：《訓詁學》（修訂本）（北京：中華書局，2005 年 9 月），頁 94。
〔註16〕劉師培：《白虎通德論補釋》，見陳立：《白虎通疏證》附錄八，頁 804。
〔註17〕劉師培：《白虎通德論補釋》，見陳立：《白虎通疏證》附錄八，頁 806。

〈疏〉約引此文云：「殷質，以生日名子也。」故殷太甲、帝乙、武丁是其證。〔註18〕

自商王上甲死後，以後的王以十天干的一干作為廟號，自古以來有其中一個說法叫「以生日名子說」，上文的《白虎通義・論名》和《禮記・檀弓下》〈疏〉說的都是這個理論。

《白虎通義・論親迎》：

婦從房中也，從降自西階。

劉氏案說：

《通義》引《經》，其字句損益不必悉同經文。〔註19〕

以上劉氏所說，肯定了《白虎通義》引經文應作彈性處理，字句損益不必悉同經文，他有時也會約引《白虎通義》，像：

「不臣三老教孝」。

而《白虎通義》的原文是：「不臣三老、五更者，欲率天下，為人子弟」。劉氏解釋《大戴・曾子・本孝篇》盧註引「不臣三老教孝」，係約引「不臣三老、五更者，欲率天下，為人子弟」。〔註20〕

又《白虎通義・論贄幣》云：

取其隨時南北，不失其節。

《白虎通義》從一處甚至多處援引或被引，這些包括在同一時間裏引的《儀禮・昏禮》及《儀禮・昏禮》鄭《註》，就像是所引「女必有端焉，若衣若袀」的文字。〔註21〕若問該從「袡」抑從「耑」，「耑」音「端」，早期史書「袡」、「端」並通，古聲同〔註22〕，劉氏恐未詳考。今天看張守節的《史記正義・論字例》，「袡」、「端」屬異文。張守節《史記正義・論字例》：

〔註18〕劉師培：《白虎通義斠補》卷下，見陳立：《白虎通疏證》附錄三，頁 695。
〔註19〕劉師培：《白虎通義斠補》卷下，見陳立：《白虎通疏證》附錄三，頁 707。
　　　　王聘珍：《大戴禮記解詁》（北京：中華書局，1983 年 3 月），頁 80。
　　　　黃懷信：《大戴禮記彙校集注》（西安：三秦出版社，2005 年 1 月），頁 512。
　　　　方向東：《大戴禮記匯校集解》（北京：中華書局，2008 年 7 月），頁 484。
　　　　檢視以上王、黃、方三氏《大戴禮記》的專家著作，我都沒發現有如劉氏《通義》引《經》字句損益的類近敘述。
〔註20〕劉師培：《白虎通義斠補》卷下，見陳立：《白虎通疏證》附錄三，頁 673。
〔註21〕劉師培：《白虎通義斠補》卷下，見陳立：《白虎通疏證》附錄三，頁 707。
〔註22〕郭錫良：《漢字古音手冊》（北京：北京大學出版社，1986 年 11 月），頁 50，220。

又字體乖日久，其「黼黻」之字法從「黹」，今之史本則有從「耑」。
〔註23〕

又作「端」、作「正」實無別，〔註24〕《白虎通義·嫁娶篇》中的「女必有黹」，就像劉氏所建議的改作「女必有正」，「黹」、「正」沒有分別。〔註25〕「女必有」以下九字，劉氏認為是「女必有正焉，若衣若笄」之訛。〔註26〕有趣的是，因古少字通共用之，詁訓一字，「甲」可為「乙」，「乙」可為「丙」，「丙」可為「丁」，回還往復，從而讓我們讀後多認識字與字間相互的關係。劉氏訂釋《白虎通義》，最擅長的是詳徵博引，為我們抽絲剝繭。也有的情況是《白虎通義》出現文章被約引的情況，非必即有脫漏。

《白虎通義·論爵人於朝封諸侯於廟》：

示不私人以官，與眾共之義也。

劉氏案說：

《書抄》四十六引作「上不私人」，疑當作「示上不私人」。〔註27〕

劉氏訂釋《白虎通義》，審其文例，不一定就有確鑿的證據，而據豐厚的學識判別，像他建議「示上不私人以官，與眾共之義也」句的大意是：在上者不以官爵示私愛，取的是表明與眾共有爵位或官職的道理。劉氏提出「上不私人」加一「示」字於頭的做法有道理。

二、依聲見義

所謂「依聲見義」，其目的大抵以聲音訓釋字義。

像「舜、僢、舛」三字意義相合，劉師培沒有詳細說明，但他的理路應該是，「僢」，古同「舛」。同時，「舜」字從舛，舛亦聲。雖然「會意兼形聲」的說法，有學者覺得是畫蛇添足，不過，我們不能完全抹殺「舜」字和「舛」字聲義同源的微妙關係。試看：

大徐本：

〔註23〕司馬遷：《史記》第十冊（北京：中華書局點校本，1959 年 9 月），正文後頁14。
〔註24〕鄭玄等：十三經注疏本《儀禮注疏》，（北京：北京大學出版社，2000 年，第1 版），頁 113。
〔註25〕劉師培：《白虎通義斠補》卷下，見陳立：《白虎通疏證》附錄三，頁 708。
〔註26〕劉師培：《白虎通德論補釋》，見陳立：《白虎通疏證》附錄八，頁 807。
〔註27〕劉師培：《白虎通義斠補》卷上，見陳立：《白虎通疏證》附錄三，頁 615。

> 萆，艸也。楚謂之葍，秦謂之藑。蔓地連華。象形。从舛，舛亦聲。
> 凡舜之屬皆从舜。今隸變作舜。薹，古文舜。〔註28〕

段註本：

> 萆，舜艸也。楚謂之葍，秦謂之藑。蔓地生而連華。象形。从舛，
> 舛亦聲。凡舜之屬皆从舜。薹，古文舜。〔註29〕

　　劉氏的案語也道出了古音同部與從某得聲的關係，即「A」「B」古音同部，故「B」從「A」得聲。《白虎通義斠補》卷上舉的「A」「B」例子，分別是「化」和「羲」。〔註30〕「化」和「羲」古音相同，〔註31〕劉氏的判斷正確。蔣世德《中國文字淺談》綜合前人所說及自己的研究，認為凡從「句」得聲之字，必有曲義；凡從青得聲的字，必有美好的意思。〔註32〕

　　藉字音推求字義，前賢繼往開來努力尋覓答案，劉氏進而說應可藉「B」從「A」得聲的狀況，由「A」來解釋「B」字的意義。在《白虎通德論補釋》中，劉氏舉了「B」的例子是「蓬」，「A」是「逢」。就是說因「蓬」從「逢」得聲，即以「逢」來解釋「蓬」。〔註33〕劉氏案說：「牙萌」猶「萌芽」，又說，「訝」含「相近」意，也就有「出迎」意，故可以說凡從牙得聲之字多有出之義。由「牙」有「出」義，連繫「蔥」有「斂聚」義，〔註34〕一併講解。

　　「南與任」同，林尹《訓詁學概要》指出劉氏本黃承吉謂同韻之字，義皆不甚相遠的創見，發表「即音審義」的理論。〔註35〕我認為這些都是依聲見義理念的推衍。「南之為言任也」，語句結構中不管含「之言」或「之為言」，正為兩個訓詁術語，可推聲義以繫源。〔註36〕

　　《白虎通義》云：「養人利性。」劉氏謂「『性』與『生』同」。〔註37〕劉

〔註28〕許慎：《說文解字》（北京：中華書局，1963 年 12 月），頁 113。

〔註29〕段玉裁：《說文解字注》（上海：上海古籍出版社，1981 年 10 月），頁 234。

〔註30〕劉師培：《白虎通義斠補》卷上，見陳立：《白虎通疏證》附錄三，頁 620。

〔註31〕郭錫良：《漢字古音手冊》，頁 13，76。

〔註32〕蔣世德：《中國文字淺談》（台北：臺灣商務印書館，2004 年 10 月），頁 68，69。

〔註33〕劉師培：《白虎通德論補釋》，見陳立：《白虎通疏證》附錄八，頁 807。

〔註34〕劉師培：《白虎通德論補釋》，見陳立：《白虎通疏證》附錄八，頁 809。

〔註35〕林尹：《訓詁學概要》（台北：正中書局，2007 年 10 月），頁 134。

〔註36〕楊端志：《訓詁學》（濟南：山東文藝出版社，1986 年 5 月），頁 282，283。

〔註37〕劉師培：《白虎通德論補釋》，見陳立：《白虎通疏證》附錄八，頁 791。

氏《理學字義通釋》也見相關的評論，於說理方面有深層的分析。某與某同，
這是從古籍中探尋聲義的關係。

三、探求語源

　　劉氏根據相同或相近的字音來探求語源，並不光依據形聲字的聲旁，較前
人語源探索的方法踏進了一步。《白虎通義》「以爵訓盡」就含推求語源的含
義。劉氏所論述《白虎通義》裏的「A者，B也」，許是「推求語源，明確命
名的由來」〔註 38〕的用意。劉氏在《白虎通德論補釋》內列出公訓侯、侯訓候、
子訓孳、男訓任，均以音近之字為訓。〔註 39〕

　　又劉氏認為《白虎通義》中的「牙」分別與「萌」、「芽」意同。段玉裁《說
文解字注》「枒」字下曰：

> 牙作輆，……車輪之肉，今北人謂之瓦，即古語之牙也。謂之牙者，
> 如艸木萌芽勾曲然。〔註 40〕

王力《同源字典》補充謂：

> 嬰孩初生無牙，生數月始出牙，故牙齒的「牙」引申為萌牙的「牙」。
> 後人加艸為「芽」。〔註 41〕

引申應該是尋求同源的一個途徑吧，可以斷言，劉氏並不是第一個把「牙」與
「萌芽」觀念聯繫上的學者〔註 42〕，因為段氏做的也是找語源的工作。

　　《史記·天官書》裏「兩頭兌」的「兌」同「銳」〔註 43〕，而黃易青《上
古漢語同源詞意義系統研究》指出同源詞「兌、銳、駃有銳利快疾的意義特徵」
〔註 44〕，這和劉氏認為《白虎通義》「收而達，故前蔥，大者在後」中的「蔥」
有版本作「『兌』即『銳』字，謂前形尖小，而大其後也」的解釋相接近〔註 45〕，
「尖銳」一詞屢屢並稱。

〔註 38〕盧烈紅：《訓詁與語法叢談》（武漢：湖北人民出版社，2005 年），頁 5。
〔註 39〕劉師培：《白虎通德論補釋》，見陳立：《白虎通疏證》附錄八，頁 788。
〔註 40〕段玉裁：《說文解字注》，頁 246。
〔註 41〕王力：《同源字典》，見《王力文集》第八卷（濟南：山東教育出版社，1992 年
　　　　7 月），頁 173，174。
　　　　郭錫良：《漢字古音手冊》，頁 6，7，45，236。
〔註 42〕劉師培：《白虎通德論補釋》，見陳立：《白虎通疏證》附錄八，頁 794。
〔註 43〕馬持盈：《史記今註》（台北：臺灣商務印書館，1996 年 12 月），頁 1320。
〔註 44〕黃易青：《上古漢語同源詞意義系統研究》（北京：商務印書館，2007 年 4 月），
　　　　頁 69。
〔註 45〕劉師培：《白虎通義斠補》卷下，見陳立：《白虎通疏證》附錄三，頁 712。

四、核證文獻語言

劉氏謂「《白虎通義》之缺，始於北宋」。〔註46〕他的意思是《白虎通義》傳本在北宋時部分已遺失缺漏，所以宋人引錄的多出今本之外。

諸侯之諱、謚等禮制，一貫由周王制定，劉氏長於比勘，博徵其材，在研究中不專主權威，不泥於文典，保證語言精確，側重於文獻考據，搜集文獻資料，以對比辨析上古文獻的真贋，方便存證古語、古訓。

卿大夫或諸侯之喪都有叫做「小喪」的，劉氏根據《周禮》疏，支持小喪應該包括三公、諸侯，然而許兆昌《先秦史官的制度與文化》點出的「疏不破註」有力證據，〔註47〕足以建立小喪之禮正是諸侯的喪制。〔註48〕「疏不破註」是訓釋術語，指在作疏時完全依照註文詮釋，不去改變舊註的任何觀點。

就上古漢語稱謂命名，劉氏於《白虎通義·論名》裏說：

故《禮服傳》曰：子生三月，則父名之于祖廟。〔註49〕

古人生子，三月後父親在祖廟為他取名。〔註50〕《左傳》、《楚辭》和《禮記》《疏》等文獻，莫不承認命名是人生的一樁大事。〔註51〕如果在古代，王者的太子初生，務請有道德的士人教導太子。而成為士人的條件必然需要通曉古今，明辨是非。劉氏因而指明辨是非，即「辯然否」的「否」字本作「不」字，〔註52〕王引之《經義述聞》卷十一云：

「然不」下不當更有「然」字，「不」讀為「否」，「然否」與「取舍」對文。〔註53〕

〔註46〕劉師培：《白虎通義闕文補訂》，見陳立：《白虎通疏證》附錄四，頁734。
〔註47〕許兆昌：《先秦史官的制度與文化》（哈爾濱：黑龍江人民出版社，2006年10月），頁191，192。
〔註48〕劉師培：《白虎通義斠補》卷上，見陳立：《白虎通疏證》附錄三，頁624。
汪受寬：《謚法研究》（上海：上海古籍出版社，1995年6月），頁127。
〔註49〕劉師培：《白虎通德論補釋》，見陳立：《白虎通疏證》附錄八，頁804。
李學勤：十三經注疏本《儀禮注疏》，（北京：北京大學出版社），頁692。
〔註50〕鄭雅如：《情感與制度：魏晉時代的母子關係》，見葉國良：《國立臺灣大學文史叢刊》之一一四（台北：國立臺灣大學出版委員會，2001年9月），頁222。
〔註51〕王琪：〈上古漢語稱謂研究〉，浙江大學博士學位論文（2005年5月），頁119。
〔註52〕劉師培：《白虎通義斠補》卷上，見陳立：《白虎通疏證》附錄三，頁614。
〔註53〕王引之：《經義述聞》（台北：世界書局，1975年5月），頁267。

《〈大戴禮記〉與先秦兩漢典籍重見資料彙編》的編者認同以上王引之《經義述聞》於卷十一「然不然」條中對《大戴禮記・哀公問五義》的校勘。〔註54〕單是說「不」讀為否的意見，近代經學新註家亦多有論述。〔註55〕黃文樹《張居正的教學思想與教育改革》一書摘錄《白虎通義》原文，指出「辯然不」是古人對「士」角色的界說。〔註56〕士人的使命，從一開始便承擔文化責任，此處「然不」聯文。

語法修辭學家把「不可一年二君」判別為「無中介動詞存在句」，讓「不可一年二君」這個「無中介句」補上「有」字，成「不可一年有二君」〔註57〕，今天讀來就比較明白了。歷時方面主要探討漢語在不同時間上的變化和發展。劉師培沒有評論「一年不可有二君」和「不可一年二君」那一句正確，但於《白虎通義・論諸侯襲爵》「一年不可有二君」句後案說：

> 《禮記・曲禮下疏》引作「不可一年二君」。〔註58〕

既不可一日無君，也不可一年二君，「不可一年二君」意義上的新君無疑應盡快確立。

把「諒陰」解釋為沉默不語，後發展為居喪。又所謂心喪是指不穿著喪服，在心裏悼念。《論語・憲問》曰：

> 子張曰：「《書》云：『高宗諒陰，三年不言。』何謂也？」
>
> 子曰：「何必高宗？古之人皆然。君薨，百官總己，以聽於冢宰三年。」
>
> 孔（安國）曰：「諒，信也；陰，猶默也。」〔註59〕

〔註54〕 何志華、朱國藩、樊善標編著：《〈大戴禮記〉與先秦兩漢典籍重見資料彙編》（香港：中文大學出版社，2004 年），頁 210。

〔註55〕 邵增樺：《韓非子今註今譯》（台北：臺灣商務印書館，1995 年 9 月），頁 436。
李漁叔：《墨子選注》（台北：正中書局，1993 年 2 月），頁 235。
李宗侗：《春秋左傳今註今譯》（台北：臺灣商務印書館，2002 年 5 月），頁 73。

〔註56〕 黃文樹：《張居正的教學思想與教育改革》（台北：秀威資訊科技股份有限公司，2002 年 11 月），頁 95。

〔註57〕 王建軍：《漢語存在句的歷時研究》（天津：天津古籍出版社，2003 年 1 月），頁 273。

〔註58〕 劉師培：《白虎通義斠補》卷上，見陳立：《白虎通疏證》附錄三，頁 616。）

〔註59〕 鄭玄等：十三經注疏本《論語注疏》，（北京：北京大學出版社，2000 年，第 1 版），頁 229。

鄭玄以諒闇為凶廬，為後註所不取。待劉師培訓釋《白虎通義》，將「陰服」、「諒陰」和「心喪」等詞連繫起來，看他在《白虎通義・論弟子為師》「故為之隆服」句後的案說：

> 《書鈔》引「隆」作「陰」，是也。「陰服」猶言「心喪」，即前人解「諒陰」為「心喪」所本也。〔註60〕

歸結是和守喪有關。

君主駕崩，民眾肯定要守喪，劉氏這裏解釋了兩個名詞「倚塗」、「欑塗」，他在《白虎通義・論天子舟車殯》「大夫倚塗」句後據《禮記》鄭註、孔疏的意見說：

> 「大夫倚塗」，謂棺倚西序而欑，塗其三面也，與人君畢塗者不同。
>
> 若作「欑塗」，則與天子諸侯奚別？〔註61〕

劉氏認為當中最大的不同，是「倚塗」用泥塗大夫的棺的三面，做法跟「欑塗」的四面泥塗人君棺柩有異。

君上須為天下式，天子親耕的目的在於「勸農」，天子既要親耕又不能過於勞累，所以定個小土地面積作為耤田，權作耕耘示範。劉氏以為《白虎通義・論王與后親耕親桑之禮》中「天子耕東田而三反之」的「三反」，即盧植說的「三發」，〔註62〕應該是可靠的別一說。陳奇猷《呂氏春秋新校釋》指出「發」為「撥」省文，〔註63〕容易體會到耕地時，兩人共事並行所起土，因而得「撥」的量。由「撥」省略其文字而為「發」，陳氏的案說似有道理。天子親耕時，三個來回，或說是「三反」。

說過了有關君主的文獻語言，劉氏沒疏忽訂釋民生的語詞，如「通物」就是可以往來行走，「居賣」固定不移，我想像劉氏因此把「通物」、「居賣」概括成一「行」一「止」，即一行動，一居於某地，他在《白虎通義・論商賈名義》「行曰商，止曰賈」句後案說：

> 《廣韻》〈十陽〉引作「居賣曰賈，通物曰商」，與今本義同詞異。
>
> 《孟子・梁惠王上篇》〈疏〉亦引作「賣曰賈」。〔註64〕

〔註60〕劉師培：《白虎通義斠補》卷下，見陳立：《白虎通疏證》附錄三，頁716。

〔註61〕劉師培：《白虎通義斠補》卷下，見陳立：《白虎通疏證》附錄三，頁720。

〔註62〕劉師培：《白虎通義斠補》卷上，見陳立：《白虎通疏證》附錄三，頁660。

〔註63〕陳奇猷：《呂氏春秋新校釋》（上海：上海古籍出版社，2002年4月），頁2、14。

〔註64〕劉師培：《白虎通義斠補》卷下，見陳立：《白虎通疏證》附錄三，頁678。

劉氏管以上由《廣韻》所引，與今本比較的情況，叫「義同詞異」，《廣韻》所述和今本《白虎通義》意思大致相通。依我所見，籠統來說，靜止的叫賈，流動的為商。

「伐」既可作「擊」解，也作「敗」解，都有文獻可證，然而未必收錄《白虎通義》與慧琳《音義》的例子，劉氏在《白虎通義・總論誅伐征討之義》「伐者何謂也？伐，擊也，欲言伐擊之也」句後案說：

> 慧琳《音義》二十七引作「伐者何？伐，敗也，欲敗去之」。與此不同，當係「伐」有二義。今本有挩文。〔註65〕

「伐」有二義，劉氏的心得值得收錄進大型的漢語辭典內。

「趏」為「趨」的異體字，劉氏在《白虎通義・論五味五臭五方》「酸者以達生也，猶五味得酸乃達也」句後案說：

> 《寶典》一引「以達生」，作「所以趣生」，引「乃達」作「乃達趏生」。〔註66〕

指出《玉燭寶典》中引「乃達」作「乃趏生」，劉氏沒給他的意見，應該是羅列證據，留待讀者判斷。在《白虎通義》別一則，亦引《玉燭寶典》，雖沒給出改動的理由，不過，劉氏認為「委煞」應據《玉燭寶典》作「萎地死」。劉氏也是在《白虎通義・論五味五臭五方》「西方煞傷成物，辛所以煞傷之也，猶五味得辛乃委煞也」句後案說：

> 《寶典》七引作「西方者，煞成萬物」，又「委煞」作「萎地死」，當據訂。〔註67〕

《玉燭寶典》十二卷記錄古代禮儀及社會風俗，隋杜臺卿著。他根據《禮記・月令》篇體例，廣泛收集風俗人情資料，彙集成《玉燭寶典》十二卷。相信因為《玉燭寶典》著成年代早於唐代，唐、宋以後，《玉燭寶典》亡佚於中土，其書面貌已少人知曉，今所見者為黎庶昌（1837～1896）自日本訪求摹刻寫進《古逸叢書》的，幸重現世上，劉氏覺得值得參考。

劉氏所說兩文義同詞義，不過關於「南」就是「任」，以至於「朝離」的意思大致無別。劉氏在《白虎通義・論四夷之樂》「《南》之為言任也……《朝離》者，萬物微，離地而生」句後案說：

〔註65〕劉師培：《白虎通義斠補》卷上，見陳立：《白虎通疏證》附錄三，頁652。
〔註66〕劉師培：《白虎通義斠補》卷上，見陳立：《白虎通疏證》附錄三，頁643。
〔註67〕劉師培：《白虎通義斠補》卷上，見陳立：《白虎通疏證》附錄三，頁644。

《公羊》昭二十五年〈疏〉所引《樂》說〈注〉云：「陽氣始起，於懷任之物各離其株也。南者，任也。盛夏之時，物皆懷任矣。艸木畢成，禁如收斂，盛陽消盡，蔽其光景昧然是也。」與此文義同詞異。〔註68〕

臧克和在其《〈說文解字〉的文化說解》一書中解釋《說文》與中國古代社相關的器樂：

《說文》：「南，艸木至南方有枝任也。從米，羊聲。」《說文》這段說解，記錄了「南」之得名的語源，「南」即讀「任」也。《方言》卷八：「尸鳩……自關而東謂之戴鳻，東齊海岱之間謂之戴南，南猶鳻也。」按「鳻」從任得聲，是南、任相通之證。〔註69〕

臧氏謂《說文》這段說解，記錄了「南」之得名的語源，「南」即讀「任」，兩字相通，與劉氏之說合。

五、考察古代社會

劉氏重視以古代國家施政制度和婚姻制度，考察古代社會的型態，研究社會的變化。

（一）從古代國家施政制度考察

歷史事件紛雜，不容易釐清真相，數劉氏考察古代社會的方法，是注意從古代社會禮俗和典章制度中去考察和研究社會變化。〔註70〕

《白虎通義‧論天子諸侯爵稱之異》：

王侯……以王者同稱，為衰弱僭差生篡弒，猶不能為天子也。

劉氏案說：

謂若以王侯為稱，則與王者號同，將衰弱僭差生篡弒也。〔註71〕

〔註68〕劉師培：《白虎通義斟補》卷上，見陳立：《白虎通疏證》附錄三，頁 632。
何休等：十三經注疏本《春秋公羊傳注疏》，（北京：北京大學出版社，2000年，第 1 版），頁 603。
〔註69〕臧克和：《〈說文解字〉的文化說解》（武漢：湖北人民出版社，1995 年 2 月），頁 165。
華學誠：《揚雄方言校釋匯證》（北京：中華書局，2006 年 9 月），頁 558。
〔註70〕參考劉俐娜編：《由傳統走向現代：論中國史學的轉型》（上海：社會科學文獻出版社，2006 年 4 月），頁 61。
〔註71〕劉師培：《白虎通義斟補》卷上，見陳立：《白虎通疏證》附錄三，頁 614。

古時特重名號，稱王稱侯具獎賞作用，但又怕人心不穩，上下階層激烈浮動，王是王，侯是侯，升降未必容易，君主之位更無法企及。劉氏觀察到《白虎通義》嚴防僭稱名號，恐以下犯上，不利長治久安。

天子薨逝，在京的百姓需要守喪，要守多久頗費心思考察。《白虎通義·論庶人為君》：

> 天子七月而葬，諸侯五月而葬者，則民始哭，素服；先葬三月，成齊衰；暮月以成禮，葬君也。

劉氏案說：

> 以意審之，此謂民服君喪，均於葬前三月成服也。蓋以葬時不可無服，而服期僅三月，故諸侯五月而葬者，薨後期月始行成服，而服期僅三月，故諸侯五月而葬者，薨後期月始行成服，死與往日，至葬時正值三月也。若然，則京師之民為天子服亦應待至三月後矣。〔註72〕

據劉氏計算古時京師人民守君喪，需素服哭喪。

音樂可以改變民俗、民風，古時政府覺得有責任教育民眾，《白虎通義·總論禮樂》：

> 王者所以盛禮樂何？節文之喜怒。

劉氏案說：

> 《書抄》八十引作「得節民之喜怒也」，當據改。（文、民古通，故誤「民」為「文」。）〔註73〕

劉氏訂釋《白虎通義》，考察到君主想以禮樂節制人民的情緒，避免不受控。

（二）從古代婚姻制度考察

兩性結合受法律保護，《白虎通義·論諡后夫人》：

> 婦人大夫，故但白君而已。

劉氏案說：

> 以作「天」為碻。蓋天子諡於郊，所以白天也，后僅白君，故引夫為婦天為說。〔註74〕

劉氏解釋古時夫人以天為夫，后也自是待君主。

〔註72〕劉師培：《白虎通義斠補》卷下，見陳立：《白虎通疏證》附錄三，頁714。
〔註73〕劉師培：《白虎通義斠補》卷下，見陳立：《白虎通疏證》附錄三，頁629。
〔註74〕劉師培：《白虎通義斠補》卷上，見陳立：《白虎通疏證》附錄三，頁625。

平民也受婚姻制度的約束，《白虎通義·論不先告廟》：

> 娶妻不先告廟者，示不必安也。

劉氏案說：

> 婦人不先廟見，……非謂娶不告廟也。〔註75〕

古時婚姻制度包括成婚前要拜翁姑才算合禮，劉氏認同女子婚前、婚後也有可能告祭祖廟。

從以上考察可以看出來，不論社會地位有多高，都無可避免受到國家或禮俗制度的約束。

小　結

劉氏決定採用甚麼文字補《白虎通義》之缺，會參考較合理、釋說較詳細者為先。他擅長從古籍中探尋聲義的關係、以形索義，尋找語源，讓我們了解甚麼是即音審義。《白虎通義》著重保存古來今往所存的言辭論說，不喜一意地蕩平異類，這種做法令人相信《白虎通義》不是一本個人色彩濃厚的書，倒是類近於集合眾說的法規大全。為主子寫文章，參酌不同主張，折衷權衡，慶幸文意尚不浮泛。按文義補字是劉氏同意的訂釋文字手段。一、劉氏的著作講求文例，不一定把他的看法直接用文字表述。他理清書籍類別，考證典籍源流，對文例予以類比，又按文義補字，就前後文意校勘文字錯誤，以為凡《白虎通義》引《禮經》，必先著「禮」字，然後標上篇名，同時引書補缺是劉氏看重的。如因他覺得興廢對文，將《白虎通義·論九族》中的「與禮母族，妻之黨廢」改成「興禮母族，妻之黨廢」，即「與」換作「興」。劉氏有個看法，是《白虎通義》引《經》，未必都字字跟足，有時是取其大意而已，反之《經》引《白虎通義》的情況亦然。不過智者千慮，也有一失，劉氏未深究古文字「㼱」、「耑」屬異文。劉氏訂釋《白虎通義》，最拿手的是他回環詁訓的手段，「甲」可以為「乙」，「乙」可以為「丙」，「丙」亦可以為「甲」，如此類推。二、劉氏以聲義方法訂釋《白虎通義》，一是循聲符的線索去看，以古音知識判斷。從黃聲的字都有廣義，如橫、璜例。一是以義符的線索去看，以形說義。欲審訂《白虎通義》的文義，劉氏有時用上「對文」的手段。《劉申叔遺書·左盦集》卷二的一篇短文〈古韻同部之字義多相近說〉中以

〔註75〕劉師培：《白虎通義斠補》卷下，見陳立：《白虎通疏證》附錄三，頁708。

為古韻同部之字義多相近。〔註76〕劉氏所說的這種「音同義近」的字，範圍比王力《同源字典》「凡音義皆近，音近義同，或義近音同的字，叫做同源字」〔註77〕的解釋較為狹窄，所以凡「音同義近」的字應可叫同源字。同源字的研究方便尋語源。而「依聲見義」是劉氏從古籍中探尋聲義關係的嘗試。三、發掘省文與語源的價值，「舜」字和「舛」字正包含聲義同源的微妙關係。劉氏屢藉根據相同或相近的字音來探尋語源，譬如古音通假及聲近，「牙、芽」，「兌、銳」的意義都接近，甚至相同。四、個人覺得《白虎通義》文獻語言的討論範圍，劉氏通過考察經史子集在文獻中的引用情況以顯示其古義，探求語言的本源，包括從子生三月至喪葬，從歷史文獻考察組織與氏族組織的面貌，核證文義詞義都具備。古人在作疏時很大程度上依照註文詮釋，有不改變舊註的觀點，但劉氏把「諒闇」歸結是和守喪有關，並不迷信鄭玄的註釋。劉氏大量解釋了古代的名物詞，都有他的道理。又探討讖緯文獻的內涵，運用失傳已久的古代寶貴文獻去訂釋。劉氏考察古代社會，從古代國家施政制度和就古代婚姻制度考察，考證上古文獻的真偽。五、劉氏訂釋《白虎通義》不忘從國家施政和婚姻制度考察古代社會，考察到君主是以禮樂節制人民的情緒，同時發覺誰也不能避免受種種制度所約束。

〔註76〕劉師培：〈古韻同部之字義多相近說〉，載《左盦集》卷二，《劉申叔先生遺書》第 38 冊，頁 78。
〔註77〕王力：《同源字典》（北京：商務印書館，1982 年 10 月），頁 13。

第七章 劉師培訂釋《白虎通義》的內容（上）

　　《白虎通義》的主要內容，是將各種討論禮儀制度的意見，彙聚於一冊之內，可說薈集群言，並作考據、校勘，不能決定的則由皇帝仲裁。疏通經註不是劉師培訂釋《白虎通義》的唯一目的，還包括校勘文字、語法屬詞。《白虎通義》現存抄本刻本謬誤甚多，通過對該書進行疏理和校勘，為《白虎通義》的研究提供可靠的版本。凡詞彙、語法、文字、語音，劉氏都運用得巧，舉重若輕。校勘學、曆法學、史學、詩賦等方面都堪稱劉氏的本色當行。劉氏訂釋《白虎通義》的內容豐富，不僅涉及到古代的一般詞彙，還涉及到古代社會的文化。

　　劉氏對《白虎通義》，全面校訂、訓釋、考證文本，《白虎通義》的內容性質日益明顯。個人覺得劉氏說的「蓋一字而深窮其義，漢代之書未有若《白虎通義》之甚者也」〔註1〕有道理。今天研究《白虎通義》訓詁名物，不能只針對表面文字的訓釋考訂，必須不為「文字」所圍，體會「說解」實際內容的差異，按內容安排，劉氏訂釋《白虎通義》，分為文字學、詞彙訓詁學，內容以訓詁為主，兼及詞彙、語法、修辭、校勘等語文學方面。

一、文字

　　與劉氏年齡相近的學者，罕有像他有多面的學問，若天假其年，劉氏又願

〔註1〕劉師培：《中國文學教科書》第一下，見《劉申叔先生遺書》六十八集（南京：江蘇古籍出版社，1997 年 11 月），總頁數 90。

意脫離政治樊籠,他的學問必定更不可估量。劉氏訂釋《白虎通義》較前進步的是,他曾很有系統地闡釋漢宋之學相承,因此劉氏對《白虎通義》作全面整理與訂釋,商較是非,內容有四:(一)文字同異譌脫方面;(二)訓詁形聲方面;(三)零殘經說方面;(四)偵錯考漏方面。現分述如下:

(一)文字同異譌脫方面

劉氏留意到《北堂書鈔》中的「字」誤「宇」,是形近之譌。像他於《白虎通義・郊祀章》下案云:

> 「字」誤「宇」,形近之譌。〔註2〕

劉氏所言正確。「揔」誤「惚」〔註3〕,理由亦同前例。

劉氏根據別書所引《白虎通義》的文字,產生懷疑,認為當補改某些內容。像於《白虎通義・論陰陽盛衰》「已者,物必起」下案云:

> 《輔行記》引「已者,起也」,疑當作「已者,起也。物必起」。
>
> 〔註4〕

也是於《白虎通義・論陰陽盛衰》「午,物滿長」下案云:

> 《輔行記》引「午者,長也」,疑當作「午者,長也。物滿長」。
>
> 〔註5〕

劉氏的案語,包含了補充《白虎通義》引用五行說義的文字。

《白虎通義》所論禮學等論題時縱與今文家的不同,劉氏從不妄為評騭今古文經師的對錯,只檢出校勘者有哪些疏漏。如於今古文「論天子諡諸侯」條下,劉氏案云:

> 此節均用今文《春秋》,今《禮》說。古《左氏》說無其文,似以諸
>
> 侯之諡亦為臣下所制,與《穀梁》、《公羊》殊。〔註6〕

當然也有論今古文同的,像於「論婦人無爵」條下,劉氏續案云:

> 此節均用今文《禮》說,與古《春秋左氏傳》說同。〔註7〕

〔註2〕劉師培:《白虎通義闕文補訂》,見陳立:《白虎通疏證》附錄四(北京:中華書局,1994年8月),頁743。

〔註3〕劉師培:《白虎通義闕文補訂》,見陳立:《白虎通疏證》附錄四,頁744。

〔註4〕劉師培:《白虎通義斠補》,見陳立:《白虎通疏證》附錄三,頁645。

〔註5〕劉師培:《白虎通義斠補》,見陳立:《白虎通疏證》附錄三,頁645。

〔註6〕劉師培:《白虎通義定本》卷二,見陳立:《白虎通疏證》附錄六,頁768。

〔註7〕劉師培:《白虎通義定本》卷一,見陳立:《白虎通疏證》附錄六,頁753。

或採今文，或本古文，劉氏在涉及經學的重要議題上公開及尊重同道的討論，平衡客觀，誠實地作出自己的選擇。劉氏案云：

> 此節均用今《禮》、今《尚書》說，故以〈王制〉「制國用」為據。或
> 說本古《周禮》說，僅以備異辭。〔註8〕

「備異辭」，反映劉氏是以平和態度訂釋《白虎通義》的。

劉氏校勘《白虎通義》，有時用上義同詞異的字眼，如他指出在《白虎通義》的不同版本中，「黼」、「正」和「端」字異義同，強調註者若一時未能確定文義，就不應逕刪這些字。〔註9〕劉氏注意到雖係他本，不同字卻義同，保留了多方論證。

劉氏訂釋為異說例的，可以歸納成「版本異」、「字衍」、「涉上下文，因衍成異」、「疑因他書竄入」及「所不同的地方，或在於非本書加上了釋詞」等多項。〔註10〕

至於劉氏發覺為誤說的例子，經過整理後大致有「字譌」、「評他註的錯誤」、「傳寫之誤」、「雖有書證而未被採納，反倒以為譌誤」，可是劉氏也舉出另外如有引他書證明《白虎通義》「弗譌」，或從《白虎通義》反證他書所引字句產生的譌誤。〔註11〕

「因傳寫而脫」的例子散見於《白虎通義》中。〔註12〕據劉氏自己所說，校釋為尋舊本的本真，經他鉤覈《白虎通義》與宋、元以上諸書所引，得出的異文達百上千計，校訂文字可謂詳審。〔註13〕

（二）訓詁形聲方面

劉氏寧取字義較古的為信，像說「而」同「如」。他於《白虎通義·釋日月星之名》「轉而歸功」下案云：

> 《御覽》四引「而」作「如」，字較古。〔註14〕

〔註8〕 劉師培：《白虎通義定本》卷一，見陳立：《白虎通疏證》附錄六，頁758。

〔註9〕 劉師培：《白虎通義斠補》，見陳立：《白虎通疏證》附錄三，頁708。

〔註10〕 劉師培：《白虎通義斠補》，見陳立：《白虎通疏證》附錄三，頁611，618，612，643，646。

〔註11〕 劉師培：《白虎通義斠補》，見陳立：《白虎通疏證》附錄三，頁615，616，621，647，657，669，686，688，695，702，710。

〔註12〕 劉師培：《白虎通義斠補》，見陳立：《白虎通疏證》附錄三，頁611，614，615，641，642。

〔註13〕 劉師培：《白虎通義斠補》，見陳立：《白虎通疏證》附錄三，頁610。

〔註14〕 劉師培：《白虎通義斠補》，見陳立：《白虎通疏證》附錄三，頁700。

於《白虎通義‧總論嫁娶》「廣繼嗣也」下案云：

> 程本「廣」作「庶」，義較古。〔註15〕

凡字古通的劉氏也會並存採錄。

劉氏又於《白虎通義‧論天地之始》「性情生汁中，汁中生神明」下說：

> 陳云：「虞喜〈天文論〉『情性生門中』。此作『汁中』，未知何解。」
>
> 案：汁、協古通。〔註16〕

陳立曾被劉氏批評長於經學但不擅小學，他在這裏就通過「汁、協」古通的理論，解決陳氏感困惑的問題。

劉氏說「『有』古『又』字」，或許這說法遍見於古籍，他就不舉例了，只要翻開高亨（1900～1986）的《古字通假會典》〔註17〕，甚至是賈延柱所著的《常用古今字通假字字典》〔註18〕，都能找到眾多文例。

字古通的例子有：「『趨』作『驟』，二字古通。」劉氏於《白虎通義‧論皇帝帝王之號》「《鉤命訣》曰：『三皇步，五帝趨』」下案云：

> 《書鈔》五、《初學記》九、《說文繫傳》十九並作「趨」作「驟」，
>
> 二字古通。〔註19〕

劉釗《出土簡帛文字叢考》考訂山東臨沂銀雀山漢墓竹簡《孫臏兵法》〈威王問〉篇中的「勁弩趨發」，承王引之讀「趨發」為「驟發」，郭在貽《訓詁叢稿》關於驟字的本義，推斷「驟」用為「屢數」之義。〔註20〕我引述劉釗的意見，目的在說明「趨」古作「驟」，為印證劉師培以上於《白虎通義‧論皇帝帝王之號》說的話。

劉師培且以為「文、民」二字古通，於《白虎通義‧總論禮樂》「王者所以盛禮樂何？節民之喜怒」下案云：

> 文、民古通，故誤「民」為「文」。〔註21〕

〔註15〕劉師培：《白虎通義斠補》，見陳立：《白虎通疏證》附錄三，頁706。

〔註16〕劉師培：《白虎通德論補釋》，見陳立：《白虎通疏證》附錄八，頁805。

〔註17〕高亨：《古字通假會典》（濟南：齊魯書社，1989年7月），頁369。

〔註18〕賈延柱：《常用古今字通假字字典》（瀋陽：遼寧人民出版社，1988年10月），頁451，452。

〔註19〕劉師培：《白虎通義定本》卷二，見陳立：《白虎通疏證》附錄六，頁759。

〔註20〕劉釗：《出土簡帛文字叢考》（台北：台灣古籍出版社有限公司，2004年3月），頁231。

〔註21〕劉師培：《白虎通義斠補》，見陳立：《白虎通疏證》附錄三，頁629。

今天所見古籍似乎沒太多論及，除了揚雄《方言》卷 3 第 27 條：「岷，民也。」「岷、民」音同。不過《後漢書・任李萬邳劉耿列傳》中李賢等註曰：「古音文如岷。」〔註22〕雖表證似未盡解，起碼提示古音「民、文」於漢時是音近的一對字。

劉氏分析「純」、「紂」古通，於《白虎通義・論天子弔諸侯》「故《禮・檀弓》曰：『天子哭諸侯，爵弁，純衣。』」下案云：

　　純、紂古通，猶純、緇之互通也。〔註23〕

他既而案說「純」、「緇」互通，則「純」、「紂」、「緇」都應該互通。

（三）零殘經說方面

劉氏以為「識」不該是「執」的誤字，遂把「執」改成「埶」字，為「埶」字等同箭靶的中心。於《白虎通義・論無屋有樹》「尊而識之，使民望見即敬之」下案語曰：

　　「執」當作「埶」。〔註24〕

這個改動有道理，相信劉氏將「執」看作為訛字。

劉氏說「塞」，原作「寒」，形近致誤。他於《白虎通義・論昆弟相繼》「防愛憎也」下案云：

　　「寒」乃「塞」訛。〔註25〕

又劉氏把引文換作古文字。「離」、「儷」為古今字，劉氏沒加詳註。他於《白虎通義・論贄幣》「束帛、離皮」下案云：

　　《御覽》五百四十一引作「儷皮」。〔註26〕

其實，鄭玄註《儀禮注疏》「主人酬賓，束帛儷皮」，云：

　　儷皮，兩鹿皮也。古文儷為離。〔註27〕

「麗」是成雙的意思，而「儷」字即麗的或體，解作配偶，成雙成對的。明白「儷」字解釋，「儷皮」的意思不難明白。

〔註22〕范曄：《後漢書》（北京：中華書局，1965 年），頁 768。

〔註23〕劉師培：《白虎通義斠補》，見陳立：《白虎通疏證》附錄三，頁 718。

〔註24〕劉師培：《白虎通義斠補》，見陳立：《白虎通疏證》附錄三，頁 628。

〔註25〕劉師培：《白虎通義斠補》，見陳立：《白虎通疏證》附錄三，頁 640。

〔註26〕劉師培：《白虎通義斠補》，見陳立：《白虎通疏證》附錄三，頁 707。

〔註27〕鄭玄註，賈公彥疏：《儀禮注疏》，見於李學勤主編《十三經注疏》，（北京：北京大學出版社，1999 年 12 月），頁 45。

劉氏引《春秋考異郵》，引錄的文字為「陰氣專精，凝合為雹。」他於《白虎通義‧論霜雹》「陰氣專精，積合為雹」下案云：

> 《占經》一百一引《春秋考異郵》云：「陰氣專精，凝合為雹。」即此文所本，亦「積」當作「凝」之證。〔註28〕

但看了日本學者安居香山、中村璋八輯的《緯書集成》：

> 陰氣之專精凝合生成雹，雹之為言合也。以妾為妻，大尊重，九女之妃，闕而不御，坐不離前，無由相去之心，同與參駟，房衽之內，歡欣之樂，專政夫人，施而不博，陰精凝而見成。〔註29〕

劉氏所引兩句文字與《緯書集成》稍不同，想含義無差別。「積」作「凝」可以說得通。起初，表面上的意義的確如我所想，然而再把《緯書集成》多引《春秋考異郵》的段落看過了，發覺《春秋考異郵》實際要說的是著眼於房衽內的同參歡欣、陰陽交媾的愉悅情感，絕非《白虎通義》擬發揮寫天地的轉變。

劉氏解釋他對「柷、敔（也有把『柷、敔』兩個字合寫作『柷敔』的）、止籈」脫文的定義。他於《白虎通義‧論五聲八音》「柷，始也；敔，終也」下案云：

> 《書‧益稷》〈疏〉云：「擊柷之椎名為止，戛敔之木名為籈。戛即櫟也。《漢禮器制度》及《白虎通》、馬融、鄭玄、李巡，其說皆為然也。」今本有「柷敔」而無「止籈」，似此節有挩文。（孫氏《札迻》指為上文引《大傳》節挩文，似非。）〔註30〕

《尚書正義》中的孔穎達疏已清楚說明柷、敔的形制。〔註31〕《爾雅注疏》亦分別解說柷、敔的形制。〔註32〕事緣樂曲開始時，先擊「柷」。「敔」和「柷」分別用木製，是兩種樂器。「籈」為敲一種打擊樂器「敔」的木棒。沒有「止籈」一詞是劉氏覺得此節並非節引《尚書大傳》的舉證理由，有謂「祝」非，「柷」是。

〔註28〕劉師培：《白虎通義斠補》，見陳立：《白虎通疏證》附錄三，頁659。

〔註29〕佚名：《春秋考異郵》，見安居香山、中村璋八輯：《緯書集成》（石家莊：河北人民出版社，1994年11月），頁795。）

〔註30〕劉師培：《白虎通義斠補》，見陳立：《白虎通疏證》附錄三，頁636，637。

〔註31〕孔安國註，孔穎達疏：《尚書正義》，見於李學勤主編《十三經注疏》，（北京：北京大學出版社，1999年12月），頁153。

〔註32〕郭璞註，邢昺疏：《爾雅注疏》，見於李學勤主編《十三經注疏》，（北京：北京大學出版社，1999年12月），頁176。

在《新序》中，是作「人告從而不赦，不祥也」的，〔註33〕劉氏於《白虎通義‧論三皇五帝三王五霸》「楚勝鄭而不告從而攻之」下案云：

> 陳氏《疏證》云：「當云『楚勝鄭而不有，從而赦之』。」易「攻」
> 為「赦」，是也。惟《公羊》十二年〈傳〉言「告從不赦不詳」，《韓
> 詩外傳》六作「人告以從而不舍」，則告、從聯文。……當云「楚勝
> 鄭而不□，告從而赦之」。〔註34〕

《白虎通義》作「攻」字不合，正如劉師培說的，把「攻」字改換成「舍、赦」都對，只是劉氏沒解釋他選擇「赦」字的道理吧。

劉氏留意到他書引《白虎通義》，有時基本上是約引文章，不原文全錄。他於《白虎通義‧論親迎》「婦從，房中也。從，降自西階」下案云：

> 今考「也」乃「出」字之訛。蓋《通義》引《經》，其字句損益不必
> 悉同經文也。〔註35〕

劉氏指出，《白虎通義》引《經》，其字句損益不必悉同經文，像「婦從房中出，降自西階」就是引自《儀禮‧士昏禮》：「出，婦從，降自西階。」〔註36〕文字有損益。

再者，劉氏參考他書，認定「取其隨時南北，不失其節」，實約引「隨時南北」之文。他於《白虎通義‧論侑食之樂》「僇力勞役」下案云：

> 《書鈔》百四十三引作「僇力勞作」，義較長。〔註37〕

「僇」通「勠」，劉氏寧取《北堂書鈔》，以為「僇力勞作」義較長，而不取「勠力勞役」，卻沒有給出證據。檢索資料，「勠力」似乎是較早出現的，其他典籍稍後傳抄作「僇力」，故才有《十三經》中《禮記正義》校勘記，「僇」本或作「勠」的說法。〔註38〕從《春秋左傳正義》孔穎達《疏》「僇力，猶言勉力、努力」的結論可以看出來。〔註39〕「勞作」、「勞役」更沒明確的意義分歧。

〔註33〕劉向編著，石光瑛校釋：《新序校釋》（北京：中華書局，2001 年 1 月），頁 529。

〔註34〕劉師培：《白虎通義斠補》，見陳立：《白虎通疏證》附錄三，頁 622。

〔註35〕劉師培：《白虎通義斠補》，見陳立：《白虎通疏證》附錄三，頁 707。

〔註36〕鄭玄註，賈公彥疏：《儀禮注疏》，見於李學勤主編《十三經注疏》，頁 90。

〔註37〕劉師培：《白虎通義斠補》，見陳立：《白虎通疏證》附錄三，頁 634。

〔註38〕鄭玄註，孔穎達疏：《禮記正義》，見於李學勤主編《十三經注疏》，（北京：北京大學出版社，1999 年 12 月），頁 623。

〔註39〕杜預註，孔穎達疏：《春秋左傳正義》，見於李學勤主編《十三經注疏》，（北京：北京大學出版社，1999 年 12 月），頁 868。

王聘珍《大戴禮記解詁》於「任善不敢臣三德」下引盧文弨註云：

　　《白虎通》云：「不臣三老，崇孝。」[註40]

所約引的文字與劉氏說的「不臣三老教孝」差一字。他於《白虎通義・論五暫不臣》「不臣三老、五更者，欲率天下，為人子弟」下案云：

　　《大戴・曾子本孝篇》盧《注》引「不臣三老教孝」，係約引此文。
　　[註41]

原來皇帝孝悌的對象不限於自己的父母兄弟[註42]，而劉氏解說前人不時約引古代書籍，來個概括論述。

　　劉氏以為把「地以厚為德」改成「地以厚為附」，「附」既可作「付」，又或可作分佈解。他於《白虎通義・論封禪之義》「地以厚為德」下案云：

　　《書鈔》九十一引「德」作「傅」。「傅」與「附」同，其義亦長。
　　[註43]

《周禮注疏》「以五刑聽萬民之獄訟，附于刑，用情訊之」下釋文說：

　　附猶著也。故書「附」作「付」。[註44]

「地以厚為附」，原文可說成是建立自己的功業，得以厚附於地。

　　從《禮記》中我們可以知道，國家祭祀有它的原則，不容許妄祭，《白虎通義》也強調這一點。《太平御覽》引《禮記・曲禮》十八字，文字不跟《白虎通義》全同，但意思則一，古籍引文的方式並非每字都跟足，劉氏就曾於其他地方提到過。

（四）偵錯考漏方面

　　劉氏說「粢」、「祭」因聲形接近而誤，證據似不充分，古字形並非很肖似。他於《白虎通義・論王與後親耕親桑之禮》「以供郊廟之祭」下案說曰：

　　「祭」當作「粢」，聲形相近而誤。《穀梁》桓十年〈傳〉、《禮記・祭
　　統》、《孟子・滕文公篇》、《公羊》何休《解詁》，並以「粢盛」與「祭
　　服」並沿，均其證。[註45]

[註40] 王聘珍：《大戴禮記解詁》（北京：中華書局，1983 年 3 月），頁 80。

[註41] 劉師培：《白虎通義斠補》，見陳立：《白虎通疏證》附錄三，頁 673。

[註42] 季乃禮：《三綱六紀與社會整合：由〈白虎通〉看漢代社會人倫關係》（北京：中國人民大學出版社，2004 年 2 月），頁 45。

[註43] 劉師培：《白虎通義斠補》，見陳立：《白虎通疏證》附錄三，頁 662。

[註44] 鄭玄注，賈公彥疏：《周禮注疏》，見於李學勤主編《十三經注疏》，（北京：北京大學出版社，1999 年 12 月），頁 1071。

[註45] 劉師培：《白虎通義斠補》，見陳立：《白虎通疏證》附錄三，頁 659，660。

「粢盛」是所謂的禮器。

「積、規」字形似乎不大相近，劉氏訂釋《白虎通義》時卻說為形近。他於《白虎通義・論三代歲異名》「二帝言載，三王言年，皆謂閏閩。至『三年之喪，其實二十五月。』知閏閩」下案云：

　　　　積、規形近。〔註46〕

若就「積、規」的小篆與簡帛文字相比對，左偏旁「禾、夫」僅僅有點形近。

劉氏以為他書引《白虎通義》多舛誤，故需要糾錯。所謂「錯」，有時被劉氏看作是「刪改未碻」〔註47〕，為慎重起見，希望能夠糾正缺漏，以防訛亂〔註48〕，最好是能夠以理糾錯。劉氏認為聲形相近易誤，而有錯當改。〔註49〕「偵錯考漏」就成為劉氏訂釋《白虎通義》所採取的應對步驟〔註50〕，全賴可靠的典籍考訂舛誤。〔註51〕

二、音韻

劉氏主張「聲義同源」，但我們都知道例外的情況總是有的，難一概而論，我傾向贊成他「古韻同部義多相近」比較平實的說法。

劉氏於《白虎通義・論名》「必桑弧者？桑者，相逢接之道也」下案說曰：

　　　　蓬从逢得義。「逢接」之「逢」，即釋「蓬」字之文也。〔註52〕

劉氏在《白虎通義》中加的案語與《左盦外集》卷6《正名隅論》裏說的即不全吻合。《正名隅論》云：

〔註46〕劉師培：《白虎通德論補釋》，見陳立：《白虎通疏證》附錄八，頁805。

〔註47〕劉師培：《白虎通義斠補》，見陳立：《白虎通疏證》附錄三，頁610。劉氏曾批評盧文弨「刪改未碻」。

〔註48〕劉師培：《白虎通義斠補》，見陳立：《白虎通疏證》附錄三，頁635。劉氏認為因為「脫釋管之詞」，遂「致訛亂」。

〔註49〕劉師培：《白虎通義斠補》，見陳立：《白虎通疏證》附錄三，頁659，660。劉氏覺得《白虎通義・耕桑篇》中「以供郊廟之祭」的「祭」當作「粢」，錯誤因聲形相近而誤。

〔註50〕劉師培：《白虎通義斠補》，見陳立：《白虎通疏證》附錄三，頁613，614。劉氏舉證建議補缺，應增加《白虎通義》引《禮緯》以證己說之詞。

〔註51〕劉師培：《白虎通義斠補》，見陳立：《白虎通疏證》附錄三，頁625，626。劉氏以《禮書》訂正今本《白虎通義》。

〔註52〕劉師培：《白虎通德論補釋》，見陳立：《白虎通疏證》附錄八，頁804。
劉師培：《白虎通義斠補》，見陳立：《白虎通疏證》附錄三，頁695。

逢從奉聲，有盛大之義。若逢字又兼高義，蓬、縫二字，又兼眾雜義。〔註53〕

林尹《訓詁學概要》評劉氏對「凡同聲多同義」中詳加的證述：

劉氏所說，雖不是十分精密的歸納，但也可見「古韻同部義多相近」的說法是可以成立的。〔註54〕

說的應是公允。

通轉指一個字在押韻等方面，顯示讀音從一個韻部轉入另一韻部的現象。劉氏於《白虎通義‧論異表》「帝嚳駢齒，上法月參，康度成紀，取理陰陽」下案云：

參與陽叶，古音陽、覃通轉。〔註55〕

因為某些古韻部可相互通轉，劉氏以為《白虎通義》裏的「忠」字與上下文押的是「終」字和「彰」字，「忠」、「終」同韻；「彰」字屬於「陽」部，「忠」、「終」字屬於「冬」部，〔註56〕似乎不會與「彰」字所屬的韻部通轉。劉氏訂釋《白虎通義》以古音音近作解。古來文章為求音節鏗鏘，非韻文的散文，有時也會押韻。劉氏無疑肯定《白虎通義》有押韻的情況，句子斷句就在押韻的地方。《白虎通義》舉了帝嚳和伏羲等聖人，說他們都具備異常外表，王仁祥《人倫鑒識起源的學術史考察（魏晉以前）》認為《白虎通義》受了術數的影響。〔註57〕不過，「參」（中古音「所金反」）、「陽」二字音讀在古代也只是相近而已。〔註58〕劉氏於《白虎通義‧論異表》「周公背僂，是謂強俊，成就周道，輔於幼主」下案說曰：

陳氏《疏證》云：「『俊』當為『後』，與下『主』韻叶。」今考《御覽》三百七十一正引作「後」，陳說是也。〔註59〕

〔註53〕劉師培：《正名隅論》，載《左盦外集》卷6，《劉申叔先生遺書》第46冊，民國寧武南氏印本，頁30。

〔註54〕林尹：《訓詁學概要》（台北：正中書局，2007年10月），頁140。

〔註55〕劉師培：《白虎通義斠補》，見陳立：《白虎通疏證》附錄三，頁676。

〔註56〕郭錫良：《漢字古音手冊》（北京：北京大學出版社，1986年11月），頁5，105，250，284。

王力：《同源字典》（北京：商務印書館），頁13。

〔註57〕王仁祥：《人倫鑒識起源的學術史考察（魏晉以前）》（台北：國立臺灣大學出版中心，2008年11月），頁293。

〔註58〕郭錫良：《漢字古音手冊》，頁5，230，256。

〔註59〕劉師培：《白虎通義斠補》，見陳立：《白虎通疏證》附錄三，頁677。

至於「周公背傴，是謂強後，成就周道，輔於幼主。」，「後」、「主」二字古同韻部，音讀較接近了。

　　劉氏於《白虎通義‧論崩薨異稱》「士曰不祿，失其忠節，不忠終君祿。祿之言消也，身消名彰」下案云：

　　　　「忠」與上下文叶韻，（即東、陽通轉。）奚可遽刪？竊以此文當作
　　　　「士曰不祿，失其忠不終君祿，言身消名彰」。餘均衍字。〔註60〕

從劉氏的話，我們知道《白虎通義》當中一些章節是押韻的。劉氏於《白虎通義‧論崩薨異稱》「魂魄去亡」下案說曰：

　　　　盧校云：「《通典》作『去心』。」今考《御覽》引《說題詞》亦作「心」。
　　　　惟「亡」與上下文叶韻，「心」字訛。〔註61〕

劉氏相信音同、音近可以作為訓釋的條件，不過最妥當的還需要通觀上下文。我認為顧及上下文，最合原意。他於《白虎通義‧論五藏六府主性情》「腎之言寫也」下案說曰：

　　　　《音義》引「寫」作「賓」。腎、賓音近，然與下誼不屬。〔註62〕

相同的句式還有「脾之言辨也」，劉氏於《白虎通義‧論五藏六府主性情》「脾之為言辨也」下案云：

　　　　今考慧琳《音義》七十七引作「辨」。則「辨」非訛字。又《玉篇》
　　　　「肉部」引作「裨」，裨、辨亦一聲之轉。〔註63〕

當然，顧及原有的上下文義有難度。

　　「庠音詳」，見《禮記正義》中的說明。《禮記‧鄉飲酒》：

　　　　鄉飲酒之義，主人拜迎賓于庠門之外，入三揖而后至階，三讓而后
　　　　升，所以致尊讓也。

陸德明《經典釋文》：

　　　　庠音詳。〔註64〕

陸氏釋《儀禮注疏》「至于階，讓，大夫先升一等」云：

〔註60〕劉師培：《白虎通義斠補》，見陳立：《白虎通疏證》附錄三，頁716，717。
〔註61〕劉師培：《白虎通義斠補》，見陳立：《白虎通疏證》附錄三，頁717。
〔註62〕劉師培：《白虎通義斠補》，見陳立：《白虎通疏證》附錄三，頁688。
〔註63〕劉師培：《白虎通義斠補》，見陳立：《白虎通疏證》附錄三，頁688。
〔註64〕鄭玄註，孔穎達疏：《禮記正義》，見於李學勤主編《十三經注疏》，（北京：北京大學出版社，1999年12月），頁1898。

　　是以〈聘義〉云「三讓而後升」。〔註65〕
是「三讓而后升」同「三讓而後升」。

　　劉氏支持盧校《白虎通義》，疑「庠」字疑當作「詳」，在聲音上有了證據。
他在《白虎通義‧論庠序之學》「庠者，庠禮義也」下案云：

　　　　盧校云：「次『庠』字疑當作『詳』。」孫氏《札迻》云：《一切經音
　　　　義》九引正作『庠之言詳也，以詳禮義之所也』。當據補正。……今
　　　　考原本《玉篇》「广部」引作「庠之言詳也，言所以詳禮儀之所也」。
　　　　較《音義》所引為尤完。〔註66〕

庠序就是學校，古代學校給人機會詳究禮儀。

　　劉氏推求古「施、易」同，考證經傳以訂釋《白虎通義》。他在《白虎通
義‧論王者接上下之稱》先引述盧文弨的話：

　　　　疑即〈盤庚〉「不惕予一人」之駁文。

「故《尚書》曰：『不施予一人。』」下案說曰：

　　　　「施」、「易」古互通。……易與施同。蓋德不迻君之義，與作「惕」
　　　　之義殊。〔註67〕

先師陳新雄教授著《古音學發微》亦謂「施、易」古多通用。

　　　　施易二字，古多通用，如《詩‧何人斯》「我心易也」，《釋文》易《韓
　　　　詩》作施。《戰國策‧韓策二》「易三川而歸。」《史記‧韓世家》作
　　　　「施三川。」是其例。〔註68〕

　　「宋人不諳音轉」，這是劉氏在《白虎通義‧總論巡狩之禮》「狩者，牧也」
下加的案語。「收、狩」古時聲和韻都無別，直接說根本是同音；「收、牧」古
音則勉強算接近。孔穎達疏《禮記‧王制》，宋人據改《禮記‧王制》的《疏》，
而阮元校《禮記‧王制》，把原來「巡者循也，守者收也」的「收」字，改成
「牧」字。〔註69〕是一個證明。而劉氏在《白虎通義‧論巡狩之禮》「巡者循
也，狩者牧也，為天下巡行守牧民也」下案說：

〔註65〕鄭玄註，賈公彥疏：《儀禮注疏》，見於李學勤主編《十三經注疏》，（北京：北
　　　　京大學出版社，1999 年 12 月），頁 481，482。
〔註66〕劉師培：《白虎通義斠補》，見陳立：《白虎通疏證》附錄三，頁 657。
〔註67〕劉師培：《白虎通德論補釋》，見陳立：《白虎通疏證》附錄八，頁 791。
〔註68〕陳新雄：《古音學發微》（台北：文史哲出版社，1983 年 2 月），頁 739。
〔註69〕鄭玄註，孔穎達疏：《禮記正義》，見於李學勤主編《十三經注疏》，頁 425。

> 宋人不諳收、狩音轉，以為收、牧音近，始改《疏》中各「牧」字為
> 「收」，未足依也。〔註70〕

劉氏深明音理，評論《白虎通義》中「牧民」不應改成「收民」，自然是對的
了。在這裏，劉氏直接提到「音轉」的名稱。「音轉」學說詳見賴金旺《劉申
叔先生及其訓詁學研究》第五章第二節的「劉申叔先生音轉說釋例」。〔註71〕
除了音同互通，劉氏同時看重字形是不是接近。他在《白虎通義》〈文質篇〉
下案說曰：

> 盧本據莊述祖說，改名「瑞贄」，乃玫「質」、「贄」二字，古字互通。
> 惟「文」、「瑞」字形匪近，故仍从舊本。〔註72〕

如訓「質」為「贄」的情況，古書屢見，不勝枚舉，學者多表支持，王力於其
《王力語言學論文集》就說：

> 「贄」字古通作「質」。〔註73〕

王叔岷《史記斠證》亦認為：

> 贄、質疊韻為訓，故贄亦作質。〔註74〕

劉氏支持「贄、質」古通是事實。

三、詞彙

　　古代漢語一個字可以是詞，兩個或兩個以上的字又可構成新詞，詞彙量由
是增加。詞彙量豐富，同一個意思可多用不同的方式表達。劉氏擅長使用語彙
來說明個人與社會的關係，緊繫國家社會利益，在訂釋《白虎通義》之餘，著
重分析一些核心詞彙，原來詞彙與詞彙間，無形中形成了一個核心術語群。劉
氏有能耐層分條析，就恰恰支撐起他對各事物分析明辨的學問，學術意義不說

〔註70〕劉師培：《白虎通義斠補》，見陳立：《白虎通疏證》附錄三，頁669。
　　　　柯響峰的碩士論文〈《白虎通義》音訓研究〉說《白虎通義》以「牧」訓「狩」
　　　　（柯響峰：〈《白虎通義》音訓研究〉，台灣玄奘大學大學碩士論文（2004年5
　　　　月），頁55。）
　　　　郭錫良：《漢字古音手冊》，頁5，107，174。
〔註71〕賴金旺：〈劉申叔先生及其訓詁學研究〉，台灣中國文化大學博士論文（2009年
　　　　5月），頁331～344。
〔註72〕劉師培：《白虎通義斠補》，見陳立：《白虎通疏證》附錄三，頁678，679。）
　　　　北京中華書局，1994年8月出版陳立的《白虎通疏證》，附錄三頁779實為頁
　　　　679，校對有誤，即頁779重出了。
〔註73〕王力：《王力語言學論文集》（北京：商務印書館，2000年6月），頁196。
〔註74〕王叔岷：《史記斠證》（北京：中華書局，1994年8月），頁2111。

自明。他解釋經典中「故」字的意思，就是為一字說解典故。像於《白虎通義·論衰》：「布衰裳、麻絰、箭笄、繩纓、苴杖，為略及本。絰者亦示也。故總而載之，示有喪也。」劉氏案云：

> 「亦」即「示」字之訛文而衍者。此文當作「絰者，示故也。總而載之，示有喪」也。「故」即《禮·曲禮》「君無故」「大夫無故」「士無故」之「故」，謂事變也。故重喪亦稱大故。此言麻絰所以示有故，合布衰諸制行之，所以示有喪。〔註75〕

劉氏分析說「故」字指「事變」。

我們一般說神話傳說故事自古流傳，多是有關遙遠的神奇事情，伏羲傳說則反映正在發生的事變，努力認識自然。劉氏於《白虎通義·論三皇五帝三王五霸》「論三皇」段後案云：

> 以伏羲、女媧、神農為三皇，亦為今文別說。其有兼數黃帝者，則由古文家五帝數少昊，故以黃帝列三皇，別為一誼。以《繁露》證之，則《通義》所云三皇五帝，並據周世所尊言。〔註76〕

能夠稱得上「皇」的，劉氏綜合《白虎通義》等文獻的意見，認同今文家的三皇含異說。文明初起，有三皇五帝之說，周朝以來認為「伏羲、神農」是兩位受尊敬的賢君。對於三皇，今文家有不同的說法，而古文家於五帝增一少昊。

二戴指戴德、戴聖，是西漢禮學今文大師，立於學官，劉氏以為《白虎通義》有關「五帝」的說法就襲自今《大戴禮記》。《白虎通義》謂「舜猶僢僢也，言能推信堯道而行之」。而劉氏加案語，謂他相信：

> 僢僢蓋取相互為義。〔註77〕

只要我們明白「僢·舜」的意蘊，根據段玉裁字義的解釋，提出「僢」有「相對」的意思，就知道劉氏有道理。段玉裁在《說文解字注》五篇下「舛，對臥也」下註曰：

> 又引伸之凡足相抵皆曰僢。〔註78〕

《白虎通義》裏提到的「子」一詞，除了解釋為「君子」外，意思也作「子

〔註75〕劉師培：《白虎通德論補釋》，見陳立：《白虎通疏證》附錄八，頁809，810。
〔註76〕劉師培：《白虎通義定本》卷一，見陳立：《白虎通疏證》附錄六，頁760，761。
〔註77〕劉師培：《白虎通義斠補》，見陳立：《白虎通疏證》附錄三，頁621。
〔註78〕段玉裁：《說文解字注》（上海：上海古籍出版社，1981年10月），頁234。

嗣」。無疑，《白虎通義》「子嗣」含意具強烈的階級性。〔註79〕《白虎通義·論君子為通稱》曰：

> 子者，丈夫之通稱也。

劉氏在《白虎通義·論君子為通稱》段後案云：

> 後人以「子」為卿大夫專稱，與此乖誼。〔註80〕

他補充了有別於《白虎通義》此處有關「子」詞義的詮釋給我們參考。

劉氏以為《尚書·盤庚》的「不惕予一人」，當為「德弗迋君」的意思，他在《白虎通義·論王者接上下之稱》「《尚書》曰：『不施予一人。』」句後案云：

> 盧云疑即〈盤庚〉「不惕予一人」之駁文。案施、易古同，疑今文《書》「惕」作「易」，因叚為「施」。據《通義》所引，當為德弗迋君之誼。〔註81〕

我想「不惕予一人」句的大意，是：「你們大臣隱藏了這種善德，不交給我。」

世子，一般說是君王的繼承人，劉氏在《白虎通義·論世子太子異稱》段後案云：

> 此節均用今文《詩》、今文《尚書》說。前說以天子諸侯之子均稱世子，後文二或說則以天子諸侯之子均有太子之稱。後一說似本古《左氏》。〔註82〕

而如劉氏引今文說，應是天子和諸侯的正妻所生的長子。

「國用」一詞，見於《管子》，指國家財用。〔註83〕「《白虎通義》君薨委政冢宰」，是說天子委政於冢宰，居喪之制亦繫於冢宰，又曰：

> 或曰冢宰視卿，《周官》所云也。

不過劉氏在《白虎通義·論天子即位改元》段後案云：

> 此節均用今《禮》、今《尚書》說，故以〈王制〉「制國用」為據。或說本古《周禮》說，僅以備異辭。〔註84〕

〔註79〕 季乃禮：《三綱六紀與社會整合──由〈白虎通〉看漢代社會人倫關係》（北京：中國人民大學出版社，2004年2月），頁141。

〔註80〕 劉師培：《白虎通義定本》卷一，見陳立：《白虎通疏證》附錄六，頁760。

〔註81〕 劉師培：《白虎通義定本》卷一，見陳立：《白虎通疏證》附錄六，頁759，760。

〔註82〕 劉師培：《白虎通義定本》卷一，見陳立：《白虎通疏證》附錄六，頁754，755。

〔註83〕 馬非百：《管子輕重篇新詮》（北京：中華書局，1979年12月），頁152，156。

〔註84〕 劉師培：《白虎通義定本》卷一，見陳立：《白虎通疏證》附錄六，頁758。

顯然劉氏懷疑冢宰爵位與俸祿如卿的說法，是出自古《周禮》。

「皇」，「子」，「僎、舜」，「世子」，「國用」，經劉氏訂釋《白虎通義》後，不期然形成了他心目中的一個「君國」核心術語群。

「天夫」一詞，《儀禮》疏有提及，〔註85〕劉氏憑著他對《白虎通義》的理解，支持盧本作「天夫」，反對另外作「大夫」的三個版本，確信作「天」是對的，他在《白虎通義・論諡後、夫人》「婦人大夫，故但白君而已。」句後案云：

> 盧本作「天夫」。陳氏《疏證》云：「大德本俞本作『大夫』，則『婦人』句逗。」今考程本、郎本亦並作「大夫」，惟自以作「天」為礧。蓋天子諡於郊，所以白天也，后僅白君，故引夫為婦天為說。
>
> 〔註86〕

我偏向於相信劉氏的看法。

《白虎通義》著重的是詳分綱紀，辨別名義，因為自己的兄弟很親近，故此分開兄和弟來稱呼。劉氏解釋：父親的兄弟指的是自己的哥哥或弟弟，不都稱為「伯叔」。他在《白虎通義・論詳論綱紀別名之義》「父之昆弟不俱謂之世叔」句後案云：

> 此謂父之昆弟不均稱世父，亦不均稱叔父也。盧本改為「世父」，非。
>
> 〔註87〕

「天夫」，「昆弟」，「世叔」，形成了一個「家族」核心術語群。

劉氏在《白虎通義佚文考》篇後案說：

> 「冬祀行」一語則著於〈月令〉。彼篇必援引斯文，以廣異說，當有
>
> 「或曰冬祀行」一節，行即祖神。〔註88〕

這裏的「祖」和遠遊、舟車所至等神靈的祭祀內容有關。又學者以為「冬祀行」祭井。〔註89〕諸學者所論資「廣異說」提供種種意見。

〔註85〕鄭玄註，賈公彥疏：《儀禮注疏》，見於李學勤主編《十三經注疏》，（北京：北京大學出版社，1999年12月），頁643。

〔註86〕劉師培：《白虎通義斠補》，見陳立：《白虎通疏證》附錄三，頁624。

〔註87〕劉師培：《白虎通義斠補》，見陳立：《白虎通疏證》附錄三，頁686。

〔註88〕劉師培：《白虎通義佚文考》，見陳立：《白虎通疏證》附錄五（北京：中華書局，1994年8月），頁745。

〔註89〕楊華：《新出簡帛與禮制研究》（台北：台灣古籍出版公司，2007年4月），頁130～132。

「煩手淫聲」，[註90]被古文經學家批評為大概是妄自彈擊的音樂，並非平和之聲，劉氏在《白虎通義・總論禮樂》段後案云：

> 古《春秋左氏》說則以鄭聲為蹢躅之音，即《傳》之「煩手淫聲」，
> 與此不同。[註91]

劉氏提出《白虎通義》分析謂今文派所說的「鄭聲」和古文派說法不同。吳靜安撰《春秋左氏傳舊注疏證續》在「於是有煩手淫聲，慆堙心耳，乃忘平和，君子弗聽也」句後疏證，引劉氏的話說：

> 此說本于《左氏》昭元年。蹢躅即鄭重之轉音。非劉向舍今文用古
> 文之證乎！[註92]

劉氏認為劉向採古文派說，可另參「蹢躅之音」。

胡適評述古代學者的研究方法，認為王弼與河上公都把「施」字解錯，而王念孫將「施」當作「邪」字解，[註93]胡氏就非常佩服這種考證法。張儒、劉毓慶《漢字通用聲素研究》考證「古施、易通用」，「施」「邪」和「易」字相互可通用的道理，[註94]就明白了。劉氏在《白虎通義・論四夷之樂》「辟易無別」句後案云：

> 「易」與「施」同義，訓為邪，故「辟易」並言。[註95]

《白虎通義》有不少詞彙、成語的來源與音樂相關。「日在懸輿」和「懸輿致仕」都是類似的成語。劉氏指出「日在懸輿」和「懸輿致仕」，相比是合理的。他在《白虎通義・總論致仕義》「臣年七十致仕者，至懸車，示不用也。」下引陳氏說云：

> 《春秋緯》、《淮南天文訓》皆以人年七十與日在懸輿同，故云「懸
> 車致政」，與此「懸車示不用」義異。

劉氏案說：

〔註90〕杜預註，孔穎達疏：《春秋左傳正義》，見於李學勤主編《十三經注疏》，（北京：北京大學出版社，1999 年 12 月），頁 1340。

〔註91〕劉師培：《白虎通義定本》卷二，見陳立：《白虎通疏證》附錄六，頁 780。

〔註92〕吳靜安：《春秋左氏傳舊注疏證續》（長春：東北師範大學出版社，2005 年 5 月），頁 798，799。

〔註93〕胡適：《問題與主義》（台北：遠流出版事業股份有限公司，1986 年 2 月），頁 165，166。

〔註94〕張儒、劉毓慶：《漢字通用聲素研究》（太原：山西古籍出版社，2002 年 4 月），頁 349，350。

〔註95〕劉師培：《白虎通義斠補》，見陳立：《白虎通疏證》附錄三，頁 633。

「日在懸輿」，即以人之懸車相比，似異而實同。陳說非是。〔註96〕王充〈自紀〉一文中就有「年逾七十，時可懸輿」的話，〔註97〕「懸輿」意即「致仕」，意思無別。

雖列出「桶、硧、捅、埇」等幾個近義而偏旁形體相同的詞，劉氏在《白虎通義·論五嶽四瀆》「嶽之為言桶也，桶功德」句後案云：

> 今考《舜典》《疏》引作「捅考功德也」。《說文繫傳》十八引作「嶽，硧也，王者巡狩硧功德也」。慧琳《音義》一引作「捅同功德也」。
> 原本《玉篇》〈山部〉引作「岳之言埇也」。《詩·大雅·崧高》《疏》及《釋文》則均引「捅」作「桶」。〔註98〕

劉氏沒有考證出「桶、硧、捅、埇」真正同源的線索，可能作他日進一步研究《白虎通義》詞源或詞族作備考吧。

「祖」，「煩手淫聲」，「邪」，「日在懸輿」，「桶、硧、捅、埇」，形成了一個「行遊、辭官回家」核心術語群。

四、語法、屬詞

古人立言屬詞，指現在所說的語法學、修辭學，任務是樹立精要可傳的言論。古漢語語法系統的功能，首先是研究句子。「屬辭」則包括構詞法、詞法、句法、修辭等方面的問題。

文法是文章的書寫法則，劉氏在《白虎通義·論三考黜陟義》「三而不改，雖反無益矣」下案說：

> 《嫁娶篇》云：「九而無子，百亦無益也。」與此文法正同。「反」疑「百」之訛。〔註99〕

我覺得劉氏這裏說的「文法」略同於「句式」。

屬於書寫法則的有「聯文」語法，劉氏在《白虎通義·論制爵五等三等之異》「侯者百里之正爵，士上可有次，下可有第」句後案云：

> 盧本刪「士」字，非也，「士」乃「土」字之訛。爵、土聯文。〔註100〕

劉氏認為是「爵土」而非「爵士」，憑的是靠「爵、土」二字該連起來讀，

〔註96〕劉師培：《白虎通德論補釋》，見陳立：《白虎通疏證》附錄八，頁799。

〔註97〕陳拱：《王充思想評論》（台北：臺灣商務印書館，1996年6月），頁44。

〔註98〕劉師培：《白虎通義斠補》，見陳立：《白虎通疏證》附錄三，頁670，671。

〔註99〕劉師培：《白虎通德論補釋》，見陳立：《白虎通疏證》附錄八，頁801。

〔註100〕劉師培：《白虎通義斠補》，見陳立：《白虎通疏證》附錄三，頁611。

是一句，不是兩句，他覺得這樣讀才有意思。另有一例是在《白虎通義·論三皇五帝三王五霸》「楚勝鄭而不，告從而攻之」句後案云：

> 陳氏《疏證》云：「當云『楚勝鄭而不有，從而赦之』。」易「攻」
> 為「赦」，是也。惟《公羊》宣十二年《傳》言「告從不赦不祥」，
> 《韓詩外傳》六作「人告以從而不舍」，則告、從聯文。「告」非有
> 訛，蓋「不」下挩一字。（《公羊傳》言「不要其土」，或係「要」字。）
> 當云「楚勝鄭而不□，告從而赦之」。〔註101〕

劉氏以為《白虎通義》的原文該作「楚勝鄭而不□，告從而赦之。」不過，劉氏說的「聯文」和語文學家認為的「聯文」，未盡相同。〔註102〕

相反義項組合成「對文」，劉氏舉《白虎通義》的例有《白虎通義·論五刑》：「公家不出，大夫不養。」他在句後案曰：

> 「出」疑「生」字之誤。《禮記·王制》：「是故公家不畜刑人〔生〕。」
> 又曰：「示弗故生也。」生猶養也。（《周禮·太宰》「五曰生以馭其
> 福」，鄭《注》：「生猶養也。」）生、養對文，與春生夏養對文同。
> 〔註103〕

相反義項的組合實不難判斷：《白虎通義·論九族》：「故與禮母族，妻之黨廢，禮母族父之族，是以貶妻族，以附父族也。」劉氏在句後先引盧文弨的話作討論：

> 盧云：「大約謂民有厚母族薄父族，厚妻族薄母族者。」

劉氏隨後案云：

> 此數語不可通。以義審之，「與」當作「興」，興、廢對文，即升降
> 也。此言以母族與妻之黨較則升其禮，以母族與父之族較則貶其禮。
> 故妻族貶為二，父族益為四，而母族仍其三，以見母族厚于妻黨，
> 薄于父族也。〔註104〕

興、廢對文的意思容易解釋，但母族父族的厚薄升降，就不大好領略了。

句逗是誦讀語句時適宜斷句的地方。劉氏在《白虎通義·論諡後、夫人》「婦人大夫，故但白君而已」句後案云：

〔註101〕劉師培：《白虎通義斠補》，見陳立：《白虎通疏證》附錄三，頁 622。
〔註102〕楊劍橋：《實用古漢語知識寶典》（上海：復旦大學出版社，2003 年 8 月），頁 237，238。
〔註103〕劉師培：《白虎通德論補釋》，見陳立：《白虎通疏證》附錄八，頁 806。
〔註104〕劉師培：《白虎通德論補釋》，見陳立：《白虎通疏證》附錄八，頁 804。

盧本作「天夫」。陳氏《疏證》云:「大德本俞本作『大夫』,則『婦人』句逗。」〔註105〕

有時,劉氏會親自把較難斷句的文章加上句逗,方便說明。在《白虎通義‧論崩薨異稱》「士曰不祿,失其忠節不忠。終君之祿,祿之言消也,身消名彰」下案說:

竊以此文當作「士曰不祿,失其忠不終君祿,言身消名彰」。〔註106〕

劉氏斷句有理。

劉氏說漢代稱「子」為君子,可見於《白虎通義》;後人則稱「子」為卿大夫。在《白虎通義‧論君子為上下通稱》段後案說:

後人以「子」為卿大夫專稱,與此乖誼。〔註107〕

稱師曰夫子,根據劉氏的考量,這樣措詞反映的思考觀念,是個「由君子以至於卿大夫」的歷史發展過程。余英時〈儒家「君子」的理想〉一文辨之最詳。〔註108〕

漢字中同音字多,這些字的聲母、韻母和聲調都完全一致。若字的聲母、韻母或聲調稍稍有分別,就成了音近字。古漢語的同音字,難以用現代的讀音去衡量,要用古音去衡量。劉氏判定《白虎通義》於爵稱,多以音近之字為訓。他在《白虎通義‧論制爵五等三等之異》段後案說:

公訓通,侯訓候,子訓孳,男訓任,均以音近之字為訓。〔註109〕

劉氏《白虎通義‧論制爵五等三等之異》所舉上文「公訓通」、「侯訓候」、「子訓孳」、「男訓任」作解釋,類比了公侯子男四級封侯,以相同句式,組成與之前後呼應的排比句為訓,並列為「某訓某」的形式。李雪山《商代封國方國及其制度研究》得出自己的結論:

卜辭中男、任都是爵稱,且互為通假。〔註110〕

循此線索推斷,男、任爵稱,似乎可以上溯至商代。「男訓任」也能夠以語法、屬詞的辦法解釋。

〔註105〕劉師培:《白虎通義斠補》,見陳立:《白虎通疏證》附錄三,頁624。

〔註106〕劉師培:《白虎通義斠補》,見陳立:《白虎通疏證》附錄三,頁716,717。

〔註107〕劉師培:《白虎通義定本》卷一,見陳立:《白虎通疏證》附錄六,頁760。

〔註108〕余英時:〈儒家「君子」的理想〉,見《中國思想傳統的現代詮釋》(南京:江蘇人民出版社,2006年6月),頁155。

〔註109〕劉師培:《白虎通德論補釋》,見陳立:《白虎通疏證》附錄八,頁788。

〔註110〕李雪山:《商代封國方國及其制度研究》,(安陽:安陽師範學院,2002年8月),頁27。

劉氏利用《經傳釋詞》「即」訓「若」的研究成果，解釋為甚麼《白虎通義》論及諸侯不可言王侯，假若有這樣的事情發生，易招諸侯僭越篡位。他在《白虎通義・論天子諸侯爵稱之異》「天子爵連言天子，諸侯爵不連言王侯何？即言王侯，以王者同稱，為衰弱僭差生篡弒，猶不能為天子也，故連言天子也」下案說：

> 即訓為若。（其證即見王氏《經傳釋詞》。）言天子諸侯，名分闊絕，
>
> 與王侯位號相近者不同，故可言天子，諸侯不可言王侯也。〔註111〕

按《經傳釋詞》以「即」訓「若」〔註112〕，解釋關鍵的一個字，為難解文意作分析，上面《白虎通義・論天子諸侯爵稱之異》一段就渙然冰釋。

劉氏提示我們應該注意依據古漢語句式特點，把握其意義與作用，如用「猶之」將「可以」和「可與」說明第二組詞與第一組詞是一種對等關係，也就是說「可以」用作「可與」。在《白虎通義・論封諸侯親賢之義》「故可以共土也」下劉氏案說：

> 「可以」猶之「可與」。〔註113〕

劉氏舉《左傳》疏引了《白虎通義》的例子〔註114〕，不過這例的文字、句式和《白虎通義斠補》的不大相同，似乎只能說劉氏引用為廣異說。他在《白虎通義・總論五行》「言行者，欲言為天行氣之義也」下案說：

> 《左傳》昭二十五年《疏》引作「言為天行氣，故謂之五行」。
>
> 〔註115〕

這種廣異說可以看作是詞的廣異說。

五、校勘

校勘之學是校正文字的異同。劉氏在《白虎通義・封禪篇》「龜，介蟲之長也」下案說：

> 以「鳳凰，禽之長」一語例之，必係〈封禪篇〉佚語。〔註116〕

〔註111〕劉師培：《白虎通德論補釋》，見陳立：《白虎通疏證》附錄八，頁789。
〔註112〕王引之：《經傳釋詞》（長沙：嶽麓書社，1985年4月），頁185。
〔註113〕劉師培：《白虎通義斠補》，見陳立：《白虎通疏證》附錄三，頁638。
〔註114〕杜預註，孔穎達疏：《春秋左傳正義》，見於李學勤主編《十三經注疏》，（北京：北京大學出版社，1999年12月），頁1668。
〔註115〕劉師培：《白虎通義斠補》，見陳立：《白虎通疏證》附錄三，頁642。
〔註116〕劉師培：《白虎通義斠補》，見陳立：《白虎通疏證》附錄三，頁668。

劉氏以相近語例證諸《白虎通義》的佚語。古人將動物統稱為蟲，而鳳凰乃禽中之長，根據語例，劉氏把兩條資料歸為一篇。

　　劉氏整理不同版本，表示《白虎通義》流傳的內容或小異，可以並存。在《白虎通義・論五藏六府主性情》「小腸、大腸，心肺之府也」下案說：

> 《音義》五引作「有大腸有小腸者，（此上當疊「小腸」二字。）心之府也。大腸者，肺之府也」。《續音義》二引作「小腸者，心之府也。腸（上挩『大』字。）者，肺之府也」。均以大小腸分屬心肺，與元本合，與小字本不合，與四十三所引以三膲為腎之府亦不合。

> 竊以《通義》本載兩說：一以大小腸屬心，故膀胱為肺府，三焦為腎府。一以大小腸分屬心肺，故膀胱為腎府，三包別為包絡府也。
> 〔註117〕

劉氏細心訂釋《白虎通義》，認為《白虎通義》本載兩說。的確，《白虎通義》其中的一個特色是廣異說，容納多方意見，這似乎是白虎觀會議記錄的殘留，縱然意見分歧，然而直至成書後，仍保留部分討論內容如舊，有別於一般作者寫書時具強烈的個人特色。

　　校勘《白虎通義》時，劉氏注意到《白虎通義》的流傳版本可能有併合兩字為一的情況。他在《白虎通義・論五藏六府主性情》「人怒無不色青目眹張者」後案說：

> 此疑正文作「目眹」，或本作「張」，校者併合為一。〔註118〕

「眹」，張大眼睛的意思，的確和「張」字重出了，校者犯了意思重複的毛病。

　　劉氏比對《白虎通義》的不同版本，看出宋時《白虎通義》版本與較早版本的相異；若改動輕微，不影響大局的，劉氏自然不作深研。遇有兩字義同的，亦不浪費心力特地去改。而他在《白虎通義・論妻諫夫》「夫婦榮恥共之」下案說：

> 盧本據《御覽》引於「榮」上增「一體」二字。今考王應麟《困學紀聞》三所引無此二字，則宋本已挩。〔註119〕

〔註117〕劉師培：《白虎通義斠補》，見陳立：《白虎通疏證》附錄三，頁691。
　　　　　何師廣棪建議於「心之府也」前，應當作「疊『小腸者』三字」，而非「疊『小腸』二字」，何師所說是。
〔註118〕劉師培：《白虎通德論補釋》，見陳立：《白虎通疏證》附錄八，頁804。
〔註119〕劉師培：《白虎通義斠補》，見陳立：《白虎通疏證》附錄三，頁653。

《困學紀聞》是南宋學者王應麟（1223～1296）所撰，屬於考證劄記性質的專著，劉氏以之比較《白虎通義》版本，可以知道宋本《白虎通義》的闕漏。劉氏又在《白虎通義・論養老之義》「祀於明堂，所以教諸侯之孝也。享三老、五更於太學，所以教諸侯之悌也」下案說：

> 《初學記》、《藝文類聚》二書所引並無兩「也」字。今考《玉海》所
> 引亦同，足訂今本之誤。〔註120〕

劉氏曾參考《初學記》、《藝文類聚》以及《玉海》，糾正今本《白虎通義》，所訂正只是小如兩個語尾的「也」字，諒不影響文意。及後，劉氏在《白虎通義・論社稷之義》「不正月祭稷何？禮不常存，養人為用，故立其神」下案說：

> 盧校云：「疑『禮』或『稷』之訛。」其說是也。「不」乃衍字。此言
> 不正月祭稷，而立其神，因稷之為物常存，而為養民之用也。〔註121〕

在改正字後，劉氏接著解釋《白虎通義》整句的意思，劉氏認同「不正月祭禮」應作「不正月祭稷」，我覺得劉氏判斷正確。

虞世南《北堂書鈔》卷87〔註122〕引述的和劉師培所說原本《北堂書鈔》的「天子之社闊五丈，諸侯社半之」比較正同。劉氏在《白虎通義・論社稷之壇》「《春秋文義》曰：天子之社稷廣五丈，諸侯半之」下案說：

> 原本《書鈔》八十七引作「天子之社闊五丈，諸侯社半之」。〔註123〕

虞世南著的《北堂書鈔》，可能就是劉氏參考的原本。

《穀梁傳》一般認為屬於「今文經」。今古文經的不同，不僅在於書寫文字的差異，還有多方面的分別。《白虎通義・總論三軍》：「《穀梁傳》曰：『天子有六軍，諸侯上國三軍，次國二軍，小國一軍。』」劉氏案說：

> 下釋一軍，明以《穀梁》為本也。〔註124〕

又云：

> 孫氏《札迻》云：「此即《王制》說，與《穀梁傳》『古者天子六師，
> 諸侯一軍』不合。下止云『諸侯所以一軍者何』，則不當有『上國三

〔註120〕劉師培：《白虎通義斠補》，見陳立：《白虎通疏證》附錄三，頁655。
〔註121〕劉師培：《白虎通義斠補》，見陳立：《白虎通疏證》附錄三，頁628。
〔註122〕虞世南：《北堂書鈔》卷87，（北京：中國書店，1989年），頁325。
〔註123〕劉師培：《白虎通義斠補》，見陳立：《白虎通疏證》附錄三，頁628。
〔註124〕劉師培：《白虎通德論補釋》，見陳立：《白虎通疏證》附錄八，頁798。

軍，次國二軍」之說。蓋淺學妄增。」其說近是。……當云「《穀梁傳》曰『天子六師，諸侯一軍』。〔註125〕

從劉氏的釋說，教我們明白《白虎通義》雖為今文，與同屬今文的《公羊》、《穀梁》亦有不同處。劉氏在《白虎通義·論天子諡諸侯》段後案說：

> 此節均用今文《春秋》、今《禮》說。古《左氏》說無其文，似以諸
> 侯之諡亦為臣下所制，與《穀梁》、《公羊》殊。〔註126〕

劉氏同意諸侯之諡亦為臣下所制。

總覽《白虎通義》有關論王臣不能做諸侯的臣下，任劉氏對盧文弨的校改作了不算大的改動，大意仍是針對失去封地而託寄居住別國的人。劉氏在《白虎通義·論王臣不仕諸侯異義》「《春秋傳》曰：許公不世，待以初」下案說：

> 盧本從梁履繩校改「許」為「寓」，然「許」、「寓」字形匪近，「許」
> 或「託」訛，疑當作「託寄之公不世」。何休《公羊》桓七年「穀、
> 鄧來朝」《解詁》云：「今失爵亡土，來朝託寄也。」是其證。〔註127〕

因為王臣的身分和諸侯同等，王的臣下是不容許為諸侯的臣下。

劉氏分析「天子諸侯爵稱之異」一節屬今文，含兩種不同說法，一是以王侯並稱，如果說王侯，則諸侯與天子並列相似，易生僭越甚至冒犯奪權位的情況；另一說是王是上天給予的爵位，王是王，侯是侯，王、侯無法混倒在一起。劉氏在《白虎通義·論天子諸侯爵稱之異》段下說：

> 案此節蓋亦今文誼，二說不同。前說以王侯並稱，侯將上僭。後說
> 謂王侯之爵以天人區。〔註128〕

總之，《白虎通義》反對把「王」、「侯」並稱的做法。

劉氏組織資料，並據《白虎通義·論制爵五等三等之異》的一段原文整理如下：殷代公居一百里，侯七十里，合子男從伯。周則公百里，至於侯，劉氏主張加上「公則合侯從公」一句。《白虎通義·論制爵五等三等之異》：「殷家所以令公居百里，侯居七十里何也？封賢極於百里。其政也，不可空退人，示優賢之義，欲褒尊而上之。」劉氏在下案說：

> 「侯居七十里」以下當補「周則合侯從公」六字。此釋上文〈王制〉

〔註125〕劉師培：《白虎通德論補釋》，見陳立：《白虎通疏證》附錄八，頁650。
孫詒讓：《札迻》（濟南：齊魯書社，1989年7月），頁309。
〔註126〕劉師培：《白虎通義定本》卷二，見陳立：《白虎通疏證》附錄六，頁768。
〔註127〕劉師培：《白虎通義斠補》，見陳立：《白虎通疏證》附錄三，頁673。
〔註128〕劉師培：《白虎通義定本》卷二，見陳立：《白虎通疏證》附錄六，頁752。

> 公侯田方百里，及人皆千乘，象雷震百里之文也。言殷制，侯僅七
> 十里，周則與公同封百里，不降公從侯而必尊侯從公，由于不空退
> 人及優賢也。上節云：「所以合子男從伯者何？王者受命，改文從質，
> 無虛退人之義，故上就伯也。」二節詞義略符。〔註129〕

也就是說，公、侯封的土地相侔，都是一百里。再者，伯五十里，子五十里，
男也是五十里。

　　於《白虎通義‧論四夷之樂》後，劉氏加案語所論《周禮疏》、《詩正義》，
都引用了同一段文字，較大不同的地方，是選擇「拘中國」、「均中國」那組詞
的解釋。《白虎通義‧論四夷之樂》：「王者制夷狄樂，不制夷狄禮，何以為？
禮者，身當履而行也。夷狄之人不能行禮。」劉氏舉《周禮疏》云：

> 即為夷禮，（此從《詩》《疏》、《周禮》《疏》作「不制禮」，誤。）
> 恐夷人不能（《詩》《疏》作「宜」。）隨中國禮（《周禮》《疏》引下
> 有「故」字。）也。「均」或作「拘」。〔註130〕

以下是賈公彥於《周禮》《疏》中的陳述：

> 按《白虎通》云「王者制夷狄樂，不制夷狄禮」者，所以拘中國。不
> 制禮，恐夷人不能隨中國禮故也。〔註131〕

劉氏也據《周禮》《疏》，認為《白虎通義》不相信「夷人能隨中國禮」來校勘。

　　劉氏自謂由幾本書所引來觀察，是笙為正月之音，理由不外是眾物開始在
正月生長。至於管為十二月樂，似乎缺乏充分說服力。《白虎通義‧論五聲八
音》「匏之為言施也，牙也。在十二月，萬物始施而牙。笙者，大蔟之氣，象
萬物之生。」劉氏案說：

> 由三書〔《初學記》、《北堂書鈔》、《太平御覽》〕所引觀之，……又
> 以《說文》、《風俗通誼》（〈聲音篇〉）證之。〔註132〕

在短短一段文字裏，劉氏自謂先以《初學記》、《北堂書鈔》、《太平御覽》三書
審視，後以《說文解字》、《風俗通誼》為證，不可謂不詳贍。

　　也是《白虎通義‧論五聲八音》，劉氏在《白虎通義‧論五聲八音》「琴者，
禁也。所以禁止淫邪，正人心也」下案說：

〔註129〕劉師培：《白虎通義定本》卷二，見陳立：《白虎通疏證》附錄六，頁612。
〔註130〕劉師培：《白虎通義斠補》，見陳立：《白虎通疏證》附錄三，頁632。
〔註131〕鄭玄、賈公彥：《周禮注疏》，見李學勤：《十三經注疏》（北京：北京大學出
　　　　版社，2000年12月），頁744。
〔註132〕劉師培：《白虎通義斠補》，見陳立：《白虎通疏證》附錄三，頁635。

又案《玉海》一百十引《白虎通》云：「琴始自伏羲所作。」疑此節

挩文。〔註133〕

劉氏認為《白虎通義》應該補上「琴始自伏羲所作」，則劉氏補全的《白虎通

義》與蔡邕《琴操》序首都表示古代傳說中的聖哲伏羲首制琴〔註134〕，以正

人心。二處皆指出「伏羲作琴」，伏羲是傳說人物，當然這是一段神話傳說的

攀附，其實算不得準。

劉氏說今《禮》、今文《春秋》都以為「士非爵」，與古《周禮》說以士亦

爵稱不同。在《白虎通義・論王臣爵稱》段後案說：

此節均用今《禮》、今文《春秋》說，故云「士非爵」。古《周禮》說

則以士亦爵稱，與此不同。〔註135〕

劉氏歸納諸說，謂今文派主「士非爵稱」，一些古文派則以「士為爵稱」。

《荀子・禮論》：「一使足以成文理。」注引王肅：「一，皆也。」〔註136〕

在《白虎通義・論封諸侯親賢之義》「一人使封之」後，劉氏案說：

「一使」猶言「壹使」。〔註137〕

劉氏案謂「『一使』猶言『壹使』」，並未道出根據的文例，可能劉氏覺得太簡

單，其實出處見《荀子・禮論》「一使足以成文理」，比較劉氏已提到的《禮記・

三年問》「壹使足以成文理」，兩段文字排列出來才較方便理解。〔註138〕

《禮記・曲禮下》疏引《白虎通義》云：「一穀不升徹鶉鷃，二穀不升徹

鳧鴈，三穀不升徹雉兔，四穀不升損囿獸，五穀不升備三牲。」〔註139〕劉氏

既謂盧本根據以上《禮記・曲禮下》《疏》及《詩經・大雅・雲漢》《疏》所補

〔註133〕劉師培：《白虎通義斠補》，見陳立：《白虎通疏證》附錄三，頁636。

〔註134〕蔡邕：《琴操》，見阮元輯：《宛委別藏》（南京：江蘇古籍出版社，1988年2
月），頁1。

陸侃如：《中古文學繫年》（北京：人民文學出版社，1985年6月），頁6，7。

有以為桓譚作《琴操》，然而陸侃如《中古文學繫年》謂《琴操》決非桓譚所
作。

〔註135〕劉師培：《白虎通義定本》卷一，見陳立：《白虎通疏證》附錄六，頁750，
751。

〔註136〕梁啟雄：《荀子簡釋》（北京：中華書局，1983年1月），頁272。

〔註137〕劉師培：《白虎通義斠補》，見陳立：《白虎通疏證》附錄三，頁638。

〔註138〕何志華：《〈荀子〉與先秦兩漢典籍重見資料彙編》（香港：中文大學出版社，
2005年），頁181。

〔註139〕鄭玄註，孔穎達疏：《禮記正義》，見於李學勤主編《十三經注疏》，（北京：
北京大學出版社，1999年12月），頁140。）

的正確無誤，但另一版本所云的《禮》曰：「一穀不備雞鶩，二穀不升不備三牲。」亦不誤，劉氏自稱這種兼備異文的情況，就叫「兼注異同」於其下。《白虎通義・論記過徹膳之義》「《禮》曰：『一穀不升，不備雞鶩；二穀不升，不備三牲。』」劉氏在下案說：

> 盧本據〈雲漢〉《疏》及《禮記・曲禮下》《疏》所引，改為「一穀不升，不備（案：兩《疏》所引並作「徹」。）鶉鶩：二穀不升，不備（〈雲漢〉《疏》作「去」，《曲禮》《疏》作「徹」。）鳧雁；三穀不升，不備（〈雲漢〉《疏》作「去」，《曲禮》《疏》作「徹」。）雉兔；四穀不升，不備（《詩》《疏》作「去」，《曲禮》《疏》作「損」。）囿獸；五穀不升，不備三牲」。所補是也。故兼注異同於其下。〔註140〕

劉氏提出「兼注異同」這術語，是從疏解中求真見，也是「廣異同」的一例。

劉氏在案語中說他發現《白虎通義・論諸侯襲爵》引用了《曲禮》〈疏〉的文字。〔註141〕他在《白虎通義・論諸侯襲爵》「上受爵命於天子何？明爵者天子之所有」下案說：

> 陳立《疏證》云：「《禮記》《疏》引《韓詩內傳》云：『上受爵命於天子，乃歸自即位何？明爵者天子有也。』」今考《曲禮下》《疏》所引，即《通義》之文。〔註142〕

一般認為《韓詩內傳》已經亡失，今存的只是後人輯佚本。

在同一章內，劉氏在《白虎通義・論諸侯襲爵》「童子當受父爵命」下案說：

> 盧本據《通典》改為「當受爵命者」，是也。《曲禮下》《疏》引同。
> 〔註143〕

劉氏認為《白虎通義》襲用了《曲禮》《疏》的文字。〔註144〕

觀察劉氏合勘《白虎通義》的文章，只是校勘一些誤字，真正的改動其實不算大。《白虎通義・論衰》：「布衰裳、麻絰、箭笄、繩纓、苴杖，為略及本經者，亦示也。」劉氏在下案說：

〔註140〕劉師培：《白虎通義斠補》，見陳立：《白虎通疏證》附錄三，頁653。
〔註141〕鄭玄註，孔穎達疏：《禮記正義》，見於李學勤主編《十三經注疏》，頁149。
〔註142〕劉師培：《白虎通義斠補》，見陳立：《白虎通疏證》附錄三，頁617。
〔註143〕劉師培：《白虎通義斠補》，見陳立：《白虎通疏證》附錄三，頁617。
〔註144〕鄭玄註，孔穎達疏：《禮記正義》，見於李學勤主編《十三經注疏》，頁149。

《書鈔》九十三引此文云：「衰裳、麻緦、蕭笄、繩纓、苴杖，皆為
橫路，乃為本也。」雖多誤字，然故本之跡猶可尋求；合而勘之，
知當作「布衰裳、麻絰、箭笄、繩纓、苴杖，皆為粗略，乃為本也。
絰者亦本也」。〔註145〕

也是《白虎通義・論衰》：「知死者則贈襚，所以助生送死，追恩重終，副至意
也。……貨財曰賻，車馬曰賵。」劉氏在下案說：

「追恩重終」均作「追遠思終」，《音義》所引亦「恩」作「思」。合
而勘之，則「追恩」四字乃「追遠思終」之訛。〔註146〕

劉氏參考了幾個版本，保留「追……終」的格式與「思」字，謂「追恩重終」
當作「追遠思終」，他的改動有根據。

《說文解字繫傳》引《白虎通義》曰：「唐叔之禾，大，幾盈車；長，幾
充箱。」〔註147〕劉氏判斷《說文解字繫傳》將「唐叔之禾」放在「大，幾盈
車；長，幾充箱」等語上，是「以意為說」。他在《白虎通義・論符瑞之應》
「成王訪周公而問之」下案說：

《說文繫傳》引上「大幾盈車」二語上云「唐叔之禾」，蓋以意為說
耳。〔註148〕

忖度劉氏的解說是《白虎通義》和《說文解字繫傳》的記載不盡相同，只要針
對「說」的取義，再指涉上下文，則其意在以「意」為說的論點上，遂自成一
完整的論述。

劉氏採用的《白虎通義》版本作「太平乃封知告於天必也，〔於岱宗何？〕」
或有版本斷句作「太平乃封知告於天，必也於岱宗何？」劉氏用「對校法」，
根據他相信的版本，確定「必」與「畢」同；再循他往後的詮釋，又了解他把
「畢」解釋為「終」，我理解劉氏要將「必」說為「做成」的意思。天下太平
可以進行封禪告天的儀式，告天的事將要做成。他在《白虎通義・論封禪之義》
「太平乃封知告於天必也」下案說：

「必」與「畢」同，此謂時已太平，則告天之事將終，故可行封禪
告天之禮。〔註149〕

〔註145〕劉師培：《白虎通義斠補》，見陳立：《白虎通疏證》附錄三，頁714。
〔註146〕劉師培：《白虎通義斠補》，見陳立：《白虎通疏證》附錄三，頁718，719。
〔註147〕徐鍇：《說文解字繫傳》（北京：中華書局，1987年10月），頁142。
〔註148〕劉師培：《白虎通義斠補》，見陳立：《白虎通疏證》附錄三，頁668。
〔註149〕劉師培：《白虎通義斠補》，見陳立：《白虎通疏證》附錄三，頁664。

王叔岷著《史記斠證》，於「殷本紀」卷，謂「於是諸侯畢服」句中，「畢」古通「必」，〔註150〕為了王氏考核多個可靠的本子。劉氏的論據有了學者的旁證，可以採納。

劉氏注意到《白虎通義·論諸侯襲爵》中，有一段文字「復尊卑長幼之義」，與下文「故以事閒暇，復長幼之序也」有相近的句式，所以想到襲用相同的詞語，令兩個不相連的文句意義更貼近。他在《白虎通義·論鄉飲酒》「故以事閒暇，復長幼之序也」下案說：

> 上云「復尊卑長幼之義」，此語似應有「尊卑」二字。〔註151〕

也可以說劉氏是用了「校勘四法」中的「本校法」，比較本書上下文，用本書的語言、知識、文字等各項資料作為依據，校勘時發現並訂正錯誤。且前提是劉氏掌握《白虎通義》本書內容和思想，已盡力避免主觀臆斷。所以我覺得劉氏說可信。

劉氏在驗證《白虎通義》內容時，利用與《白虎通義》相關的文獻資料來勘查，像在《白虎通義·總論射義》「明尊者所服遠也，卑者所服近也」下案說：

> 《通典·禮》三十七「服近」作「制近」，《山堂考索前集》三十七同。〔註152〕

諸侯與群臣射箭靶，尊貴的射遠，所以諸侯射程遠，臣子射程近。《通典》網羅唐代以前的禮籍，敘述禮儀詳贍無過於《通典》，劉氏所以用它來校勘性質內容部分相近的《白虎通義》。《山堂考索前集》被視作一部類書，可以校勘宋代以前相關禮的記載。

孔子死，弟子把他接受的璜玉隨葬於魯城之北，這是《白虎通義》的說法。盧文弨相信季氏家臣陽虎想要用本屬於魯君的璵璠，即以魯君的美玉入殮。季平子（？～前505）死後，他的家臣陽虎要用璵璠給他裝殮，孔子不同意用璵璠殉葬。劉氏以為爭拗點在於美玉是魯君生前所配戴，抑魯君賜給大夫所用的美玉。前者是孔子反對的行為，後者則不為孔子所反對的。在《白虎通義·總論射義》「孔子卒，所以受魯君之璜玉葬魯城北」下，劉氏先錄盧文弨的說法：

> 盧云：「《援神契》以為黃玉所下者，長三尺。《緯書》之文固皆空造，

〔註150〕王叔岷：《史記斠證》（北京：中華書局，2007年7月），頁84。
〔註151〕劉師培：《白虎通義斠補》，見陳立：《白虎通疏證》附錄三，頁654。
〔註152〕劉師培：《白虎通義斠補》，見陳立：《白虎通疏證》附錄三，頁654。

即此所言亦不足信。夫子于季平子卒，將以君之璵璠斂，猶歷階而爭，豈門人未聞？其為非實明矣。」

然後劉氏案說：

赤虹化玉，固出《緯書》，至于魯賜瓆玉，大夫所得用，與璵璠非人臣可用者不同。孔子之爭，以其用君玉，非以斂不當用玉也。盧引以駁此說，未為篤論。〔註153〕

劉氏這裏是用上理校法。從事校勘時，別無旁證，難以用「本校法」、「對校法」及「他校法」時，只好用其他方法處理，現在劉氏用了理校法。

《白虎通義‧論書契所始》云：

《春秋》何常也？則黃帝以來。何以言之？《易》曰：「上古結繩而治，後世聖人易之以書契，百官以理，萬民以察。」後世聖人，謂五帝也。

盧氏云：

此明黃帝以來已有史記事，故《春秋》為常道。」〔註154〕

劉氏在《白虎通義‧論書契所始》「則黃帝以來」下案說：

此上有捝文。蓋言造字始於黃帝時也。與《春秋》及史官靡涉。
〔註155〕

既有說黃帝以來有史記事的能耐，則當時已創造文字自是順理成章的事。又因為我覺得《白虎通義》「《春秋》何常也？則黃帝以來。何以言之？」這段文字意思不夠完整，無怪乎劉師培會有「此上有捝文」的言論。造字若不始於黃帝時，史官無由記載歷史大事。劉氏亦曾有古代學術源于史官的意見，明顯有點不同於《白虎通義》，由他所著的《歷史教科書》第1冊第22課的〈古代之學術〉云：

史官始於黃帝，有史即有書。〔註156〕

劉氏以為有了史官，才有史書與史學。三皇五帝之書，即古代史官之實錄。《歷史教科書》的說法可以補充《白虎通義》的意見。

劉氏以理校治《白虎通義》，他是全盤理解《白虎通義》，順文意改動《白

〔註153〕劉師培：《白虎通德論補釋》，見陳立：《白虎通疏證》附錄八，頁811。

〔註154〕陳立：《白虎通疏證》，頁449。

〔註155〕劉師培：《白虎通義斠補》，見陳立：《白虎通疏證》附錄三，頁706。

〔註156〕劉師培：〈古代之學術〉，載《歷史教科書》第1冊第22課，集自《劉申叔先生遺書》第69冊，民國寧武南氏印本，頁97。

虎通義》的文字。劉氏在《白虎通義‧論隱惡之義》「若為卑隱，為不可殆也」
下案說：

> 此語有誤。下「為」字疑當訓「將」訓「則」。「殆」疑「治」訛。謂
> 人君若為臣隱，則其臣不可復治也。〔註157〕

劉氏著《白虎通義斠補釋》諸書，無論為經史子集並疏解，皆擷取以釋存疑的文
句，考證詳明，務尋原本，遂得復本真。根據上下文來判斷對錯，劉氏有他校
勘的原則。

從劉氏的著作中，尋得「以意審文」一語，「以意審文」或近似理校。「父
族益為四」，是劉氏認定《白虎通義》撰作時社會風氣重視父族多於母族。說
禮，興、降是常用的名詞。《白虎通義‧論九族》「故與禮母族，妻之黨廢，禮
母族父之族，是以貶妻族，以附父族也。」劉氏先引盧文弨的話：

> 大約謂民有厚母族薄父族，厚妻族薄母族者。

劉氏復於盧氏句後案說：

> 此數語不可通。以義審之，「與」當作「興」，興、廢對文，即升降
> 也。此言以母族與妻之黨較則升其禮，以母族與父之族則黜其禮。
> 故妻族貶為二，父族益為四，而母族仍其三，以見母族厚于妻黨，
> 薄于父族也。〔註158〕

劉氏的「以意審文」並非任意為之，必仍歷史及按照古書辭例。

學者多同意劉氏參考眾多典籍以訂釋《白虎通義》，像劉青松〈劉師培《白
虎通》校勘述評〉有言道：

> 如《初學記》、《北堂書鈔》、《藝文類聚》、《太平御覽》、《十三經注
> 疏》、《通典》、《史記》三家注、《文選注》、《文獻通考》等，劉師培
> 將這些材料重新考校，發現了許多被忽視的有用的材料。……不但
> 考察了中國現存古籍，還考察了海外新發現的中國典籍。新材料的
> 利用為劉師培的校勘提供了新的線索，不僅產生了許多新的成果，
> 還為前人已有的成果提供了可靠的證據。〔註159〕

〔註157〕 劉師培：《白虎通義斠補》，見陳立：《白虎通疏證》附錄三，頁654。
〔註158〕 劉師培：《白虎通德論補釋》，見陳立：《白虎通疏證》附錄八，頁804。
〔註159〕 劉青松〈劉師培《白虎通》校勘述評〉，載《古籍整理研究學刊》，2014年11
　　　　　月第6期，頁19。
　　　　　書與書之間的書寫一般有頓號，但劉青松〈劉師培《白虎通》校勘述評〉所
　　　　　引書名號與書名號間原本沒加頓號，現在統一體例加上。

劉青松的觀察有理，我發覺劉氏所述，有「淮」、「唯」作「準」的。傳疏中「水」訓「準」的情況不少，較少像他那麼確定「淮」、「唯」作「準」。《白虎通義·論隱惡之義》：「北方者，陰氣在黃泉之下，任養萬物；水之為言淮也，陰化沾濡任生水。」劉氏案說：

> 鮑寧《天原發微》二載鄭氏引《白虎通》云：「水訓準。水在黃泉，養物平施。」（疑《大傳》〈注〉之文。）則「淮」當作「準」，固無疑義。湛然《輔行記》第三之四引作「水，唯也。任養萬物」。「唯」亦「淮」訛。〔註160〕

這是劉氏糾正形訛的好例子，也具見他校正文字異同的功力。

如引《北堂書鈔》、慧琳《音義》，劉氏得證《白虎通義》今本含誤羨之文。今舉兩例。劉氏在《白虎通義·論天子諸侯爵稱之異》「卿之為言章，善明理也」下案說：

> 《書鈔》五十三引「章」亦「彰」，亦有「彰也」二字，《說文繫傳》十七引作「卿，章也，章善明理也」。〔註161〕

《北堂書鈔》和《說文繫傳》都是劉氏常用來校勘的參考書。緊接著上文，《白虎通義·論天子諸侯爵稱之異》又云：「大夫之為言大扶，扶進人者也。故《傳》曰：『進賢達能，謂之卿大夫。』」劉氏案說：

> 今考《書鈔》五十六引作「大夫為言扶也，故《傳》云進賢建能者大夫也」。……又慧琳《音義》引作「夫，扶也，以道扶接也。（『扶』字誤羨之文。）扶人者也，左（『故』字之訛。）《傳》曰進賢達能謂之丈夫也」。〔註162〕

《北堂書鈔》是隋代一部類書，慧琳《音義》卻是唐代佛教典籍工具書。兩書都是工具性質的著作，同樣為劉氏所用。

《尚書·顧命》的「同」字，《白虎通義·爵》引作「銅」。劉氏在《白虎通義·論天子即位改元》「乃受銅」下案說：

> 今考下言「受銅」（盧本作「同」，元本、程本、郎本並作「銅」。）……《漢書·律歷志》引劉歆說，釋「同」為銅。此《尚書》「同」恆書「銅」之例。〔註163〕

〔註160〕劉師培：《白虎通義斠補》，見陳立：《白虎通疏證》附錄三，頁 642。
〔註161〕劉師培：《白虎通義斠補》，見陳立：《白虎通疏證》附錄三，頁 613。
〔註162〕劉師培：《白虎通義斠補》，見陳立：《白虎通疏證》附錄三，頁 613。
〔註163〕劉師培：《白虎通義斠補》，見陳立：《白虎通疏證》附錄三，頁 617。

一些學者按照今文學派理解的「同」字來解釋成「天子副璽」，結果，進一步加「金」作「銅」字。劉師培訓釋《白虎通義》就是以作「銅」說為正，仍用虞翻說為副璽，任銘善《無受室文存》中〈籀高《白虎通德論》校文題記〉〔註164〕反對仍用虞翻說為副璽，必以作「銅」為正，劉氏這裏似乎只襲用今文學派的說法。我同意未必一定要以作「銅」為正，劉氏說未為定論。

　　「幣帛」或指「繒帛」，古代用於祭祀、進貢、饋贈的禮物。劉氏訓釋「庶人雖有千金之幣不得服」，在《白虎通義・論刑不上大夫》「庶人雖有千金之幣，不得服」下案說：

　　　　此謂庶人不得衣幣帛。〔註165〕

劉氏的訓釋獨立來看固然不錯，不過跟整篇文章的內容互相扞格。因為《白虎通義・論刑不上大夫》的原意似是說庶人雖有千金的財帛，不得避開刑禍。那麼順著文義，「幣帛」該作「財帛」解，不當指「繒帛」，兩者意思略有分別。

小　結

　　劉氏曾經批評陳立雖長於經學，但小學不行，劉氏訂釋文字內容的特點是：一、依傍小學，辨析訓詁形聲，綴拾零殘經說有時是偵錯遺漏。劉氏校勘文字同異譌脫，像留意到《北堂書鈔》中的「字」誤「宇」，是形近之譌。至於依傍小學，冀藉古字通用法則，辨析訓詁形聲，判斷「汁、協」古通，「純、緇」應該互通，「寒」乃「塞」譌，「粲」、「祭」因聲形接近而誤。劉氏在涉及經學的重要議題上公開及尊重同道的討論，平衡客觀，誠實地作出自己的選擇。「備異辭」反映劉氏是以平和態度訂釋《白虎通義》。劉氏以為他書引《白虎通義》多舛誤，故需要糾錯。所謂「錯」，有時被劉氏看作是「刪改未碻」。

　　二、劉氏主張「聲義同源」，字音繫於字形，我傾向贊成他「古韻同部義多相近」比較平實的說法。通轉指一個字在押韻等方面，顯示讀音從一個韻部轉入另一韻部的現象。劉氏於《白虎通義・論異表》「帝嚳駢齒，上法月參，康度成紀，取理陰陽」下案云參與陽叶，古音陽、覃通轉。劉氏推求古「施、易」同，考證經傳以訂釋《白虎通義》。「宋人不諳音轉」，這是劉氏在《白虎通義・總論巡狩之禮》「狩者，牧也」下加的案語。

〔註164〕任銘善：《無受室文存》（杭州：浙江大學出版社，2005 年 7 月），頁218。
〔註165〕劉師培：《白虎通義斠補》，見陳立：《白虎通疏證》附錄三，頁705。

　　三、劉氏很注意詞彙的解說，在訂釋《白虎通義》之餘，著重分析一些核心詞彙，原來詞彙與詞彙間，無形中形成了一個核心術語群。劉氏引今文說，指出「世子」應是天子和諸侯的正妻所生的長子，懷疑冢宰爵位與俸祿如卿的說法，是出自古《周禮》。

　　四、於語法、屬詞方面而言，劉氏說漢代稱「子」為君子，可見於《白虎通義》。稱師曰夫子，根據劉氏的考量，這種語法上反映的思考觀念，是個「由君子以至於卿大夫」的歷史發展過程。

　　五、校勘之學是校正文字的異同。劉氏分析《白虎通義》「天子諸侯爵稱之異」一節屬今文，含兩種不同說法，一是以王侯並稱，如果說王侯，則諸侯與天子並列相似，易生僭越甚至冒犯奪權位的情況；另一說是王是上天給予的爵位，王是王，侯是侯，王、侯無法混在一起。由君、國、家、綱紀、辨名，相當於尋詞源詞族。考察音近字、語法，等於詞的廣異說，斠補《白虎通義》代表今文家釋字。

第八章 劉師培訂釋《白虎通義》的內容（下）

關於劉師培訂釋《白虎通義》的內容，在第七章中已討論了五種，現繼續討論另外五種，包括：民俗禮制、經學、典制、名物、子史學。劉氏十分注意禮學，也留心民間風俗習慣及社會生活文化的傳承。考察民俗的納入於禮制，劉氏用了類比的方法，根據兩種相似事物的特徵，推出它們在其他特徵上近似的結論，像禮學家務使人事各適其宜，勿相悖亂等。推而教父子有親，君臣有義，夫婦有別，長幼有序，朋友有信。遂用以昭示後世，必定要有尊卑長幼次序的觀念。長幼尊卑不能亂次序，即使是國君也不容許違禮。劉氏在本章中判斷今古文說的同異，像「公士」、「天子元子」的新舊說法；分析難解決的封爵制度，如封地多少里。遇有禮家舊說不同今禮說的，不忘說明。劉氏精通六經，提出以經疏校對《白虎通義》，以《詩經》、《爾雅》的疏文校對《白虎通義》。劉氏訂釋《白虎通義》，對典制史如古代制土作用、音樂訂定、民服君喪，甚至同姓諸侯前赴京師參與婚禮等都有規定。又如名物的淵源流變、國土規劃，學校規模，人臣斂葬用玉，以至樹名「平露」的出處，靡不訂釋。最後是考量劉氏訂釋《白虎通義》所用的史料，如活用類書、宗教書、緯書及久已亡佚卻僅保存海外的典籍等等，具見劉氏的史識。

一、歷史民俗

民俗關係人民的生活，歷史記錄過去發生的事情。劉氏為學主通經致用，從研究經學為始，推演至子史學，再擴充到民俗學、倫理學，開風氣之先。劉氏《白虎通義斠補》序中指出：

北宋之世，書已挩殘，宋人援引雖恆出今本外，蓋均迻引他籍。
〔註1〕

所以他引了元代著作以證宋本《白虎通義》的未誤，舉例如：

《文獻通考》一百四十八所引正同（盧本），則宋本未誤。〔註2〕

總的目的是為諸家註解惑，像劉氏說的「舉中以該全」，為說明他所了解的
《白虎通義》守著男女不親的禮的戒條。《白虎通義‧論卿大夫上士妻妾之
制》云：

士一妻一妾何？下卿大夫禮也。《喪服小記》曰：「士妾有子，而為
之緦。」〔註3〕

劉氏在句後加案語曰：

又曰：「父子不同椸，為亂長幼之序也。」〔註4〕

此案語見於《白虎通義‧論閉房開房之義》。劉氏擅長把相關的材料類比，方
便說明，如謂：

鄭云「異尊卑也」，與此文「為亂長幼之序」義近。〔註5〕

鄭玄註的「異尊卑也」，這意思是說父子並不一齊排坐。「類比」是根據兩種
相似事物的特徵，推出它們在其他特徵上近似的結論。尊卑有別會使人心存
敬畏，長幼之間有尊卑的次序，明長幼之序，人民自然尊上位而知長幼有其
序。

而論王社、太社有關禮的內容，劉氏稱：

魏晉議禮家辨析最詳，見晉、宋、隋各《志》及《通典》。〔註6〕

除了禮的內容外，「五等爵」制問題也當然是中國歷史上的重要問題，也屬於
一個久懸未決的難題，封爵制度是中國古代重要的典章制度，為歷朝所重視。
劉氏判斷今古文說的同異，在《白虎通義‧論天子為爵》段後說：

此節本今《易》、今《春秋》說，與《孟子》、〈王制〉稍異。古《周
禮》、古《左氏春秋》說云天字非爵稱，與此迥殊。〔註7〕

〔註1〕劉師培：《白虎通義斠補》，見陳立：《白虎通疏證》附錄三（北京：中華書局，
　　　199年8月），頁610。
〔註2〕劉師培：《白虎通義斠補》卷上，見陳立：《白虎通疏證》附錄三，頁632。
〔註3〕劉師培：《白虎通德論補釋》，見陳立：《白虎通疏證》附錄八，頁809。
〔註4〕劉師培：《白虎通德論補釋》，見陳立：《白虎通疏證》附錄八，頁809。
〔註5〕劉師培：《白虎通德論補釋》，見陳立：《白虎通疏證》附錄八，頁809。
〔註6〕劉師培：《白虎通義定本》卷二，見陳立：《白虎通疏證》附錄六，頁774。
〔註7〕劉師培：《白虎通義定本》卷一，見陳立：《白虎通疏證》附錄六，頁747。

《白虎通義・論天子為爵》和古《周禮》、古《左氏春秋》均云天子非爵稱的不同。《白虎通義》說的五霸立號不立號，所指的五霸，既有三代五霸，也有春秋五霸。劉氏總括《白虎通義》論五霸時說：

> 此節論五霸，備引三說，一本古《春秋》、《國語》，其後二說均本今
> 文《春秋》。〔註8〕

他分列了今古文說，但並未評是非，沒有說出自己認為以上哪說較好。

劉氏先以殷曆推算年代，繼而表示《白虎通義》一段是在分別說明前後兩個月的月頭有日食。《白虎通義・論月有大小》：「故《春秋》曰：『九月庚戌朔，日有食之。』『十月庚辰朔，日有食之。』此三十日也。」劉氏案說：

> 《通義》所引為《公羊經》。以「殷曆」推之，襄公二十一年八月辛
> 巳朔，其月小，九月庚戌朔，其月大。此文所明，在於明是年兩書
> 月朔，前朔一日，則一為二十九日，一為三十日也。〔註9〕

同樣以殷曆推算年代，也是《白虎通義・論月有大小》的內容，劉氏利用先秦曆書推算年代，即就日食的材料，重新覆核《白虎通義》關於月份有大月、小月等內容。劉氏於「又曰：『七月甲子朔，日有食之。』『八月癸巳朔日有食之。』此二十九日也」後案說：

> 考襄公二十四年，「殷曆」六月甲午朔，其月大，七月甲子朔，其月
> 小。此文所明，在於明是年兩書月朔，前朔一日，則一為三十日，
> 一為二十九日也。〔註10〕

漢世《白虎通義》博徵〈王制〉篇，劉師培則以《白虎通義》、〈王制〉篇互釋。《白虎通義・論制爵五等三等之異》：「殷家所以令公居百里，侯居七十里，何也？封賢極於百里。其政也，不可空退人，示優賢之義，欲褒尊而上之。」劉氏案說：

> 此釋上文《王制》公侯田方百里，及人皆千乘，象雷震百里之文也。
> 〔註11〕

相比「公侯田方百里」及「人皆千乘，象雷震百里」，「公侯田方百里」是〈王制〉的文字，見於《白虎通義・論制爵五等三等之異》文中較前的位置；「人

〔註8〕劉師培：《白虎通義定本》卷二，見陳立：《白虎通疏證》附錄六，頁764。

〔註9〕劉師培：《白虎通義斠補》卷下，見陳立：《白虎通疏證》附錄三，頁700。

〔註10〕劉師培：《白虎通義斠補》卷下，見陳立：《白虎通疏證》附錄三，頁701。

〔註11〕劉師培：《白虎通義斠補》卷下，見陳立：《白虎通疏證》附錄三，頁612。

皆千乘，象雷震百里」則排列於《白虎通義‧論制爵五等三等之異》中較後的位置。

〈辨名記〉為《大戴禮記》其中一篇亡佚的文章，劉氏認為在引錄《白虎通義‧論天子諸侯爵稱之異》「士者，事也，任事之稱也」時，宜補上由《孝經》《疏》採用〈辨名記〉的一些字詞，劉氏案說：

> 《孝經》《疏》下復云：「故《禮‧辨名記》曰：『士者任事之稱也。』」
> 蓋「士者事也」九字為《通義》之詞，「士者任事之稱也」七字為《通義》引《禮緯》以證己說之詞。〔註12〕

劉氏考證《白虎通義》會引他書以證己說，辨明《白虎通義》保存「廣異說」的意圖。

劉師培條析「公士」一名，指出鄭玄說的是「卿士」，不同於禮家舊說以為「公士」即「天子元子」。有以為「天子之元子，猶士」的，則「卿士」與「天子元子」委實存在著某種對稱的關係。還有，劉氏提醒我們「士」含「天子兒子」的身分。不過，謂「天子子」上因傳寫脫漏一個「士」字，就有點牽強。他在《白虎通義‧論太子食采》「故《禮》曰：『公士大夫子子也。』無爵而在大夫上」句後說：

> 《儀禮‧喪服》云：「公士大夫之眾臣為其君，布帶繩屨。」鄭注云：「士，卿士也。」疑《禮》家舊說以「公士」之士即天子元子，與鄭不同，此文所述是也。〔註13〕

的確，劉氏覺得《禮》家舊說於「公士」所論，不與鄭玄註同，就如《白虎通義》把「公士」解釋為「天子太子」般，與鄭玄註不合。欲理解劉氏所謂《禮》家舊說，最好翻閱他廣徵博引兩漢經師的說法，而為《禮經舊說考略》的四卷。

對在職官吏的政績和功過的考核的歷史，採取述職和巡狩的形式對諸侯進行考查，時間就從上古時代的天子巡狩開始。劉氏在《白虎通義‧論巡狩述職行國行邑義》「言召公述職，親說舍于野樹之下也」句後加案語：

> 「說」當作「稅」。《爾雅‧釋詁》：「稅，舍也。」《方言》七：「稅，舍車也。」稅、舍義同。〔註14〕

〔註12〕劉師培：《白虎通義斠補》卷上，見陳立：《白虎通疏證》附錄三，頁613，614。
〔註13〕劉師培：《白虎通義斠補》卷下，見陳立：《白虎通疏證》附錄三，頁641。
〔註14〕劉師培：《白虎通德論補釋》，見陳立：《白虎通疏證》附錄八，頁800。

段玉裁《說文解字注》马部**卸**（卸）證「稅、舍」間的關係：

> 卸，舍車解馬也。从卩止，午聲。讀若汝南人寫書之寫。……《方
> 言》曰：「發、稅，舍車也：東齊海岱之閒謂之發，宋趙陳魏之閒謂
> 之稅」。〔註15〕

由此看來，「舍」大概是「放置」的意思。

《白虎通義》論帝王之號，先以「帝王」合論，再而分論「帝」、「王」，
堪稱周延。劉氏在《白虎通義・論皇帝王之號》段後加案語云：

> 此節均用今文說，所引各詁均與《易》、《書》、《禮》、《樂》各《緯》
> 合。〔註16〕

劉氏評論這是今文學說。

「四夷」不外乎指古代少數民族，所以「四夷之樂」指四方夷人的音樂。
劉氏在《白虎通義・論四夷之樂》「故夷狄安樂，來朝中國，於是作樂樂之」
句後案說：

> 〈明堂位〉《疏》約引作「故制夷狄樂」。疑「作樂」古本作「制
> 樂」。〔註17〕

劉氏謂《禮記・明堂位疏》約引《白虎通義》「故夷狄安樂，來朝中國，於是
作樂樂之」，成「故制夷狄樂」，似乎有些牽強。如據古本，「制樂樂之」與「制
夷狄樂」，意思並不相同。文獻記載班固學《魯詩》，《魯詩》有版本作「侏離」
的〔註18〕，《白虎通義》也見有作「侏離」的版本就不奇怪了。《白虎通義・總
論誅伐征討之義》：「弒者，何謂也？弒者，試也，欲言臣子殺其君父不敢卒，
候間司事，可稍稍弒之。」劉氏在句後說：

> 慧琳《音義》八十七引作「弒者何？猶殺也。言臣子殺其君父，候
> 伺可稍稍試之也」。八十二引作「弒猶煞也。言臣子殺其君父曰弒」。
> 蓋約引之詞，然足證「弒也」當作「殺也」。「司」與「伺」同。下
> 「弒」字當作「試」。〔註19〕

〔註15〕段玉裁：《說文解字注》，（上海：上海古籍出版社，1981 年 10 月），頁 431。
〔註16〕劉師培：《白虎通義定本》卷一，見陳立：《白虎通疏證》附錄六，頁 759。
〔註17〕劉師培：《白虎通義斠補》卷上，見陳立：《白虎通疏證》附錄三，頁 632。
〔註18〕趙茂林：《兩漢三家〈詩〉研究》（成都：四川出版集團巴蜀書社，2006 年 11
　　　月），頁 60。
〔註19〕劉師培：《白虎通義斠補》卷上，見陳立：《白虎通疏證》附錄三，頁 652。

他以慧琳《音義》先後兩卷的文字證約引之詞，讓我們明白「弒、殺、煞」的關係，劉氏看得仔細。

《白虎通義》備引二說舊文，故並存不刪易，劉師培已不是第一次提出這套理論。《白虎通義‧論四夷之樂》：「故南夷之樂曰《兜》，西夷之樂曰《禁》，北夷之樂曰《昧》，東夷之樂曰《離》。」劉氏在句後說：

> 盧本據《禮記‧明堂位》《疏》所引改為「故東夷之樂曰朝離，南夷之樂曰南，西夷之樂曰味，北夷之樂曰禁」。今考盧本雖與下文合，然《玉海》一百八所引悉同舊本，則宋本已然。此蓋《通義》備引二說舊文，當並存，不當刪易。〔註20〕

因為四夷之樂各有淵源，鍾琛《先秦兩漢及魏晉南北朝音樂傳播概論》〔註21〕分析四夷之樂都各有確切的名稱，鍾氏說的是。

王者有二社是有原因的，有土地的君主可以建社。〔註22〕「人非土不立」，〔註23〕當然是個原因，因為人沒有土地就不能立足。劉氏從訂釋《白虎通義》的過程中，得出「大夫得與人民共立社」的立論，而共立的這種社叫民社。〔註24〕誡社是喪國之社，舊邦喪亡之後建社有其用意。劉氏留意《白虎通義》置誡社不同的意見。〔註25〕劉氏訂釋《白虎通義》，認為稷養民而「社土異名」，又說「社稷」不稱「稷社」是對的。〔註26〕而姜亮夫著《楚辭通故》，釋「后土」，以為：

> 土社為一事之因事而異名者，其實土即社也。〔註27〕

釋「社」，亦以為：

> 社、土為一事。〔註28〕

劉、姜二氏的意見可以互參。

〔註20〕劉師培：《白虎通義斠補》卷上，見陳立：《白虎通疏證》附錄三，頁631。
〔註21〕鍾琛：《先秦兩漢及魏晉南北朝音樂傳播概論》（台北：龍視界出版社，2013年11月），頁34。
〔註22〕劉師培：《白虎通義定本》卷二，見陳立：《白虎通疏證》附錄六，頁774。
〔註23〕劉師培：《白虎通義斠補》卷上，見陳立：《白虎通疏證》附錄三，頁626，627。
〔註24〕劉師培：《白虎通義定本》卷二，見陳立：《白虎通疏證》附錄六，頁775。
〔註25〕劉師培：《白虎通義定本》卷二，見陳立：《白虎通疏證》附錄六，頁774。
〔註26〕劉師培：《白虎通義定本》卷二，見陳立：《白虎通疏證》附錄六，頁775。
〔註27〕姜亮夫：《楚辭通故》，見《姜亮夫全集》（昆明：雲南人民出版社，2002年10月），頁175。
〔註28〕姜亮夫：《楚辭通故》，見《姜亮夫全集》，頁508。

　　想劉師培的意思，是據《白虎通義》發揮，說三公建立了不朽功業，他的兒子能得賢者的一體，所以三公子孫當封。在《白虎通義・論三考黜陟義》「賢者之體能有一矣不二矣」句後案說：

> 「賢者之體能有一」，猶言能得賢者之一體也。此明三公子孫當封之故，或上挩「為因」也。以諸詞「不二矣」三字乃「百里侯」之剩文。〔註29〕

相同地，百里侯的子孫亦應可獲封。

　　古人將封禪與政權的更替聯繫一起，顯示在上的權位沒受到質疑。劉氏在《白虎通義・論封禪之義》「封者，廣也。言禪者，明以成功相傳也」句後說：

> 案：《梁書・許懋傳》載懋議云：「依《白虎通》云：『封者，言附廣也。禪者，言成功相傳也。』」《史記・武紀》《正義》引此文云：「封者，附廣之。禪者，將以功相傳授之。」〔註30〕

劉氏參照《史記》、《梁書》，把「封者，廣也」句，增一字成「封者，附廣也」，我想意思並無多大差異。

　　「首戴」，地名。《左傳》作「首止」。劉氏在《白虎通義・論諸侯襲爵》「公會王世子于首止」句後加案語曰：

> 此用《公羊》說，「首止」似當从彼《經》作「首戴」，「首止」乃後人據《左氏經》所改。〔註31〕

劉氏進而說「首止」為後人據《左傳》僖公五年（前655）改。

　　《春秋公羊傳注疏》《釋文》曰：

> 首戴，《左氏》作「首止」。〔註32〕

劉氏以為鄭居中土，周代似無《白虎通義》描敘的「民人山居谷浴」風氣。他在《白虎通義・總論禮樂》「鄭國土地民人，山居谷浴」句後加案語：

> 《漢書・五行志》引劉向說，謂「蜮生南越，其地男女同川而浴」。鄭居中土，周代似無此風。〔註33〕

〔註29〕劉師培：《白虎通義斠補》卷下，見陳立：《白虎通疏證》附錄三（北京：中華書局，1994年8月），頁672。

〔註30〕劉師培：《白虎通義斠補》卷下，見陳立：《白虎通疏證》附錄三，頁663。

〔註31〕劉師培：《白虎通德論補釋》，見陳立：《白虎通疏證》附錄八，頁789。

〔註32〕何休：《春秋公羊傳注疏》，見於李學勤主編《十三經注疏》，（北京：北京大學出版社，1999年12月），頁253。

〔註33〕劉師培：《白虎通德論補釋》，見陳立：《白虎通疏證》附錄八，頁793。

　　　劉氏在〈兩漢學術發微論・兩漢種族學發微論〉說：「南方之人，君臣同川而

有謂要遠鄭聲的理由，是因為鄭聲並非雅樂，不過劉氏懷疑周代居中土的鄭國沒「山居谷浴」的風氣。

古今以來，學者多懷疑周召二公分陝之說，《白虎通義・論設牧伯》：「自陝已東，周公主之；自陝已西，召公主之。」劉氏在句後說：

> 下云：「所分陝者是國中也」。似《通義》以陝為郟、鄏之郟，與何休《解詁》訓為陝縣不同。《公羊》隱五年《釋文》云「陝一作郟，王城郟鄏」，或即《公羊》古誼。〔註34〕

劉氏引述《公羊》隱五年（前718）《釋文》之說：「陝一作郟，王城郟鄏」，指出「或即《公羊》古誼」。〔註35〕細味行文，便知屬劉氏懷疑的論調。

劉氏引《宋書・符瑞志》的目的，欲說明《白虎通義》闡述德至祥瑞啟，山陵上會出現黑丹。他在《白虎通義・論符瑞之應》「陵出黑丹」句後案說：

> 《御覽》七百五十七引「王者德至山林，丹甑見」。王應麟《急就篇補注》四引同，「見」字作「出」。今本節無其語，疑即此語之異文。
>
> （《宋書・符瑞志》云：「丹甑，五穀豐熟則出。」）〔註36〕

上文「丹甑」一詞早見於鄭玄註《禮記・禮運》，是篇云：

> 故天降膏露，地出醴泉，山出器車。

鄭玄註：

> 器，謂若銀甕丹甑也。

孔穎達《正義》曰：

> 此「銀甕丹甑」，《援神契》文。……其所致群瑞非一，不可盡也。
>
> 〔註37〕

群瑞自應太平，由是天下沒有凶饑，五穀豐登。

也是《白虎通義・論符瑞之應》，劉氏於「太平感」句後說：

浴，極為慢簡。」

（劉師培：〈兩漢學術發微論・兩漢種族學發微論〉，載《劉申叔先生遺書》本第15冊，頁26。）所評論的大概是後期的事了。

〔註34〕劉師培：《白虎通義斠補》卷上，見陳立：《白虎通疏證》附錄三，頁637。
何休：《春秋公羊傳注疏》，見於李學勤主編《十三經注疏》，（北京：北京大學出版社，1999年12月），頁59。
鄭玄註，孔穎達疏：《禮記正義》，見於李學勤主編《十三經注疏》，（北京：北京大學出版社，1999年12月），頁156。

〔註35〕劉師培：《白虎通義斠補》卷上，見陳立：《白虎通疏證》附錄三，頁637。

〔註36〕劉師培：《白虎通義斠補》卷下，見陳立：《白虎通疏證》附錄三，頁664。

〔註37〕鄭玄註，孔穎達疏：《禮記正義》，見於李學勤主編《十三經注疏》，頁832。

> 陳氏《疏證》云：「『太平』亦『華平』之誤。」其說是也。惟「感」
> 乃「盛」字之訛。《文選·東京賦》《注》、《御覽》八百七十二、《事
> 類賦》《注》二十四引《孝經援神契》，並云「德至於地則華苹盛」，
> 是其證。〔註38〕

古時相信當天下太平，吉兆會降臨，像「華平」（亦作「華苹」），是傳說中的
吉祥植物，天下太平則其花枝平直不歪斜。這是劉師培肯定「太平」誤作「華
平」的背景資料。

二、經學

　　劉師培不但以子通經，只要能用得上的學問他都會融會而變化改進，並盡
可能參考多個版本作比較，用以訂釋《白虎通義》。劉氏《白虎通義·論王者
六樂》曰：

> 所以作供養，謂傾先王之樂，明有法，示亡其本。與己所以自作樂，
> 明作己也樂。〔註39〕

劉氏於上面《白虎通義·論王者六樂》等句後的案語，謂據多個版本校正，提
到的程本想是程榮的本子，何本想是何允中的本子。〔註40〕因為劉氏於訂釋
《白虎通義·論天子為爵稱》「以其俱命於天，而王治五千里內也」後加案語，
提到程榮本、何允中本。〔註41〕原來《漢魏叢書》包括有程榮、何允中、王謨
三刻，即《漢魏叢書》、《廣漢魏叢書》、《增訂漢魏叢書》，《漢魏叢書》收錄的
經籍包含題為漢代班固撰的《白虎通德論》二卷。

　　劉氏屢證《白虎通義》引《經》時，於傳寫過程中不免衍生訛字。這雖是
不解自明的道理，也不能不在此加上一筆。劉氏於「婦從房中也，從降自西階」
句後說：

> 今考「也」乃「出」字之訛。蓋《通義》引《經》，其字句損益不必
> 悉同經文也。〔註42〕

形近易混，校改傳寫、翻刻過程中發生的訛誤，難以避免。《古列女傳》引《儀
禮·士昏禮》：

〔註38〕劉師培：《白虎通義斠補》卷下，見陳立：《白虎通疏證》附錄三，頁664。
〔註39〕劉師培：《白虎通義斠補》卷上，見陳立：《白虎通疏證》附錄三，頁631。
〔註40〕劉師培：《白虎通義斠補》卷上，見陳立：《白虎通疏證》附錄三，頁631。
〔註41〕劉師培：《白虎通義斠補》卷上，見陳立：《白虎通疏證》附錄三，頁611。
〔註42〕劉師培：《白虎通義斠補》卷下，見陳立：《白虎通疏證》附錄三，頁707。

　　莫鴈，再拜稽；降，出，婦從，降自西階。〔註43〕

《古列女傳》引《儀禮・士昏禮》可能正好為劉氏說作證。

　　下面以《詩經》、《爾雅》的疏文校對《白虎通義》。劉氏於「祿者，錄也。上以收錄接下，下以名錄謹以事上」句後說：

　　　　考《詩・樛木》《疏》引《孝經援神契》云：「祿者，錄也。取上所以敬錄接下，下所以僅錄事上。」（陳立《疏證》亦引之。）《爾雅・釋言》《疏》引同。持以相校，則「收」乃「敬」訛。〔註44〕

「A者，B也」是典型的判斷句式，而「祿者，錄也」，則更是聲訓。

　　《白虎通義》在某節中，既採今文經說，所以引同時今文的《禮・王制》為證，自是理所當然了，劉氏不避引今文典籍並註疏為證。劉氏於《白虎通義・論社稷所用牲》段後說：

　　　　案此節均用今文《書》、今文《春秋》說，故引〈王制〉為證。〔註45〕

同時，劉氏引述《白虎通義・論制爵五等三等之異》：「殷家所以令公居百里、侯居七十里何也？封賢極於百里。其政也，不可空退人，示優賢之意，欲褒尊而上之。」他在句後案說：

　　　　此釋上文〈王制〉公侯田方百里，及人皆千乘，象雷震百里之文也。
　　　　〔註46〕

在訂釋《白虎通義》當中，劉氏有不少時候會採用今文某說，來告訴我們《白虎通義》是以今文經學為主的事實。

　　先王只作夷狄之樂而未作夷狄之禮，因為音樂容易發揮教化的功用。《白虎通義・論四夷之樂》：「南夷之樂曰《兜》，西夷之樂曰《禁》，北夷之樂曰《昧》，東夷之樂曰《離》。」劉氏在句後說：

　　　　然《玉海》一百八所引悉同舊本，則宋本已然。此蓋《通義》備引二說舊文，當並存，不當刪易。〔註47〕

〔註43〕何志華、朱國藩、樊善標：《〈古列女傳〉與先秦兩漢典籍重見資料彙編》及《〈大戴禮記〉與先秦兩漢期籍重見資料彙編》》（香港：中文大學出版社，2004年），頁100。

〔註44〕劉師培：《白虎通義斠補》卷上，見陳立：《白虎通疏證》附錄三，頁641。
鄭玄註，孔穎達疏：《毛詩正義》，見於李學勤主編《十三經注疏》，（北京：北京大學出版社，1999年12月），頁51。

〔註45〕劉師培：《白虎通義定本》卷二，見陳立：《白虎通疏證》附錄六，頁774。

〔註46〕劉師培：《白虎通義斠補》卷上，見陳立：《白虎通疏證》附錄三，頁612。

〔註47〕劉師培：《白虎通義斠補》卷上，見陳立：《白虎通疏證》附錄三，頁631。

雖然屬於古文派的健將，劉氏不以《白虎通義》引《玉海》輯錄《白虎通義》
舊文及《白虎通義》宋本的並存為迕。

　　劉氏說明今古文經的其中一個分別在於異文的產生，如一《經》作「首
戴」，他《經》則作「首止」，這道出《白虎通義》屢經後人刪改的事實。他在
《白虎通義‧論諸侯襲爵》「公會王世子于首止」句後加案語曰：

> 此用《公羊》說，「首止」似當从彼《經》作「首戴」，「首止」乃後
> 人據《左氏經》所改。〔註48〕

一《經》作「首戴」，他《經》作「首止」，劉氏為我們清楚解釋兩《經》指的
是一地兩名。

　　公羊家極言唯王者才可改元立號，劉氏於《白虎通義‧論踰年即位》段後
說：

> 《公羊》何氏《解詁》謂王者得改元，乃今文《春秋》別解。古《春
> 秋左氏》說亦以侯國得改元。〔註49〕

劉氏考釋古《春秋左氏》諸侯以為亦皆改元。

　　一般來說，諡號指王、諸侯、臣下等死後，根據他們生平事蹟而加給的一
種稱號。劉氏於《白虎通義‧論天子諡諸侯》段後說：

> 案此節均用今文《春秋》、今《禮》說。古《左氏》說無其文，似以
> 諸侯之諡亦為臣下所制，與《穀梁》、《公羊》殊。〔註50〕

從《白虎通義》文中透露的訊息，劉氏推敲諸侯之諡，大概由臣下所制。

　　堯舜禹湯桀紂的名號，相傳既久，張卜庥《諡法及得諡人表》認為：

> 定諡法起於周公之為文王武王定諡，為揣測之辭。〔註51〕

劉氏於《白虎通義‧論堯舜禹湯均諡》段後說：

> 案此節似用今文《書》說及今《禮》說。馬融《書》註亦以堯舜為
> 諡，與此同。〔註52〕

劉氏對諡號的形成未著一詞，反而看重定諡的原因。

〔註48〕劉師培：《白虎通德論補釋》，見陳立：《白虎通疏證》附錄八，頁789。
〔註49〕劉師培：《白虎通義定本》卷一，見陳立：《白虎通疏證》附錄六，頁757。
　　　　何休：《春秋公羊傳注疏》，見於李學勤主編《十三經注疏》，（北京：北京大學
　　　　出版社，1999年12月），頁7。
〔註50〕劉師培：《白虎通義定本》卷二，見陳立：《白虎通疏證》附錄六，頁768。
〔註51〕張卜庥：《諡法及得諡人表》（台北：臺灣商務印書館，1977年2月），頁12。
〔註52〕劉師培：《白虎通義定本》卷二，見陳立：《白虎通疏證》附錄六，頁767。

據《說文解字》曰：

> 諡，行之跡也。誄，諡也。〔註53〕

「諡、誄」均是對已逝者行跡的表述，劉氏於《白虎通義·論天子諡之南郊》
段後說：

> 案此節均用今《禮》說、今文《春秋》說。蓋以讀誄與制諡為一，故
> 《說文》詁「誄」為諡。〔註54〕

所以劉氏訓釋《白虎通義》時謂「讀誄、制諡」合而為一，是今文學的論點。

劉氏評論夫人有諡無諡，指出《白虎通義》兼備今《禮》說的有諡和今文
《春秋》的無諡兩說，他又說古《春秋左氏》也是主夫人有諡，但「以夫人得
蒙父諡，不得別制諡」。劉氏於《白虎通義·論婦人有諡及太子無諡》段後說：

> 案此節均用今《禮》說。夫人有諡無諡二義，前說純為今《禮》說，
> 後說為今文《春秋》說，故弗相同。古《春秋左氏》說似以夫人得
> 蒙夫諡，不得別制諡，與此又殊。〔註55〕

孔穎達《春秋左傳正義》云：

> 婦人於法無諡，故取其夫諡冠於姓之上。〔註56〕

劉氏的評說，讓我們明白到古《春秋左氏》說可稱有諡，也可以說是無諡，看
旁人從哪個角度觀察。汪受寬於1995年寫成的專書《諡法研究》，在「夫人有
諡無諡」這論題上竟沒有多大發揮，但說：

> 對於先秦婦人諡號的複雜現象，古人曾爭論不休。《白虎通義·諡》
> 中兩存其說，云：「夫人無諡何？無爵故無諡。或曰夫人有諡。」
> 〔註57〕

論諡法研究的廣度深度，汪氏研究似不及劉氏。

《春秋》經文稱在位的列國諸侯，如晉侯、鄭伯、楚子之類從無在爵稱上
冠以所謂「美名」的，即使對魯國本國的國君也是如此。而一旦書「葬桓公」、
「葬宋穆公」、「葬許悼公」，稱「桓」、稱「穆」、稱「悼」，都與葬事相連，顯
然是臨葬而諡之。《白虎通義·總論諡》云：

〔註53〕許慎：《說文解字》（北京：中華書局，1963年，12月版），頁76。

〔註54〕劉師培：《白虎通義定本》卷二，見陳立：《白虎通疏證》附錄六，頁767，768。

〔註55〕劉師培：《白虎通義定本》卷二，見陳立：《白虎通疏證》附錄六，頁768，769。

〔註56〕杜預註，孔穎達疏：《春秋左傳正義》，見於李學勤主編《十三經注疏》，（北京：北京大學出版社，2000年12月），頁40。

〔註57〕汪受寬：《諡法研究》（上海：上海古籍出版社，1995年6月），頁72。

所以臨葬而謚之何？因眾會，欲顯揚之也。

而劉氏於《白虎通義‧總論謚》段後說：

案此節均用今文《春秋》、今《禮》說。所云「臨葬而謚」，與《周書》合。《通誼》所據，則《大戴記》佚篇說也。〔註58〕

在舉葬謚贈與謚號，是趁著眾人聚集一起，公開表揚他。劉氏訓釋《白虎通義》看重的是分析今古文的相合，沒循「臨葬而謚」這方面多作探討，也沒有就美謚及平謚，發揮自己的意見。

劉氏引述今文《春秋》說，服喪一年後改元即位，考古代天子諸侯改元即位之禮，《春秋》多見其例。劉氏於《白虎通義‧論踰年即位三年受爵》於段後說：

案此節均用今文《春秋》說。古《春秋左氏》說則以未葬繫父，既葬不繫父，不以踰年為斷，與《公羊》殊。〔註59〕

孔穎達《春秋左傳正義》云：

《公羊》之例，既葬稱「子」，踰年稱「公」。《左氏》則不然。〔註60〕

從劉氏解說所得，今古文《經》對於諸侯襲爵，是不是踰年即位，是不是三年受爵，均有所不同。

經劉氏研究所得，今文說認為，封賜諸侯，應當活著的時候給他們享用，死後追賜不妥當，這不同於古文說。《穀梁傳‧莊公元年》「不正甚矣」下註曰：

生服之，死行之，禮也。生不服，死追錫之，不正甚矣。〔註61〕

劉氏於《白虎通義‧論追賜爵》段後說：

案此節均用今文《春秋》、今《禮》說，以追爵為非禮。古《春秋左氏傳》不譏追賜死者。《戴記》、《大傳》多用古文說，又有周武追王之文，均與此異。〔註62〕

僅能賜爵於生者，不可追賜死者的做法，劉氏明言於今古文有別。

天子分封諸侯隆重的策命儀式，儀節往往在祖廟舉行。劉氏於《白虎通義‧論爵人於朝封諸侯於廟》段後說：

〔註58〕劉師培：《白虎通義定本》卷二，見陳立：《白虎通疏證》附錄六，頁766。
〔註59〕劉師培：《白虎通義定本》卷二，見陳立：《白虎通疏證》附錄六，頁754。
〔註60〕杜預註，孔穎達疏：《春秋左傳正義》，見於李學勤主編《十三經注疏》，頁631。
〔註61〕范甯集解、楊士勛疏：《春秋穀梁傳注疏》（十三經注疏標點本），（北京：北京大學出版社，1999年），頁75。
〔註62〕劉師培：《白虎通義定本》卷一，見陳立：《白虎通疏證》附錄六，頁754。

案此節亦本今《禮》說，所云「封諸侯於廟」，今古文並同。〔註63〕
劉師培就《白虎通義》封諸侯於廟的敘述，證今古文說並同。

《儀禮・士冠禮》一篇中有「天子之元子猶士也」的話，〔註64〕可說明不
必待《通典》的記載而後證實，劉氏於《白虎通義・無爵無諡》「天子太子，
元士也」句後說：

> 案：此文舊本並同，《御覽》五百六十二所引亦同。盧本作「天子之
> 元子猶士也」，蓋據《通典》。然彼無「引《通典》」明文，且無「猶」
> 字。〔註65〕

劉氏不反對盧文弨的立論，僅指出盧氏沒具引明確出處。

《左傳》凡稱君，表示君主無道，被弒是理所當然。劉氏於《白虎通義・
論立太子》「《春秋》之弒太子，罪與弒君同」句後說：

> 案：《御覽》引作「《春秋》之義」，當據補。又引「弒」作「殺」。
> 〔註66〕

劉氏當然忠於《左傳》「弒君」的書法。〔註67〕劉氏在其《群經大義相通論》
引《荀子・正論》為說：「湯武者，民之父母也；桀紂者，民之怨賊也。今世
俗之為說者，以桀紂為君，而以湯武為弒，然則是誅民之父母，而師民之怨賊
也，不祥莫大焉。」〔註68〕，他指出〈正論〉與《左傳・宣公四年》云「凡弒
君稱君，君無道也」的相通處。〔註69〕這確是劉氏經學研究的大塊文章。荀子
認為桀紂僅有君主之名，卻無君主之實。湯武的行為不能說是弒君惡行，而是
為民行義舉，世俗以為商湯、周武是掠奪桀紂天下之說不可為訓。另有說大夫
殺國君，記載時大夫的名前被冠以國名，以示不無嫌疑，懷疑他為弒君企圖取
代君位。〔註70〕

〔註63〕劉師培：《白虎通義定本》卷一，見陳立：《白虎通疏證》附錄六，頁753。
〔註64〕鄭玄註，賈公彥疏：《儀禮注疏》，見於李學勤主編《十三經注疏》，（北京：北京大學出版社，1999年12月），頁80。
〔註65〕劉師培：《白虎通義斠補》卷上，見陳立：《白虎通疏證》附錄三，頁624。
〔註66〕劉師培：《白虎通義斠補》卷上，見陳立：《白虎通疏證》附錄三，頁639。
〔註67〕劉師培：〈辨明漢代以前經無今古文之分〉，載《左盦外集》卷4，集自《劉申叔先生遺書》第44冊，民國寧武南氏印本，頁3。
〔註68〕梁啟雄：《荀子簡釋》（北京：中華書局，1983年1月），頁236。
〔註69〕劉師培：〈群經大義相通論〉，載《黃侃 劉師培卷》（石家莊：河北教育出版社，1996年8月），頁586。
〔註70〕范宵集解、楊士勛疏：《春秋穀梁傳注疏》（十三經注疏標點本），（北京：北京大學出版社，1999年），頁86。

　　《尚書》分今文《尚書》和古文《尚書》，今文《尚書》為漢初伏生所傳，共二十八篇。伏生用這二十八篇傳授齊魯諸生，逐漸形成西漢《尚書》學三家：歐陽《尚書》、大夏侯《尚書》、小夏侯《尚書》。劉師培發覺《通典》引的《白虎通義》與今文歐陽《尚書》有關「女昆弟是不是為一族」的論述有異。《白虎通義‧論立太子》：「母族三者：母之父母，一族也；母之昆弟，二族也；母昆弟子，三族也。」劉氏在語句後說：

> 《通典》引作「母族三者，母之父母為一族，母之昆弟為二族，母之女昆弟為三族。外親，故合言之」。此由文有挩訛，不足為據。蓋此文既云「母昆弟男女皆在」，則女昆弟不別為一族，昭然甚明，誼與《尚書》歐陽說不同。蓋今文別說，故下文復申明「合言之」，故以為由於外親。舊本之文曾無舛誤，乃盧本改从《通典》，復兼存「母昆弟」以下八字。〔註71〕

「九族」泛指親屬，而「母族」指「母家的親族」。由於《白虎通義》屬於今文，故此劉氏說《白虎通義》提出的為今文別說。

　　劉氏於《白虎通義‧論立太子》「婦從房中也，從降自西階」句後說：

> 案：今考「也」乃「出」字之訛。蓋《通義》引《經》，其字句損益不必悉同經文也。〔註72〕

據他訂釋，《白虎通義‧論親迎》的原文應是「婦從房中出，降自西階」，而不是「婦從房中也，從降自西階」。要把後一段文字順暢的讀下去不容易，念起來確實有些拗口。

　　《白虎通義‧總論三軍》：「《穀梁傳》曰：『天子有六軍，諸侯上國三軍，次國二軍，小國一軍。』」劉氏在句後加案語曰：

> 下釋「一軍」，明以《穀梁》為本也。〔註73〕

劉氏肯定《白虎通義》所釋的「一軍」，明確是以《穀梁》為本。

　　鄭玄將《祭法》中的七、五、三等祀畫為周制，認為「五祀」屬於商制。劉氏於《白虎通義‧論大夫以上得祭》段後說：

> 案：此節均用今《禮》說，以天子諸侯大夫同祭五祀。古文《祭法》

　　　　薛安勤：《春秋穀梁傳今註今譯》（台北：臺灣商務印書館，2001 年 5 月版），頁 125。

〔註71〕劉師培：《白虎通義斠補》卷下，見陳立：《白虎通疏證》附錄三，頁 694。

〔註72〕劉師培：《白虎通義斠補》卷下，見陳立：《白虎通疏證》附錄三，頁 707。

〔註73〕劉師培：《白虎通德論補釋》，見陳立：《白虎通疏證》附錄八，頁 798。

說則以天子立七祀，諸侯五祀，大夫三祀，與此不同。後鄭強以《祭
法》為周制，〈曲禮〉、〈月令〉為殷制，誤之甚也。〔註74〕

「後鄭」指鄭玄，劉氏訓釋《白虎通義》，抨擊鄭氏之說無理。

天子的得位是由上天恩賜，帝王經過實際儀式才獲認同，應無例外，像帝
王登泰山，封為天子，《白虎通義》中便記載帝王之應符瑞的現象，復申明天
子政權受於天命的立場一貫。劉氏於《白虎通義‧論天子帝王異稱》段後說：

案：此節蓋亦今文《書》說。古《春秋左氏》說謂「畿內稱王，諸夏
稱天王，夷狄稱天子」。與此不同。〔註75〕

劉氏旁觀清楚，以為《白虎通義》這裏說的跟古《春秋左氏》談的天子帝王異
稱是截然不同的兩套東西。

《白虎通義‧社稷篇》共分十三章，先論社稷之義，祭社稷所選之物、天
子諸侯兩社、誡社、社稷之位等十三個較小分題。劉氏於《白虎通義‧論社稷
之位》段後說：

案《公羊傳》說以右社稷為文家之制。古《周禮》亦言右社稷。〔註76〕

《春秋公羊傳注疏》中由何休解詁，他曾說：

質家右宗廟，尚親親；文家右社稷，尚尊尊。」

《周禮注疏》內賈公彥給的疏解：

何休云：「質家右宗廟，尚親親；文家右社稷，尚尊尊。」

上面《春秋公羊傳注疏》和《周禮注疏》實際上都是何休的文字。〔註77〕確如
劉氏訂釋「右社稷」一詞，謂「右社稷」這詞同樣見於今古文學說中。

《白虎通義》以門、戶、中霤、竈、井為五祀。劉氏於《白虎通義佚文考》
後加案語說：

《通典》所引修為祖神條，必〈五祀篇〉挩文，彼篇以門、戶、中
霤、竈、井為五祀，而「冬祀行」一語則著於〈月令〉。彼篇必援引
斯文，以廣異說。〔註78〕

〔註74〕劉師培：《白虎通義定本》卷二，見陳立：《白虎通疏證》附錄六，頁771。
〔註75〕劉師培：《白虎通義定本》卷一，見陳立：《白虎通疏證》附錄六，頁759。
〔註76〕劉師培：《白虎通義定本》卷二，見陳立：《白虎通疏證》附錄六，頁775。
〔註77〕何休：《春秋公羊傳注疏》，見於李學勤主編《十三經注疏》，（北京：北京大學
出版社，1999年12月），頁87。
鄭玄註，賈公彥疏：《周禮注疏》，見於李學勤主編《十三經注疏》，（北京：北
京大學出版社，1999年12月），頁573。
〔註78〕劉師培：《白虎通義佚文考》，見陳立：《白虎通疏證》附錄五，頁745。

可知劉氏以為「冬祀行」著於《禮記・月令》〔註79〕，著重廣異說；劉氏亦相信《白虎通義》也著重廣異說。

三、典制

劉師培著作甚多，他研究的範圍，涉及典制不同、文字互異等方面。他對典制史頗為重視，也寫過一些考史的篇章。現在不妨看看他訂釋《白虎通義》典制的相關資料。

劉氏訂釋《白虎通義・論天子為爵稱》，舉《禮記・王制》，參互比較以說明殷代制度。《白虎通義・論制爵五等三等之異》：「殷家所以令公居百里、侯居七十里何也？封賢極於百里。其政也，不可空退人，示優賢之意，欲褒尊而上之。」劉氏案云：

> 此釋上文〈王制〉公侯田方百里，及人皆千乘，象雷震百里之文也。
>
> 言殷制，侯僅七十里，周則與公同封百里，不降公从侯而必尊侯从公，由于不空退人及優賢也。〔註80〕

劉氏藉商周爵位與分封土地相配的情況，指出給予人才優渥待遇、不空言抑退的重要。

古代制土作用，謂按土地肥沃瘠薄而列其等差。劉氏於《白虎通義・論制土三等》段後案說：

> 此節均用今文《春秋》及〈王制〉說。蓋謂制土三等，殷周制同。殷爵三等，則侯國七十里，伯國五十里，與周制侯封百里、伯封七十里不同。〔註81〕

衡量《白虎通義》的說法，劉氏認為公封土，殷周同為百里；侯封土，殷七十，周百里；伯封土，殷五十，周七十里。

劉氏自謂按文義補充，解釋王者更樂制的內容。他在《白虎通義・論未太平且用先王禮樂》「必復更制者，示不襲也，又天下樂之者也」句後案說：

> 今按文義補，此言王者更樂制，其誼有二。示不襲前代，一也。以

〔註79〕鄭玄註，孔穎達疏：《禮記正義》，見於李學勤主編《十三經注疏》，（北京：北京大學出版社，1999年12月），頁634。

〔註80〕劉師培：《白虎通義斠補》卷上，見陳立：《白虎通疏證》附錄三，頁612。
鄭玄等：十三經注疏本《禮記正義》，頁388。

〔註81〕劉師培：《白虎通義定本》卷一，見陳立：《白虎通疏證》附錄六，頁750。

天下所樂之事為樂名，二也。說詳《繁露》。〔註82〕

劉氏清楚揭示《白虎通義》有關訂定音樂的說法，的確襲自《春秋繁露・三代改制質文》，還見於《白虎通義・論帝王禮樂》：「示不襲也，又天下樂之者，樂所以象德、表功而殊名也。」句後劉氏案說：

> 「者」下挩「也」字。此言王者更樂制，其誼有二：示不襲前代，一也；以天下所樂之事為樂名，二也。（說見《春秋繁露・楚莊王篇》。）〔註83〕

《白虎通義》以為徵德、表功，以至於區別名分都很重要。劉氏則引《春秋繁露》，強調樂制的創新和以天下之樂為樂是重要的。《白虎通義・論王者六樂》：「所以作供養。謂傾先王之樂，明有法，示亡其本。興己所以自作樂，明作己也樂。」劉氏案說：

> 今考程本、郎本並有「謂」字，惟均作「示亡」。竊以「傾」乃「順」訛，「示」當从武吳本作「不」，「亡」與「忘」同。此言循先王之樂，由於明有法，及不忘本也。「明」下五字，盧校二說並通。〔註84〕

依照以上所述，劉氏對「循先王之樂」的看法是：（一）「傾先王之樂……明作己也樂」當改作「順先王之樂……明己作也」。（二）「傾先王之樂……明作己也樂」當改作「順先王之樂……明樂己也」。我忖度劉氏以上所謂「盧校二說並通」兩者的分別，在於一是由先王自己所作，一是自己樂意取法的。另外，由於「明有法」及「不忘本也」，「順先王之樂……明樂己也」，是即「循先王之樂」。

「赴告」的意思是：「春秋時各國以崩薨及禍福的事相告。」劉氏在《白虎通義・論制爵五等三等之異》「嫌為改赴，故名之也」句後案說：

> 盧本从何休《公羊解詁》易「改赴」為「改伯从子」，非也。「赴」即列國赴告之詞。蓋鄭以爵赴，若改為鄭子，則失赴告舊詞，故《經》

〔註82〕 劉師培：《白虎通義定本》卷三，見陳立：《白虎通疏證》附錄六，頁781。
　　　　 劉師培：《白虎通德論補釋》，見陳立：《白虎通疏證》附錄八，頁793，794。
〔註83〕 劉師培：《白虎通義斠補》卷上，見陳立：《白虎通疏證》附錄三，頁630。
　　　　 蘇輿：《春秋繁露義證》（北京：中華書局，1992年12月），頁22～23。
　　　　 閻麗：《董子春秋繁露譯注》（哈爾濱：黑龍江人民出版社，2003年1月），頁6，7，9。
〔註84〕 劉師培：《白虎通義斠補》卷上，見陳立：《白虎通疏證》附錄三，頁631。
　　　　 劉師培：《白虎通德論補釋》，見陳立：《白虎通疏證》附錄八，頁794。

書鄭忽。《通義》出《解詁》前，不得據彼改此也。〔註85〕

劉氏以為將「改赴」轉寫成「改伯從子」不合，為的是「赴」為列國赴告之詞。經書避免爵稱有誤，是以稱鄭忽的名字。劉氏以為不稱「伯」，也不稱字才合例。

儒家學者多採堯、舜為古史開端的說法，因為舜可以推重信服堯道，所以舜可比美堯，力足相侔。劉氏在《白虎通義·論三皇五帝三王五霸》「舜猶僢僢也，言能推信堯道而行之」句後案說：

> 上云「堯猶嶢嶢也」，則「僢僢」似非誤字。蓋相背為僢，相互亦為僢。《淮南子·俶真訓》「二者代謝舛馳」，高《注》：「舛，互也。」《字林》：「舛，錯也。」此蓋取相互為義。惟「推」乃「准」字之訛，《風俗通》同。蓋彼文所引《書傳》，凡帝王之名均以聲近之字相訓。〔註86〕

經觀察《風俗通》引《書傳》，劉氏認定凡帝王之名均以聲近之字相訓。

古代社會重尊卑關係，《白虎通義·論庶人為君》：「天子七月而葬，諸侯五月而葬者，則民始哭，素服；先葬三月，成齊衰；暮月以成禮，葬君也。」劉氏案說：

> 此文多舛誤，以意審之，此謂民服君喪，均以葬前三月成服也。蓋以葬時不可無服，而服期僅三月，故諸侯五月而葬者，薨後期月始行成服，死與往日，至葬時正值三月也。若然，則京師之民為天子服亦應待至三月後矣。〔註87〕

劉氏採取「以意審文」的方法詮譯《白虎通義》，指出民服君喪，均以葬前三月成服，服期是三個月，和原來文章說的在一個月內完成禮節，似乎有些不同。

試以針灸為例，情況類似「以意審文」，為的是穴位雖同，但施針者手勢輕重不同。《白虎通義·論諸侯為天子》「天子為諸侯，絕暮何？示同愛百姓，明不獨親也。故《禮·中庸》曰：『暮之喪達乎諸侯，三年之喪達乎天子。』卿大夫降總，重公正也。」劉氏案說：

〔註85〕劉師培：《白虎通義斠補》卷上，見陳立：《白虎通疏證》附錄三，頁612。
　　　　劉師培：《白虎通義定本》卷一，見陳立：《白虎通疏證》附錄六，頁749。
〔註86〕劉師培：《白虎通德論補釋》，見陳立：《白虎通疏證》附錄八，頁791。
〔註87〕劉師培：《白虎通義斠補》卷下，見陳立：《白虎通疏證》附錄三，頁714。

此文所云，與上文「諸侯為天子」對文，言諸侯為天子服斬，而天

子不為親屬封諸侯服期也。盧改非是。〔註88〕

劉氏利用相對的文詞可以互補，淺深部分若《喪服經》曰：「諸侯為天子，斬

衰三年何」〔註89〕與下文「天子為諸侯，絕朞何」為互補。上下相結合能解釋

特定語境中的語意，判斷《白虎通義》言「諸侯為天子服斬，而天子不為親屬

封諸侯者服期」，個人以為這符合親者服重，疏者服輕，依次遞減的原則。

《白虎通義》論爵制很詳細，《白虎通義·論制爵五等三等之異》云：

殷家所以令公居百里，侯居七十里，周則令侯從公。

劉氏案說：

此謂殷制僅七十里，周則與公司同百里，不降公從侯，而必尊侯從

公，由於不退人及優賢。〔註90〕

劉氏的意思是說，《白虎通義》欲提升侯的地位與公同，是由於不退人及優賢。

《白虎通義》提到過不讓同姓諸侯前赴京師婚禮，為甚麼要這樣呢？諸侯

自己進入京師，理當朝拜天子，而嫁女的婚禮不得同時進行。這是《白虎通義·

論同姓諸侯主婚》所說「為禮不兼」的背景。劉氏在《白虎通義·論同姓諸侯

主婚》「為禮不兼」句後案說：

今考《公羊》隱元年《傳》言「兼之非禮」，此言「為禮不兼」，即本

彼文。〔註91〕

劉氏比對「為禮不兼」、「兼之非禮」兩條招致批評的例子，解釋受評是因為不

合禮儀。

劉氏在《白虎通義·論天子嫡媵》「不娶兩娣何？博異氣也。娶三國女何？

廣異類也」句後加案語曰：

陳云：「何休《公羊膏肓》謂『媵不必同姓，所以博異氣』。……」此

文「博異氣」、「廣異類」，仍係同姓，非異姓，與何說不同。〔註92〕

這裏劉氏分析《白虎通義》，所提到的「娣」應該指「媵」（妾）的妹妹，媵和

她的妹妹同姓，跟何休說的不同。劉燕儷《唐律中的夫妻關係》就《白虎通義》

「天子嫡媵」條引《春秋公羊傳》莊公十九年（前 563）春所述：

〔註88〕劉師培：《白虎通義斠補》卷上，見陳立：《白虎通疏證》附錄三，頁 714。

〔註89〕陳立：《白虎通疏證》卷十一（北京：中華書局，1994 年 8 月），頁 504。

〔註90〕劉師培：《白虎通義定本》卷一，見陳立：《白虎通疏證》附錄六，頁 749。

〔註91〕劉師培：《白虎通義斠補》卷下，見陳立：《白虎通疏證》附錄三，頁 709。

〔註92〕劉師培：《白虎通德論補釋》，見陳立：《白虎通疏證》附錄八，頁 807。

　　《春秋公羊傳》曰：「諸侯娶一國，則二國往媵之，以姪娣從之。謂
　　之姪者何？兄之子也。娣者何？女弟也。」

跟著劉燕儷說：

　　媵中的「姪娣」，即是姪女與妹妹。〔註93〕

劉燕儷支持劉氏說，認為媵和她的妹妹同姓。

　　固然古代「姪」這一親屬的特點，與當代的有點不同。〔註94〕準確地說，娶妾其實是作為對王公貴族的重酬，於是《白虎通義‧嫁娶》明確地指出：「士一妻一妾何？下卿大夫禮也。《喪服小記》曰：『士妾有子，而為之緦。』」劉氏在《白虎通義‧論卿大夫上士妻妾之制》句後加案語曰：

　　兄弟對姊妹言，姑姪父女可以類推，此舉中以該全也。〔註95〕

若依劉氏所謂舉中該全，則《禮‧曲禮》的句中，可以由「姑、姊、妹、女子已嫁而反，父、女弗與同席而坐」，改作「姑姪已嫁而反，父女弗與同席而坐」甚至可以類推成「姊妹已嫁而反，兄弟弗與同席而坐」。〔註96〕劉氏深信只要合理，但改無妨。

四、名物

　　名物，指事物的名稱、特徵等。顧名思義，名物學就是研究事物名稱的學問。〔註97〕

　　《白虎通義‧論名》云：「不以日月山川為名者，少賤卑己之稱也，臣子當諱。為物示通，故避之也。」〔註98〕劉氏於句後案云：

　　此謂日月山川，為物至尊，既尚卑謙，故不以為名。「稱」字疑誤。
　　「臣子」以下，別為一義，意謂既以物為名，則臣子諱言此物，故

〔註93〕劉燕儷：《唐律中的夫妻關係》（台北：五南圖書出版股份有限公司，2007年2月），頁70。

〔註94〕丁鼎：《《儀禮‧喪服》考論》（北京：社會科學文獻出版社，2003年7月），頁27。

〔註95〕劉師培：《白虎通德論補釋》，見陳立：《白虎通疏證》附錄八，頁809。

〔註96〕鄭玄等：十三經注疏本《禮記正義》，（北京：北京大學出版社，2000年，第1版），頁59。

〔註97〕王強〈中國古代名物學初論〉對名物學的定義是：「名物學是研究與探討名物得名由來、異名別稱、名實關係、客體淵源流變及其文化涵義的學科。」（王強：〈中國古代名物學初論〉，揚州大學學報(人文社會科學版)（2004年11月第8卷第6期），頁53。）

〔註98〕陳立：《白虎通疏證》，頁412。

凡物均不為名。然日月山川亦屬於物，故並日月山川而避之，此即
「為物示通」之誼。〔註99〕

劉師培解釋「為物示通」的意思，當盡量避開日月山川等為物至尊的名稱，不
以這些名稱起名。《白虎通義斠補》的文字簡潔，於要發揮的地方，寥寥數語，
是劉氏的點晴處。說明「質家稱仲，文家稱叔」〔註100〕時的情況也是如此。

劉氏以《禮記・王制》中的「建百里國三十，七十里國六十，五十里之國
百二十」解釋《白虎通義・論制爵五等三等之異》裏的「其地半者其數倍」。
〔註101〕

原來《白虎通義・論封諸侯制土之等》內也收了「建百里國三十，七十里
國六十，五十里之國百二十」等句，《禮記・王制》與《白虎通義・論封諸侯
制土之等》文字的稍稍不同，完全不礙理解。《禮記・王制》云：

州建百里國三十，七十里國六十，五十里之國百二十。〔註102〕

地小的國，數目以倍增，劉氏將《白虎通義》兩段放置不同的文字作比，闡述
制爵封土的相配，反映劉氏對《白虎通義》原文能活用。陳槃《不見於春秋大
事表之春秋方國稿》，先就清儒方中履（1638～）有〈三代封建數一文〉，採集
上古方國的數字見於舊籍的，包括評《禮記・王制》云「州建百里國三十，七
十里國六十，五十里之國百二十」等所論，然後作總結：

古代方國數字，今未知其所由來。……春秋諸侯，厥初開國，約略
可以百里。〔註103〕

「百里之國」數字的減少，符合歷史演進的過程，尚不離劉氏「其地半者其數
倍」的演述。

古代「天子即位」是通過讀策命文書與授璽綬來完成，劉氏在《白虎通義・
論既殯即位》引述《尚書》「王再拜興對，乃受銅」句後加案語曰：

「銅」字弗誤，銅為天子銅璽，見《三國志・吳志注》所引《虞翻別
傳》。〔註104〕

〔註99〕劉師培：《白虎通義斠補》卷下，見陳立：《白虎通疏證》附錄三，頁696。

〔註100〕劉師培：《白虎通義斠補》卷下，見陳立：《白虎通疏證》附錄三，頁697。

〔註101〕劉師培：《白虎通義斠補》卷上，見陳立：《白虎通疏證》附錄三，頁612。

〔註102〕鄭玄等：十三經注疏本《禮記正義》，頁397。

〔註103〕陳槃：《不見於春秋大事表之春秋方國稿》，（上海：上海古籍出版社，2009年，
11月），頁2～4。

〔註104〕劉師培：《白虎通義定本》卷一，見陳立：《白虎通疏證》附錄六，頁756。

　　銅，詁訓謂天子副璽，「同」加上「金」字旁就成「銅」了。此說雖非由劉師培首先提出，但他支持「銅」為天子副璽的說法。

　　對於泮宮的解釋，眾多註釋家說法不一，劉氏在《白虎通義‧論辟雍泮宮》「其餘雍之，言垣，宮名之別尊卑也」句後加案語曰：

> 此疑當作「其餘雍之垣，言宮者，名之別尊卑也」。「雍之垣」者，
> 即《說文》所謂「東南為水，西北為牆也」。（此與《說文》又小異。
> 《說文》以泮宮為東南有水，此言僅南方有水。）〔註105〕

劉氏以為諸侯住的「泮宮」至少具「東南有水」及「僅南方有水」兩種不同的型態。《白虎通義》「南方有水」的「學宮」，其他東、西、北三面堵塞的稱為「垣」，「垣」亦「牆也」。

　　「救日月法」可歸類於中國古代巫術，要救日月除了擊鼓以外，民間還流行敲擊銅盆、鐵鍋，甚至敲棒打鑼鼓、敲梆子，以嚇退食日月的精怪。《穀梁傳‧莊公二十五年》記載六月時的事：

> 天子救日……大夫擊門，士擊柝。

晉范甯註曰：

> 柝，兩木相擊。〔註106〕

《白虎通義‧論日月食水旱》：

> 月食救之……孺人擊杖。〔註107〕

劉氏懷疑應將「孺人擊杖」改為「孺人擊柝」〔註108〕，擊柝趕走精怪的行為斷非孤例。

　　在中國多水患洪災的黃河流域，人民思考虹與天氣的關係。有認為彎彎地像橋的「璜」，為模仿「虹」的形狀。陝西省考古研究院就藏了一塊西周龍紋玉璜，形狀正好是彎彎的。〔註109〕緯書所載孔子誠心禮拜，告備於天，驀然發現若虹赤氣自上而下展示。劉氏在《白虎通義‧論葬北首》「孔子卒，以所受魯君之璜玉葬魯城北」句後先引盧文弨的話：

〔註105〕劉師培：《白虎通義斠補》卷上，見陳立：《白虎通疏證》附錄三，頁657。
〔註106〕范甯集解、楊士勛疏：《春秋穀梁傳注疏》（十三經注疏標點本），（北京：北京大學出版社，1999年），頁107。
〔註107〕陳立：《白虎通疏證》卷六，頁275。
〔註108〕劉師培：《白虎通義斠補》卷上，見陳立：《白虎通疏證》附錄三，頁659。
〔註109〕震旦文教基金會編輯委員會：《商代玉器》（台北：財團法人震旦文教基金會，2010年3月），頁27。

《說題詞》無「魯君之」三字。《援神契》以為黃玉天所下者，長三尺。《緯書》之文固皆空造，即此所言亦不足信。夫子于季平子卒，將以君之璵璠斂，猶歷階而爭，豈門人未聞？其為非實明矣。」

隨後加案語曰：

赤虹化玉，固出《緯書》，至于魯賜璜玉，大夫所得用，與璵璠非人臣可用者不同。孔子之爭，以其用君玉，非以斂不當用玉也。盧引以駁此說，未為篤論。〔註110〕

劉氏評盧文弨的意見，先是針對魯賜璵璠，原非人臣能用的美玉。再者，孔子不反對陽虎把季平子屍體放在玉上安葬，顯示尊貴，但反對用魯國國君配戴的「璵璠」為季平子綴玉斂屍葬，因為季平子只是魯國大夫，並非國君。《左傳・定公五年》：

季平子行東野，還，未至，丙申，卒於房。陽虎將以璵璠斂。

杜預註：

璵璠，美玉，君所佩。〔註111〕

漢桓寬（生卒年不詳）《鹽鐵論・晁錯》：

夫以璵璠之玼，而棄其璞，以一人之罪，而兼其眾，則天下無美寶信士也。〔註112〕

《鹽鐵論》為西漢的著作，上文是說選擇人才，不要求全責備。

劉氏在《白虎通義・論符瑞之應》「則平路生於庭」句後加案語曰：

盧本據《御覽》八百七十三所引改「路」為「露」。今考《稽瑞》及《類聚》九十八、《玉海》一百九十七並引作「露」，盧改是也。（《宋書・符瑞志》亦作「平露」。）〔註113〕

劉氏據《稽瑞》、《藝文類聚》及《玉海》等唐宋典籍，考訂樹名「平露」的出處〔註114〕，謂「平路」不對。

〔註110〕劉師培：《白虎通德論補釋》，見陳立：《白虎通疏證》附錄八，頁811。

〔註111〕杜預註，孔穎達疏：十三經注疏本《春秋左傳正義》，（北京：北京大學出版社，2000年12月），頁1795，1796。

〔註112〕王利器：《鹽鐵論校注》，（北京：中華書局，1992年7月），頁114。

〔註113〕劉師培：《白虎通義斠補》卷下，見陳立：《白虎通疏證》附錄三，頁666。

〔註114〕劉賡：《稽瑞》（北京：中華書局，1985年），頁14。
　　《稽瑞》一書為唐代劉賡輯著的一本歷數各個朝代有名的天降祥瑞的記載。
　　《藝文類聚》一百卷，是歐陽詢、令狐德棻等十餘人奉詔編撰的，始於唐高祖武德五年（622）。《玉海》是中國南宋王應麟編寫的一部類書，有200卷。

民俗以「嘉禾」為禎祥，劉氏在《白虎通義・論符瑞之應》「嘉禾者，大禾也」句後加案語曰：

> 盧校云：「《御覽》八百七十三作『大禾之為美瑞者也』。」今考《稽瑞》所引亦作「太禾之為美瑞」，惟引「禾」作「和」不同。竊以作「和」義長。〔註115〕

從其他典籍中獲得證據支持，個人同意劉氏將「大禾」改作「太和（氣）」。

蓂莢又稱曆莢，這種植物隨月生死，而傳說中唐堯觀蓂莢就知道月份，但在月中某些日子裏又隨日有不同的變化，或稱之為「瑞草」。〔註116〕劉氏在《白虎通義・論符瑞之應》「則蓂莢生於階間」句後加案語曰：

> 慧琳《音義》九十五引「階間」作「庭」。〔註117〕

所以劉氏分析《白虎通義》，說可以保留「日月」語詞值得相信。劉氏說：

> 月一日一莢生，十五日畢至十六日一莢去。〔註118〕

莢為隨月而生死的植物，古時人們看見蓂莢就知道是甚麼月份。

劉氏同意孫詒讓所說，《白虎通義》中有關琮的形制是「圓中牙身方外」。劉氏在《白虎通義・論五瑞制度》「圓中牙身方外」句後加案語：

> 孫氏《札迻》云：「此當作『圓中牙身方外曰琮』。」其說是也。
>
> 〔註119〕

劉氏據典籍與出土文物證明琮「圓中牙身方外」的體貌。

於《白虎通義・論天子即位改元》有這麼一句：「故《王制》曰：『冢宰制國用。』」劉氏於此句後加了案語：

> 程本、何本、郎本「冢」上並衍「大」字。蓋一本作「太」，一本作「冢」，校者合而一之。〔註120〕

意思是說一本作「太宰」，一本作「大冢宰」。同時根據邱樹森的《中國歷代職官辭典》解釋，「冢宰」恰與「太宰」、「大冢宰」同義。〔註121〕

〔註115〕劉師培：《白虎通義斠補》卷下，見陳立：《白虎通疏證》附錄三，頁667。
〔註116〕劉賡：《稽瑞》（北京：中華書局，1985年），頁7。
〔註117〕劉師培：《白虎通義斠補》卷下，見陳立：《白虎通疏證》附錄三，頁666。
〔註118〕劉師培：《白虎通義斠補》卷下，見陳立：《白虎通疏證》附錄三，頁666。
〔註119〕劉師培：《白虎通義斠補》卷下，見陳立：《白虎通疏證》附錄三，頁779。
　　　　此處的頁779，洵屬頁679，錯頁估計是印刷之誤。
〔註120〕劉師培：《白虎通義斠補》卷上，見陳立：《白虎通疏證》附錄三，頁618。
〔註121〕邱樹森：《中國歷代職官辭典》（南昌：江西教育出版社，1991年7月），頁81。

五、史料

　　史料的分類方法很多，但不管怎麼分類，史料對政治史及社會史研究幫助都很大。史料學是歷史學中的一門，為歷史學的一個新的研究分支。史料學幫助我們探尋典籍的存佚、真偽與源流的考辨等。〔註122〕

　　完整的文獻資料，像《史記》、《漢書》對於漢代歷史，《通典》之於唐代制度的歷史，價值是不言而喻的。群經史料一般以漢代所傳的五經為主，而五經姑且循一種常用的說法。劉氏訂釋《白虎通義》時的引述不乏《周易》、《尚書》、《詩經》、《儀禮》、《春秋》五經，例如《白虎通義・考黜篇》云：

　　　　《王度記》曰：「天子鬯，諸侯薰，大夫苣蘭。」〔註123〕

劉氏案曰：

　　　　《易》〈震卦〉《疏》引《王度記》無「苣」字。

又如《白虎通義・封禪篇》云：

　　　　王者易姓而起。

劉氏案曰：

　　　　《初學記》十三引作「受命而起」。《大戴》〈保傅篇〉盧《註》、《詩・周頌》〈時邁〉《疏》、《禮記》〈禮器〉《疏》並引作「易姓」。〔註124〕

《詩經》按風、雅、頌三類編輯，歷代的《詩經》經解自來層出不窮。

　　又如《白虎通義・朝聘篇》云：

　　　　近郊五十里，遠郊百里。

　　劉氏案曰：

　　　　「近郊」二語，《詩・魯頌》〈駉〉《疏》、《爾雅》〈釋地〉《疏》所引並同。〔註125〕

無疑群經史料可以窺探遠古的史跡，是研究先秦社會制度、禮儀風俗的重要資料。

〔註122〕安作璋：《中國古代史史料學》，（福州：福建人民出版社，1994年7月），頁1。

　　　　何忠禮：《中國古代史史料學》，（上海：上海古籍出版社，2004年7月），〈緒論〉頁1。

　　　　張革非：《中國近代史料學稿》，（北京：中國人民大學出版社，1990年3月），頁454。

〔註123〕劉師培：《白虎通義斟補》卷下，見陳立：《白虎通疏證》附錄三，頁672。

〔註124〕劉師培：《白虎通義斟補》卷下，見陳立：《白虎通疏證》附錄三，頁661。

〔註125〕劉師培：《白虎通義闕文補訂》，見陳立：《白虎通疏證》附錄四，頁738。

「五經」以外的群經史料，則是研究中國古代社會情況、禮儀風尚的思想史料的重要著作。像《白虎通義・論文質篇》云：

　　明二陰二陽不能相繼也。

劉氏案曰：

　　　《論語・為政》《邢疏》引作「明一陽二陰不能繼也」。誤。〔註126〕

也是引自《白虎通義・論文質篇》：

　　取象五行轉相生也。

劉氏案曰：

　　　〈為政〉《疏》引「象」作「法」。〔註127〕

儒家所崇奉的典籍《論語》與《孟子》被稱為《經》已是唐代、宋代之後的事了。

　　以下舉《孟子》等《經》及《解詁》為例。

　　試看《白虎通義・論王與后親耕親桑之禮篇》：

　　以供郊廟之祭。

劉氏案曰：

　　　《穀梁》桓十年《傳》、《禮記・祭統》、《孟子・滕文公篇》、《公羊》

　　　何休《解詁》，並以「粢盛」與「祭服」並言，均其證。〔註128〕

原則上，劉氏必定盡力徵集史料。他從史料整理開始，以經籍作史料研究上古時期的社會，並藉史料訂釋《白虎通義》。

　　史料見於《春秋左傳》也有，像《白虎通義・論三不臣篇》：

　　《春秋》曰：「紀季姜歸於京師。」

劉氏案曰：

　　　《春秋左傳》云「紀季姜歸於京師。」〔註129〕

《春秋左傳》這裏說的是諸侯嫁女的事。

　　以下主要集中經學以外的諸子史料作分析。通觀劉師培訂釋《白虎通義》所用的材料，諸子史料不是劉氏引例的重點，數量不多的幾條諸子史料，幾乎僅見於《白虎通義定本》、《白虎通德論補釋》中。

　　如《白虎通義・論王者接上下之稱篇》：

〔註126〕劉師培：《白虎通義斠補》卷下，見陳立：《白虎通疏證》附錄三，頁684。
〔註127〕劉師培：《白虎通義斠補》卷下，見陳立：《白虎通疏證》附錄三，頁685。
〔註128〕劉師培：《白虎通義斠補》卷上，見陳立：《白虎通疏證》附錄三，頁660。
〔註129〕劉師培：《白虎通義斠補》卷下，見陳立：《白虎通疏證》附錄三，頁673。

故尚書曰：「不施予一人。」

劉氏案曰：

《荀子‧正名篇》云：「徑易而不拂。」〔註130〕

劉氏引用古書的目的是想指出，選名宜直捷、簡潔，也須準確、不含糊。「易」就是簡潔的意思。

舉《呂氏春秋》的如《白虎通義‧論卿大夫上士妻妾之制篇》：

不足盡執人骨肉之親。

劉氏案曰：

考《呂氏春秋‧遇合篇》「嫫母執乎黃帝」，高《註》云：「黃帝說之。」蓋「執」即「贄」字之訛。〔註131〕

劉氏引《呂氏春秋》高誘《註》，以說明黃帝重視的是嫫母的德行，並非她的美貌。不過劉氏案說的「贄」字，確實的意思是甚麼，沒有說明，未知何據。我們相信劉氏為解決包括史料的疑難，非常用心查找正確的用字。

劉氏採用的史料包括《春秋繁露》，《白虎通義‧論帝王禮樂篇》云：

必復更制者，示不襲也，又天下樂之者。樂所以象德表功而殊名也。

劉氏作了王者更樂制的說明：

此言王者改樂制，……所更之樂，從天下所樂之事得名，說見《春秋繁露‧楚莊王篇》（下云「合曰《大武》者，天下始樂周之征伐行武」，與《繁露》合。）〔註132〕

劉氏引《春秋繁露‧楚莊王篇》，說的是《白虎通義》參考了《春秋繁露》關於王者更樂制的論點。

《白虎通義》說法還有襲自《春秋繁露‧五行對篇》的，劉氏說出他的理由，原來《白虎通義‧論五行之性篇》云：

土者最大，苞含物，將生者出，不嫌清濁為萬物。《尚書》曰……。

劉氏補充說：

盧云：「『萬物』下疑脫『母』字。」案：所脫則「尚」字。《繁露‧五行對》曰：「土者，五行最貴者也。」即此「為萬物尚」所本。

〔註133〕

〔註130〕劉師培：《白虎通德論補釋》，見陳立：《白虎通疏證》附錄八，頁790。
〔註131〕劉師培：《白虎通義斠補》卷下，見陳立：《白虎通疏證》附錄三，頁709。
〔註132〕劉師培：《白虎通德論補釋》，見陳立：《白虎通疏證》附錄八，頁793，794。
〔註133〕劉師培：《白虎通德論補釋》，見陳立：《白虎通疏證》附錄八，頁797。

劉氏的意思是，「為萬物尚」的「尚」字因涉下「《尚書》」等字而脫。〔註134〕

　　劉氏以為《白虎通義》固然引申有自，而由《白虎通義》引申的史料，則有北齊時的《顏氏家訓》。《白虎通義・論父不教子篇》云：

　　　　父所以不自教子何？為渫瀆也。

　　劉氏於「不可父子相教也」句下案說：

　　　　《顏氏家訓・教子篇》云：「或問曰：『陳亢喜聞君子之遠其子，何謂也？』對曰：『有是也，蓋君子之不親教其子也。《詩》有諷刺之辭，《禮》有嫌疑之誡，《書》有悖亂之事，《春秋》有衺僻之譏，《易》有備物之象，皆非父子之可通言，故不親授耳。』」自註云：「其意見《白虎通》。」即申明此節之旨也。〔註135〕

《顏氏家訓》的確如劉氏說的，原來就有註：

　　　　其意見《白虎通》。〔註136〕

《白虎通義》與《顏氏家訓》註說的是教子未可親暱隨便，古時大多認為父子之間應嚴肅，不宜浮浪輕佻。遇經典記載了輕慢不嚴肅的史料，父子不該互相授受。近現代學者研究諸子，大概側重有關哲學史及思想史方面的私人著作，劉氏則古今論題俱擅長。

　　劉氏引用的史料種類，見於歷史記錄的，最多的是紀傳體史書，包括漢代司馬遷《史記》諸《表》等中的《集解》〔註137〕、晉朝司馬彪（？～306）《續漢書》的《註》〔註138〕、南朝劉宋范曄（398～445）的《後漢書》〔註139〕及其《註》〔註140〕、梁朝蕭子顯（487～537）《南齊書》〔註141〕等等。

〔註134〕劉師培：《白虎通德論補釋》，見陳立：《白虎通疏證》附錄八，頁797。

〔註135〕劉師培：《白虎通義斠補》卷上，見陳立：《白虎通疏證》附錄三，頁656。

〔註136〕王利器：《顏氏家訓集解》，（北京：中華書局，1996年12月），頁15。

〔註137〕劉師培：《白虎通義斠補》卷上，見陳立：《白虎通疏證》附錄三，頁621。
　　　　劉師培：《白虎通義斠補》卷下，見陳立：《白虎通疏證》附錄三，頁661，662，721。
　　　　劉師培：《白虎通義定本》，見陳立：《白虎通疏證》附錄六，頁781。

〔註138〕劉師培：《白虎通義斠補》卷上，見陳立：《白虎通疏證》附錄三，頁621，658。

〔註139〕劉師培：《白虎通義斠補》卷上，見陳立：《白虎通疏證》附錄三，頁628。

〔註140〕劉師培：《白虎通義斠補》卷下，見陳立：《白虎通疏證》附錄三，頁709。

〔註141〕劉師培：《白虎通義斠補》卷上，見陳立：《白虎通疏證》附錄三，頁616。
　　　　劉師培：《白虎通義斠補》卷下，見陳立：《白虎通疏證》附錄三，頁669。

　　劉氏舉證的文獻史料還包括《通典》〔註142〕。《通典》是有關唐史的第一手資料。《北堂書鈔》是一部隋代類書，唐代虞世南（558～638）撰，後人所刻《北堂書鈔》對原本有所竄改，然而劉氏同時參考了原本《北堂書鈔》〔註143〕及修改後的《北堂書鈔》〔註144〕。

　　《崇文總目》〔註145〕是宋代的官修書目，北宋神宗（1048～1085）時王堯臣（1001～1056）等奉敕編定。南宋王應麟（1223～1269）編寫了一部類書《玉海》〔註146〕，規模宏大。類書是一種史料匯編的工具書，對我們探討古代歷史文獻作用重大。同樣由南宋人陳振孫撰的《直齋書錄解題》〔註147〕，性質可以歸入為私人藏書目錄。

　　史部以外的群籍為劉氏利用作史料參考的，包括梁朝昭明太子蕭統領銜編纂的《文選》，是現存最早的文學總集，引用了大量古籍，而《文選》註則廣徵博引，大大裨助輯佚。像《白虎通義·論陰陽盛衰篇》云：

　　　　勾芒者，物之始生。

劉氏案說：

　　　　《文選》顏延年〈應詔觀北湖田收詩〉《註》引《白虎通義》曰：「春，
　　　　萬物始生。」〔註148〕

劉氏引錄《文選》顏延年〈應詔觀北湖田收詩〉《註》，能幫助訂釋《白虎通義》。

　　正史中的《藝文志》、《經籍志》，主要根據政府所藏並參考了種種官私書目編成，回顧歷代典籍情況和文化學術的思想發展。劉氏於《白虎通義·論制爵五等三等之異篇》云：

　　　　《尚書》曰：「侯、甸、任、衛，作國伯。」謂殷也。〔註149〕

〔註142〕　劉師培：《白虎通義斠補》卷上，見陳立：《白虎通疏證》附錄三，頁616。
　　　　　　劉師培：《白虎通義斠補》卷下，見陳立：《白虎通疏證》附錄三，頁669。
〔註143〕　劉師培：《白虎通義闕文補訂》，見陳立：《白虎通疏證》附錄四，頁738，739。
　　　　　　劉師培：《白虎通義佚文考》，見陳立：《白虎通疏證》附錄五（北京：中華書
　　　　　　局，1994年8月），頁745。
〔註144〕　劉師培：《白虎通義斠補》卷上，見陳立：《白虎通疏證》附錄三，頁611。
　　　　　　劉師培：《白虎通義闕文補訂》，見陳立：《白虎通疏證》附錄四，頁738。
〔註145〕　劉師培：《白虎通義斠補》卷上，見陳立：《白虎通疏證》附錄三，頁610。
〔註146〕　劉師培：《白虎通義斠補》卷上，見陳立：《白虎通疏證》附錄三，頁610，611。
〔註147〕　劉師培：《白虎通義斠補》卷上，見陳立：《白虎通疏證》附錄三，頁610。
〔註148〕　劉師培：《白虎通義斠補》卷上，見陳立：《白虎通疏證》附錄三，頁645。
　　　　　　劉師培：《白虎通義斠補》卷下，見陳立：《白虎通疏證》附錄三，頁717。
〔註149〕　劉師培：《白虎通德論補釋》，見陳立：《白虎通疏證》附錄八，頁788。

劉氏案說：

> 而〈酒誥〉一篇，今文歐陽、大小夏侯三家，較中古文有脫簡。

劉氏欲說明劉向以中古文校歐陽、大夏侯與小夏侯三家經文，〈酒誥〉篇有脫簡的史實。

至於劉氏引用的宗教書籍，如《一切經音義》保存了作者慧琳當時所見佛經文，比對《白虎通義》不同版本的異體字，成為寶貴的文字資料，劉氏以《一切經音義》比對《白虎通義》，不過像這次因有懷疑沒建議改《白虎通義》。〔註150〕像劉氏於《白虎通義斠補》中引述《白虎通義引述《白虎通義》原文》原文云：

> 爵者，盡也。各量其職，盡其材也。

劉氏案說：

> 慧琳《一切經音義》四十五引作「各盡其才也」。……又《公羊》成
> 七年《疏》引《辨名》云：「天子無爵，爵者醮也，所以醮盡其材。」
> 與服虔《左傳解誼》同。〔註151〕

又於《白虎通義定本》中引述《白虎通義・論天子諸侯爵稱之異篇》原文云：

> 爵者，盡也。各量其職，盡其才也。

劉氏案說：

> 慧琳《一切經音義》四十五引作「各盡其才也」。〔註152〕

劉氏於《白虎通義斠補》、《白虎通義定本》裏，引述慧琳《一切經音義》四十五均作「各盡其才也」，經過比對，知道《白虎通義》不同版本的異體字，有作「盡其材」、「盡其才」的。劉氏當然明白「才」、「材」通用的道理，他只排列資料，未仔細說解。我們從劉雅芬的博士論文〈慧琳《一切經音義》異體字研究〉中得知，「盡人才」即「盡人材」，「才」、「材」同義通用。〔註153〕

南宋法雲（生卒年不詳）著的《緐譯名義集》，原來收音譯梵語，劉氏引用《緐譯名義集》亦可以辨別異體字。劉氏於《白虎通義・論皇帝王之號篇》云：

> 不擾匹夫匹婦故為皇。

〔註150〕劉師培：《白虎通義斠補》卷上，見陳立：《白虎通疏證》附錄三，頁635。

〔註151〕劉師培：《白虎通義斠補》卷上，見陳立：《白虎通疏證》附錄三，頁613。

〔註152〕劉師培：《白虎通義定本》，見陳立：《白虎通疏證》附錄六，頁750。

〔註153〕劉雅芬：〈慧琳《一切經音義》異體字研究〉，台灣國立成功大學博士論文（2006
　　　年12月），頁181。

劉氏案說：

　　《繙譯名義集》引作「不擾一夫，不擾一士，故為皇。」〔註154〕
「匹夫、一夫」是相通的，「匹夫」泛指平民中的男子。劉氏自然曉得「匹夫、一夫」說法互通，也只鋪排資料，或許他認為這道理不辯自明。

　　由劉氏的引述可以顯示生活資料和歷史事件的遺跡，像關於「外親」
〔註155〕、「郊祭」〔註156〕、「王者改樂制」〔註157〕、「尚射」〔註158〕、「災變」
〔註159〕、「賢者後裔亦當受封」〔註160〕等。

　　劉氏於史料研究，也逮及風俗、民間信仰儀式方面的研究，舉例如「諱稱」
〔註161〕、「行」即「祖神」〔註162〕、「稷」為用〔註163〕、「同川而浴」〔註164〕、
「日在懸輿」〔註165〕和「墓葬」〔註166〕的道理。

　　劉氏苦心孤詣考察史料，著意研究史料的源流、價值及有關運用的一門學問。他對史料反覆考證，專門考訂、校勘，視文字的校勘成為鑒定史料的一項必要工作。劉氏考證史料真偽，舉的例子如《白虎通義‧論陰陽盛衰篇》，當中有云：

　　　　冬之為言終也。

劉氏於句下案說：

　　　　《說文繫傳》二十二引「冬，終也。仌霜冬終之候也」。下七字或徐
　　　　氏釋詞，似非本書。〔註167〕

仌就是冰字，劉氏解釋詞義曉得運用訓詁，盡量求準確的結論，他解釋詞義總是成竹在胸，只是有時不明說而已。如案說：

〔註154〕劉師培：《白虎通義斠補》卷上，見陳立：《白虎通疏證》附錄三，頁619。
〔註155〕劉師培：《白虎通義斠補》卷下，見陳立：《白虎通疏證》附錄三，頁694。
〔註156〕劉師培：《白虎通義闕文補訂》，見陳立：《白虎通疏證》附錄四，頁738。
〔註157〕劉師培：《白虎通德論補釋》，見陳立：《白虎通疏證》附錄八，頁793。
〔註158〕劉師培：《白虎通德論補釋》，見陳立：《白虎通疏證》附錄八，頁799。
〔註159〕劉師培：《白虎通德論補釋》，見陳立：《白虎通疏證》附錄八，頁799。
〔註160〕劉師培：《白虎通德論補釋》，見陳立：《白虎通疏證》附錄八，頁800。
〔註161〕劉師培：《白虎通義斠補》卷下，見陳立：《白虎通疏證》附錄三，頁696。
〔註162〕劉師培：《白虎通義佚文考》，見陳立：《白虎通疏證》附錄五，頁745。
〔註163〕劉師培：《白虎通德論補釋》，見陳立：《白虎通疏證》附錄八，頁793。
〔註164〕劉師培：《白虎通德論補釋》，見陳立：《白虎通疏證》附錄八，頁793。
〔註165〕劉師培：《白虎通德論補釋》，見陳立：《白虎通疏證》附錄八，頁799。
〔註166〕劉師培：《白虎通義斠補》卷下，見陳立：《白虎通疏證》附錄三，頁714。
〔註167〕劉師培：《白虎通義斠補》卷上，見陳立：《白虎通疏證》附錄三，頁646。

此語見於《荀子‧勸學篇》楊《注》所引。宋朱翌《猗覺寮雜記》下
云：「今之《白虎通》無此言，緣本朝求書有賞，往往多自撰以求賞，
非古書也。如《竹林》、《玉杯》、《繁露》皆後人妄言，非仲舒當時
書。以天子六馬推之，則諸侯五馬無疑。」（案宋代《白虎通義》非
完書，固也。翌乃謂其出宋人偽作，並推及《繁露》，妄矣。諸侯五
馬，亦妄說。）是宋本已缺此條。〔註168〕

只有進行細緻的鑒別訂釋工作，才能明確史料的真偽及價值，獲得有用的史
料。劉氏訂下了宋代《白虎通義》非完書的立論基礎，從而作相關推論。

劉氏會嘗試用各種史料訂釋《白虎通義》，以考訂異同，如《白虎通義‧
論制祿篇》云：

祿者，錄也。上以收錄接下，下以名錄謹以事上。

劉氏案說：

此節盧本據〈王制〉《疏》補入，惟中多訛字。考《詩‧樛木》《疏》
引《孝經‧援神契》云：「祿者，錄也。取上所以敬錄接下，下所以
謹錄事上」。《爾雅‧釋言》《疏》引同。持以相校，則「收」乃「敬」
訛。下句八字，當作「下各以謹錄事上」。〔註169〕

歷代註解《詩經》者頗多，劉氏少不了參考傳統的解釋，同樣不避採用緯書等
史料。緯書指的是漢代有時以迷信附會儒家經義的一類書，有的緯書與經義在
分合之間，有的則全無關係，《孝經‧援神契》就屬於緯書。劉氏的《白虎通
義斠補》所作訂釋，方法首要是文宗《白虎通義》元代版本，參考宋元以來諸
書據引《白虎通義》的舊文。也是《白虎通義斠補》所舉的例子：

今以盛德入輔佐得兩食之。故《王制》曰：「天子之縣內諸侯，祿也；
外諸侯，嗣也。」

劉氏案說：

「何」當作「可」，然可以兼食也。盧本改為「得兩食之」，以「何」
為「故」誤，改屬下句。未必然也。〔註170〕

劉氏訂釋《白虎通義》時選擇史料的態度很認真，先以盧氏的版本為藍本，再
及其餘。

〔註168〕劉師培：《白虎通義闕文補訂》，見陳立：《白虎通疏證》附錄四，頁740。
〔註169〕劉師培：《白虎通義斠補》卷上，見陳立：《白虎通疏證》附錄三，頁641。
〔註170〕劉師培：《白虎通義斠補》卷上，見陳立：《白虎通疏證》附錄三，頁641。

如《白虎通義‧總論謚篇》云：

　　　因眾會，欲顯揚之也。

劉氏案說：

　　　原本《玉篇》「言部」引作「因眾聚會」。〔註171〕

這是引述《玉篇》的例子。

又《白虎通義‧論陰陽盛衰篇》云：

　　　陽度極也。

劉氏案說：

　　　《寶典》四引作「陽極度也」。〔註172〕

需要注意的是，劉氏得睹重現中土的《玉燭寶典》，為時並不很長，可見劉氏的學術觸覺敏銳。

又《白虎通義‧論帝王禮樂篇》云：

　　　言湯承衰，能護民之急也。

劉氏案說：

　　　原本《玉篇》引作「承堯」。〔註173〕

又《白虎通義‧論帝王禮樂篇》云：

　　　湯樂曰《大護》。

劉氏案說：

　　　原本《玉篇》「音部」引作「護」。〔註174〕

原本《玉篇》受竄改的機會較微，所以參考的價值大，劉氏沒有說出宜用「護」，不該作「護」的理由。不過劉氏採取史料，於原本《玉篇》及經修訂的《玉篇》都參照，兼收並蓄。

〔註171〕劉師培：《白虎通義定本》，見陳立：《白虎通疏證》附錄六，頁766。趙青碩士論文〈原本《玉篇》與宋本《玉篇》釋義比較研究〉說：「《玉篇》成書於梁大同九年西元年的《玉篇》是南朝顧野王奉詔編撰的一部字書，共三十卷，收錄字。它是我國第一部以楷書為字頭的字書，也是中古時期一部重要字書。」（趙青：〈原本《玉篇》與宋本《玉篇》釋義比較研究〉，南京師範大學碩士學位論文（2006年3月），頁4。）

〔註172〕劉師培：《白虎通義斠補》卷上，見陳立：《白虎通疏證》附錄三，頁645。《玉燭寶典》，隋杜臺卿著。「以《月令》為主，觸類而廣之，博采諸書，旁及時俗。」（參閱杜臺卿：《玉燭寶典》（古逸叢書之十四）跋。）《月令》是《禮記》其中一篇。

〔註173〕劉師培：《白虎通義斠補》卷上，見陳立：《白虎通疏證》附錄三，頁631。

〔註174〕劉師培：《白虎通義定本》，見陳立：《白虎通疏證》附錄六，頁781。

小　結

　　民俗學涵蓋廣泛，當中包括民間風俗習慣及社會生活文化的傳承。一、從民俗文化的角度闡釋《白虎通義》，劉氏多能深入，比如劉師培對《白虎通義》的研究，論述古時人們重視長幼之序，家庭禮教制約男女避免過分親暱，方可稱得上符合規規矩矩的行為準則。劉氏論列以上倫理議題的諸家註釋，通觀男女防嫌，大家庭內更須講求禮法的竅要癥結。至於吹笙鼓簧，則習尚雅正。二、劉氏訂釋《白虎通義》的經學，以古文學的經義，來貫通今文群經，發現《白虎通義》在流傳中一方面出現異文，一方面結合成求統一的體貌，原因是章帝時鑑於經書流派漸多，異說紛陳，故決心從義理上進行統一整理，不期然遺留這些異文流傳的自然痕跡。我發覺不只《白虎通義》注重「廣異說」，劉氏不也「廣異說」？這是為了表示論證充足而大量地引用材料以資補全。劉氏讀書讀得通透，遂能審視大局，同時認為《白虎通義》總述經義，未必照單全錄，時會約引文詞。三、劉氏訂釋《白虎通義》典制，援引舊籍，互相發明，指出經史之間多所相通的看法，致力於《白虎通義》音樂教化、制諡、弒君及天子帝王異稱等論題。劉氏詳述國家政府施政的準則，志切了解政府機關等的組成，關心商周爵位和土地的相配、列國赴告等方面，有時採取「以意審文」來解決疑難。四、百里之國、救日月、蒬荄等，則屬劉氏討論《白虎通義》「名物」的範圍。只有在進行細緻的鑑別訂釋工作，才能明確史料的真偽及價值，獲得有用的史料。五、劉氏所以用作資料的史料文獻，追溯白虎觀會議與《白虎通義》的關係，除了群經，還有正史、諸子，《春秋繁露》、《顏氏家訓》用的不多，可是很重要的是道出《春秋繁露》、《白虎通義》與《顏氏家訓》某些篇章之間，顯示三本書中「王者更樂制」、「教子必須嚴肅不輕慢」思想各自的承傳關係。劉氏引用的史料種類，最多是紀傳體史書，類書也不少，美中不足的是他有時只管鋪排史料，若非值得訂釋的，有時會忽略了讀者求解的需要。生活資料和歷史事件，以至風俗、民間信仰儀式，劉氏都留意。類書是劉氏採用得很多的圖書種類，因為有些類書引用四部的情況甚夥，而且大篇幅載錄，方便皇帝的子孫學習，加上會記錄版本，更為後世檢查史料提供便利。這些都為劉氏很注意中國久已失傳的書，不光以這些書訂釋《白虎通義》，也用於其他書，如用在比照《楚辭》，這是因為劉氏非常相信如杜臺卿《玉燭寶典》的史料價值。

第九章 結 論

　　本人研究劉師培訂釋《白虎通義》，主要是從劉氏幾本《白虎通義》有關的專著，看他怎樣仿效俞樾的治學方法，排比歸納相類的事物。我從中知道劉氏等視經史子，無分今古、持平漢宋及通經致用。因為劉氏經學造詣深，所以能吸納眾說，引領新潮，可以經世致用。

　　劉師培認為《白虎通》應正名為《白虎通義》，我認同劉氏考訂《白虎通》與《白虎通義》是同一本書，是《白虎議奏》的簡要本。《白虎通義》的特點是多屬雜讖緯的今文學典籍，羅列諸家學說，少顯揚自己的才華，個人色彩較淡。班氏自己酷愛寫文章，寫時可闡釋個人的理念。難以想像《白虎通義》的編撰，是班氏有意為之的自我壓抑，無當於稱為一家之言，不得成為具獨特見解自成體系的論著。不過公平地說，《白虎通義》的可貴處正在於它能匯集眾說，讓讀者自己去分析。

　　指導老師提示我在撰述本論文的重要部分，可參照陳垣先生《通鑑胡注表微》分列研究方法及研究內容的做法，這主要部分，就是本論文的核心。在進入論文的核心前，我先扼要論述劉師培的生平和他的經學成就，然後以此為基礎，進而析論劉氏訂釋《白虎通義》的方法和內容。論文的第五、六章，是訂釋的方法，第七、八章，是訂釋的內容。

　　方法上第一條「據古訓」，有以下特點，從實證分析出發，不言泛泛之論，廣徵博引兩漢經師的說法，雜採儒者以古訓治經的方法。第二條「破假借」，劉氏在推求造字方法，尋原始字形，說出「羲」字從化得義，「施」、「易」古通，「蔥」蓋「總」字之假，「總」含斂聚、束結之義。第三條「辨字形」，劉

氏在推求造字方法，尋原始字形，發現《白虎通義》中的「合勘」方法，「盛」、「感」字形混。第四條「考異文」，劉氏疏通異文、尋找文句異例，論述「廣異類」、「博異氣」，撿出從古書註釋和類書等輯引《白虎通義》的異文異辭，目的是為求真。第五條「通古書辭例」，劉氏學習俞樾考辨古籍句法的通例和變例研究，訂釋《白虎通義》古書辭例，教「爵」、「土」聯文，又以為「A 之為言 B，C 也」所引與上下文不相屬，必係錯簡。

方法下第一條「審文例」，劉氏理清書籍類別，考證典籍源流，對文例予以類比，訂釋《白虎通義》先從「立意較合理」的標準，後跟隨「語詳者為先」的尺度，節引「對文」修辭手法，「舜」字和「姚」字正包含聲義同源的微妙關係，這得以辨明「舜、僢、姚」三字之間的關係，他例再道明興廢對文的意思。第二條「依聲見義」，以聲義方法訂釋《白虎通義》，一是循聲符的線索去看，由「逢」說到「蓬」，「南」與「任」的關係。第三條「探求語源」，發掘省文與語源的價值，孳「萌」於「牙」，亦孳「芽」於「牙」；由「蔥」至於「兌」、「銳」，「兌」、「銳」的形象是前形尖小，而大其後。第四條「核證文獻語言」，劉氏發現「墢」省略即成「發」，運用求義方法推求「倚塗」等詞的解釋，訂正「通物」、「居賣」的關係。第五條「考察古代社會」，劉氏探討讖緯文獻的內涵，運用失傳已久的古代寶貴文獻去訂釋。劉氏考察古代社會，確認夷狄的人不能行中國禮，分析諸侯之諱、諡等禮制，論述子生三月求賜名的記載。

在內容上第一條「文字」裏，劉氏冀藉古字通用法則，不避以今文經典訂釋同屬於今文系統的《白虎通義》。「備異辭」反映劉氏是以平和態度訂釋《白虎通義》。劉氏以為他書引《白虎通義》多舛誤，故需要糾錯。所謂「錯」，有時被劉氏看作是「刪改未碻」。第二條「音韻」，講述聲義同源，古韻同部義多相近，字音繫於字形，以君、國家、綱紀、辨名，來尋詞源詞族。劉氏從「忠、終」的押韻，來判斷《白虎通義》不同版本較正確。劉氏批評宋朝的人不諳音轉。第三條「詞彙」，闡述劉氏重「廣異同」，簡單的地方「存而不論」，複雜的才「亦註異同」；雖零碎但有意識地聚「天夫、昆弟、世叔」合成血統關係為基礎而形成的社會組織，包括同一血統的幾代人。「廣異同」，「桶、硧、捅、埇」都是近義形同的詞。第四條「語法、屬詞」，劉氏指出《白虎通義》重文法、句式，根據「爵、土」聯文，判斷句內和句間的平仄序列關係，證明相連句子中用「土」是，用「士」則非。第五條「校勘」，劉氏訂釋《白虎通義》，採用了「對校、本校、他校」的校勘方法。陳垣先生《校勘學釋例》還有所謂

「理校」〔註1〕，就是感覺不能靠以上三種方法解決問題時就採用，劉氏會採取「以意審文」的技巧，即「理校」。劉氏校勘，會採用判斷「合勘」等方式，證「兼註異同」屬「廣異同」類。

　　內容下第一條「歷史民俗」，劉氏將準備討論的材料排比，方便說明。像條析男女不親的禮制、王社太社關於禮的內容、春秋時代時的五霸、以殷曆分辨日子、「弒、殺」的分別、「帝、王」合論。第二條「經學」，劉氏訂釋《白虎通義》的經學，以古文學的經義，來貫通今文群經，發現除了以子通經，劉氏善於融匯眾說改進《白虎通義》的訂釋，期以經疏文字校對，辨明「首戴」和「首止」同異。第三條「典制」，劉氏詳述國家政府施政的準則，志切了解政府機關等的組成，縷述諸侯與天子間服期的禮數和「媵」。第四條「名物」，說明為甚麼「羹芙」也叫「曆芙」，「廟見、致女」何以可以兼容？第五條「史料」，劉氏，追溯白虎觀會議與《白虎通義》的關係，參考了屬於第一手資料的《通典》及流傳海外復回流中土的《玉燭寶典》等書，告訴我們《白虎通義》承襲《春秋繁露》「王者更樂制」的理念，而《顏氏家訓》的教子思想，則是參考《白虎通義》的。

　　綜上而論，《白虎通義》是一本不易讀的書，幸好得劉氏的訂釋《白虎通義》，只論校勘的好壞，不批判今古文學孰優孰劣。當然，他也會偶爾於某處，點明所述今文學的源頭來自古文某一家師說，隱約間劉氏似已有優劣比較。不過，既是古今同源，何需錙銖衡釐，強分某家長、某家短？

〔註1〕陳垣：《校勘學釋例》（北京：中華書局，1959年12月），頁148。

參考資料

依作者、編者或校注者姓氏筆畫先後順序排列

一、劉師培著作及其傳記

1. 方光華：《劉師培評傳》（南昌：百花洲文藝出版社，1996 年 12 月）。

2. 李妙根編：《劉師培辛亥前文選》（香港：三聯書店有限公司，1998 年 7 月）。

3. 劉師培：〈攘書·胡史篇〉，收入錢鍾書主編、朱維錚執行主編：《劉師培辛亥革命前文選》（北京：北京三聯書店，1998），頁 22。

4. 陳立疏證，吳則虞點校：《白虎通疏證》（北京：中華書局，1994 年 8 月）。附劉師培的《白虎通義斠補》等書。

5. 陳奇：《劉師培年譜長編》（貴陽：貴州人民出版社，2007 年 9 月）。

6. 陶菊隱：《六君子傳》，《近代中國史料叢刊續編》第 80 輯 792 冊，1946 年。

7. 劉師培：《古書疑義舉例補》，載《古書疑義舉例五種》（北京：中華書局，1956 年 1 月）。

8. 劉師培：《經學教科書》，陳居淵注（上海：上海古籍出版社，2006 年 7 月）。

9. 劉師培：〈群經大義相通論〉，載《黃侃　劉師培卷》（石家莊：河北教育出版社，1996 年 8 月）。

10. 劉師培：《群經大義相通論》，《劉申叔先生遺書》第 9 冊。

11. 劉夢溪編：《黃侃 劉師培卷》中之《劉師培卷》（石家莊：河北教育出版社，1996 年 8 月）。

12. 鄔國義、吳修藝編校：《劉師培史學論著選集》（上海：上海古籍出版社，2006 年 12 月）。

13. 錢玄同編：《劉申叔先生遺書》，民國寧武南氏印本， 1936 年。

14. 錢谷融主編《劉師培書話》（杭州：浙江人民出版社，1998）。

二、古籍

1. 王引之：《經傳釋詞》（長沙：嶽麓書社，1985 年）。

2. 王引之：《經義述聞》（台北：世界書局，1975 年 5 月）。

3. 王先謙：《荀子集解》（北京：中華書局，1988 年 9 月）。

4. 王聘珍：《大戴禮記解詁》（北京：中華書局，1983 年 3 月）。

5. 王堯臣：《崇文總目》，載於《後知不足齋叢書》第四函，卷一。

6. 司馬遷：《史記》（北京：中華書局點校本，1959 年 9 月）。

7. 朱翌：《猗覺寮雜記》，載《學海類編》卷 5（上海：涵芬樓影印道光六安晁氏木活字本）。

8. 朱翌：《珩璜新論　猗覺寮雜記》，見王雲五編：《叢書集成初編》（長沙：商務印書館，1939 年 12 月）。

9. 汪中：《汪中集》，（台北：中央研究所中國文哲研究所籌備處，2000 年 3 月初版）。

10. 佚名：《春秋考異郵》，見安居香山、中村璋八輯：《緯書集成》（石家莊：河北人民出版社，1994 年 11 月）。

11. 阮孝緒：〈七錄序〉，載《廣弘明集》，《四部叢刊》初編本 477～488 冊。

12. 阮元輯：《宛委別藏》（南京：江蘇古籍出版社，1988 年 2 月）。

13. 阮元校刻、李學勤主編：《十三經》注疏本（北京：北京大學出版社，2000 年 1 月）。

14. 杜佑：《通典》，王文錦等點校（北京：中華書局，1988 年）。

15. 杜臺卿：《玉燭寶典》（古逸叢書之十四）。

16. 長孫無忌：《隋書經籍志》（上海：商務印書館，1955 年 10 月）。

17. 俞樾等：《古書疑義舉例五種》（北京：中華書局，1956 年 7 月）。

18. 俞樾：《諸子平議》（北京：中華書局，1956 年 11 月）。

19. 段玉裁：《說文解字注》（上海：上海古籍出版社，1981 年 10 月）。

20. 范曄：《後漢書》（北京：中華書局點校本，1965 年 5 月）。

21. 荀子：《荀子》，梁啟雄簡釋（北京：中華書局，1983 年 1 月）。

22. 班固：《漢書》（北京：中華書局點校本，1962 年 6 月）。

23. 班固：《白虎通德論》（台北：臺灣商務印書館，1965 年）。

24. 孫詒讓：《札迻》（濟南：齊魯書社，1989 年 7 月）。

25. 脫脫：《宋史·經籍志》，載張壽榮輯：《八史經籍志》，光緒八年校刊本。

26. 許慎：《說文解字》（北京：中華書局，1963 年 12 月）。

27. 焦循：《焦孝廉易通釋》卷十，載《皇清經解》卷一千零九十八（影印本）。

28. 焦循：《易通釋》卷十，載《易學三書》（北京：九州出版社，2003 年）。

29. 董仲舒：《春秋繁露》，蘇輿義證（北京：中華書局，1992 年 12 月）。

30. 歐陽修：《新唐書》（北京：中華書局點校本，1975 年 2 月）。

31. 蔡邕：《蔡邕集》，鄧安生編年校注（石家莊：河北教育出版社，2002 年 1 月）。

32. 蔡邕：《蔡中郎集》，載張溥輯：光緒己卯（1879）信述堂重刻本《漢魏六朝百三家集》，第 18 卷。

33. 劉向編著、石光瑛校釋：《新序校釋》（北京：中華書局，2001 年 1 月）。

34. 劉毓崧：《通義堂文集》，見陳立：《續修四庫全書》1546 冊·集部·別集類（（上海：上海古籍出版社，2002 年 3 月），卷 10；卷 11。）

35. 戴聖：《石渠禮論》，洪頤煊輯《漢魏遺書鈔經翼二集》。

36. 顏之推：《顏氏家訓》，王利器集解增補（北京：中華書局，1993 年 12 月）。

三、專書

（一）經學

1. 方向東匯校集解：《大戴禮記》（北京：中華書局，2008 年 7 月）。

2. 王夢鷗：《禮記全註全譯》（台北：臺灣商務印書館，1987 年 9 月）。

3. 何志華：《先秦兩漢典籍引〈尚書〉資料》（香港：中文大學出版社，2003 年）。

4. 何志華、朱國藩、樊善標編著：《〈大戴禮記〉與先秦兩漢典籍重見資料彙編》（香港：中文大學出版社，2004 年）。

5. 吳靜安：《春秋左氏傳舊注疏證續》（長春：東北師範大學出版社，2005 年，5 月）。

6. 吳十洲：《兩周禮器制度研究》（台北：五南圖書出版股份有限公司，2004年7月）。

7. 李漁叔：《墨子選注》（台北：正中書局，1993年2月）。

8. 李宗侗：《春秋左傳今註今譯》（台北：臺灣商務印書館，2002年5月）。

9. 周予同：《群經概論》，（台北：臺灣商務印書館，1997年1月），頁43。

10. 林素英：《喪服制度的文化意義——以〈儀禮·喪服〉為討論中心》，（台北：文津出版社，2000年10月）。

11. 耿素麗、胡月平選編：《三禮研究》（北京：國家圖書館出版社，2009年5月）。

12. 顧頡剛、劉起釪：《尚書校釋譯論》（北京：中華書局，2005年4月）。

13. 黃懷信彙校集釋：《論語》（上海：上海古籍出版社，2008年8月）。

14. 黃懷信彙校集注：《大戴禮記》（西安：三秦出版社，2005年1月）。

15. 黃忠慎：《詩經選注》（台北：五南圖書出版公司，2002年9月）。

16. 程鋼：〈假借與焦循的易學闡釋方法〉，清華大學思想文化研究所集刊第一輯，（1996年4月），頁185，186。

17. 薛安勤：《春秋穀梁傳今註今譯》（台北：臺灣商務印書館，2001年5月版）。

18. 羅雄飛：《俞樾的經學研究及其思想》（北京：中國文史出版社，2005年12月）。

（二）文學

1. 姜亮夫：《楚辭通故》，《姜亮夫全集》（昆明：雲南人民出版社，2002年10月）。

2. 陸侃如：《中古文學繫年》（北京：人民文學出版社，1985年6月）。

（三）史學

1. 王叔岷：《史記斠證》（北京：中華書局，1994年10月）。

2. 王仁祥：《人倫鑒識起源的學術史考察（魏晉以前）》（台北：國立臺灣大學出版中心，2008年11月）。

3. 安作璋：《中國古代史史料學》，（福州：福建人民出版社，1994年7月）。

4. 何忠禮：《中國古代史史料學》，（上海：上海古籍出版社，2004年7月）。

5. 吳樹平：《東觀漢記校注》（河南：中州古籍出版社，1987年3月）。

6. 余英時：〈儒家「君子」的理想〉，見《中國思想傳統的現代詮釋》（南京：江蘇人民出版社，2006 年 6 月）。

7. 李雪山：《商代封國方國及其制度研究》（安陽：安陽師範學院，2002 年 8 月）。

8. 汪受寬：《諡法研究》（上海：上海古籍出版社，1995 年 6 月）。

9. 季乃禮：《三綱六紀與社會整合──由〈白虎通〉看漢代社會人倫關係（北京：中國人民大學出版社，2004 年 2 月）。

10. 邱樹森：《中國歷代職官辭典》（南昌：江西教育出版社，1991 年 7 月）。

11. 胡適：《問題與主義》（台北：遠流出版事業股份有限公司，1986 年 2 月）。

12. 姚奠中、董國炎：《章太炎學術年譜》（太原：山西古籍出版社，2003 年 8 月）。

13. 張曉芬：《天理與人欲之爭──清儒揚州學派「情理論」探微》（台北：秀威資訊科技股份有限公司，2010 年 6 月）。

14. 陳拱：《王充思想評論》（台北：臺灣商務印書館，1996 年 6 月）。

15. 陳垣：《通鑑胡注表微》（北京：科學出版社，1958 年 5 月）。

16. 陳垣：《校勘學釋例》（北京：中華書局，2004 年 5 月）。

17. 李學銘：〈陳援庵先生的體例歸納〉，見《讀史懷人存稿》（台北：萬卷樓圖書股份有限公司，2014 年 8 月）。

18. 李學銘：〈陳援庵先生「通史致用」析論〉，見《讀史懷人存稿》（台北：萬卷樓圖書股份有限公司，2014 年 8 月）。

19. 陳槃：《不見於春秋大事表之春秋方國稿》，（上海：上海古籍出版社，2009 年 11 月）。

20. 陳勇：《中國古代監察人物志》，（北京：紅旗出版社，1992 年 11 月）。

21. 張卜麻：《諡法及得諡人表》（台北：臺灣商務印書館，1977 年 2 月）。

22. 張作耀：《孫權傳》（北京：人民出版社，2007 年 12 月）。

23. 張革非：《中國近代史料學稿》，（北京：中國人民大學出版社，1990 年 3 月）。

24. 郭沫若：《郭沫若全集·歷史編》第 6 卷（北京：人民出版社，1984 年 10 月）。

25. 楊華：《新出簡帛與禮制研究》（台北：五南文化事業機構，2007 年 4 月）。

26. 許兆昌：《先秦史官的制度與文化》)（哈爾濱：黑龍江人民出版社，2006年 10 月）。

27. 湯志鈞：《康有為傳》（台北：臺灣商務印書館，1997 年 12 月）。

28. 湯志鈞：《章太炎年譜長編》卷 4（北京：中華書局，1979 年 10 月）。

29. 廖吉郎：《兩漢史籍研究》，古典文獻研究輯刊 6 編第 12 冊（永和：花木蘭文化出版社，2008 年 3 月）。

30. 劉燕儷：《唐律中的夫妻關係》，（台北：五南圖書出版股份有限公司，2007年 2 月）。

31. 劉俐娜編：《由傳統走向現代：論中國史學的轉型》（上海：社會科學文獻出版社，2006 年 4 月）。

32. 錢穆：〈劉向歆父子年譜自序〉，《錢賓四先生全集》第 8 冊。（台北：臺灣聯經出版事業公司）。

33. 羅志田：《國家與學術：清季民初關於「國學」的思想論爭》，（北京：三聯書店，2003 年 1 月）。

（四）子學

1. 林保全：《宋以前〈孔子家語〉流傳考述》，（台北：花木蘭文化出版社，2009 年 3 月）。

2. 何志華：《〈荀子〉與先秦兩漢典籍重見資料彙編》（香港：中文大學出版社，2005 年）。

3. 馬非百：《管子輕重篇新詮》（北京：中華書局，1979 年 12 月）。

4. 桓寬：《鹽鐵論》，王利器校注（北京：中華書局，1992 年 7 月）。

5. 陳奇猷：《呂氏春秋新校釋》（上海：上海古籍出版社，2002 年 4 月）。

6. 董治安、鄭杰文彙撰：《荀子彙校彙注》（濟南：齊魯書社，1997 年 6 月）。

7. 閻麗：《董子春秋繁露譯注》（哈爾濱：黑龍江人民出版社，2003 年 1 月）。

8. 錢穆：《先秦諸子繫年》，《錢賓四先生全集》第 5 冊，（台北：臺灣聯經出版事業公司，2007 年 5 月）。

（五）語言文字學

1. 王力：《同源字典》，見《王力文集》第八卷（濟南：山東教育出版社，1992 年 7 月）。

2. 王力：《同源字典》（北京：商務印書館，1982 年 10 月）。

3. 王力:《王力語言學論文集》(北京:商務印書館,2000 年 6 月)。

4. 古文字詁林編纂委員會編:《古文字詁林》第五冊(上海:上海教育出版社,2002 年 12 月)。

5. 王建軍:《漢語存在句的歷時研究》(天津:天津古籍出版社,2003 年 1 月)。

6. 林尹:《訓詁學概要》(新店:正中書局,2007 年 10 月)。

7. 高亨:《古字通假會典》(濟南:齊魯書社,1989 年 7 月)。

8. 華學誠:《揚雄方言校釋匯證》(北京:中華書局,2006 年 9 月)。

9. 張其昀:《廣雅疏證導讀》(北京:社會科學文獻出版社,2009 年 3 月)。

10. 張儒、劉毓慶:《漢字通用聲素研究》(太原:山西古籍出版社,2002 年 4 月)。

11. 徐鍇:《說文解字繫傳》(北京:中華書局,1987 年 10 月)。

12. 陸宗達:《訓詁簡論》(北京:北京出版社,2002 年 1 月)。

13. 郭在貽:《訓詁學》(修訂本)(北京:中華書局,2005 年 9 月)。

14. 郭錫良:《漢字古音手冊》(北京:商務印書館,1986 年 11 月)。

15. 陳新雄:《古音學發微》(台北:文史哲出版社,1983 年 2 月)。

16. 黃天樹:《黃天樹古文字論集》(北京:學苑出版社,2006 年 8 月)。

17. 黃易青:《上古漢語同源詞意義系統研究》(北京:商務印書館,2007 年 4 月)。

18. 楊端志:《訓詁學》(濟南:山東文藝出版社,1986 年 5 月)。

19. 楊劍橋:《實用古漢語知識寶典》(上海:復旦大學出版社,2003 年 8 月)。

20. 臧克和:《說文解字的文化說解》(武漢:湖北人民出版社,1995 年 2 月)。

21. 賈延柱:《常用古今字通假字字典》(瀋陽:遼寧人民出版社,1988 年 10 月)。

22. 蔣世德:《中國文字淺談》(台北:臺灣商務印書館,2004 年 10 月)。

23. 盧烈紅:《訓詁與語法叢談》(武漢:湖北人民出版社,2005 年 7 月)。

24. 劉釗:《出土簡帛文字叢考》(台北:台灣古籍出版社有限公司,2004 年 3 月)。

(六)目錄學

1. 永瑢:《四庫全書總目》(北京:中華書局,1965 年 6 月)。

2. 何志華、朱國藩、樊善標：《〈古列女傳〉與先秦兩漢典籍重見資料彙編》
   及《〈大戴禮記〉與先秦兩漢期籍重見資料彙編》》（香港：中文大學出版
   社，2004 年）。

3. 晁公武撰、孫猛校證：《郡齋讀書志校證》（上海：上海古籍出版社，1990
   年 10 月）。

4. 張之洞著、范希曾補正：《書目答問補正》（上海：上海古籍出版社，2001
   年 7 月）。

5. 陳振孫：《直齋書錄解題》（上海：上海古籍出版社，1987 年 11 月，第 1
   版）。

6. 清華大學圖書館編《清華大學圖書館藏善本書目》（北京：清華大學出版
   社，2003 年 1 月）。

7. 錢曾著，瞿鳳起編錄：《虞山錢遵王藏書目錄彙編》（上海：古典文學出版
   社，1958 年 3 月）。

8. 繆荃孫：《藝風藏書記》（上海：上海古籍出版社，2007 年 6 月）。

9. 顧實：《漢書藝文志講疏》（上海：上海古籍出版社，2009 年 12 月）。

（七）其他

1. 蔡鴻源、孫必有輯：《臨時政府公報》第一輯（南京：江蘇人民出版社，
   1981 年）。

2. 王壽南編：《嚴復・康有為・譚嗣同・吳敬恆──中國歷代思想家》（台
   北：臺灣商務印書館，1999 年 8 月）。

3. 王獻唐：《炎黃氏族文化考》（濟南：齊魯書社，1985 年 7 月）。

4. 任銘善：《無受室文存》（杭州：浙江大學出版社，2005 年 7 月）。

5. 馬勇：《章太炎書信集》（石家莊：河北人民出版社，2003 年 1 月）。

6. 黃文樹：《張居正的教學思想與教育改革》（台北：秀威資訊科技股份有
   限公司，2002 年 11 月）。

7. 蒙文通：《中國哲學思想探原》（台北：臺灣古籍出版社，1997 年 10 月）。

8. 鄭雅如：《情感與制度：魏晉時代的母子關係》（台北：國立臺灣大學出版
   中心，2001 年 9 月）。

9. 劉思源等編：《錢玄同文集》第四卷（北京：中國人民大學出版社，1999
   年 6 月）。

10. 劉賡：《稽瑞》（北京：中華書局，1985 年）。

11. 震旦文教基金會編輯委員會：《商代玉器》（台北：財團法人震旦文教基金會，2010年3月）。

12. 錢玄同：《錢玄同文集》卷6《書信》（北京：中國人民大學出版社，2000年8月）。

四、論文

（一）期刊論文

1. 丁鼎：〈《儀禮・喪服》所體現的周代社會關係和倫理觀念〉（北京：社會科學文獻出版社，2003年1月）。

2. 王鍔：〈清代《王制》研究及其成篇年代考〉，《古籍整理研究學刊》第1期（2006年1月）。

3. 方光華《試論劉師培對〈左傳〉的整理和研究》（《孔子研究》1995年第4期）。

4. 江乾益：〈后倉與兩漢之禮文化〉，《興大中文學報》第19期（2006年6月）。

5. 吳聲佑：〈劉師培《毛詩荀子相通考》析探〉，《臺北大學中文學報》第14期（2013年9月）。

6. 何廣棪：〈陳振孫生卒年新考〉，《文獻季刊》第1期（2001年1月）。

7. 李時銘：〈「鄭聲淫」在經學上的糾葛及其音樂問題〉，《逢甲人文社會學報》第2期（2001年5月）。

8. 沈祖民：〈王捍鄭《白虎通義》引書表補正〉（上）（《制言》半月刊第30期，1937年）。

9. 沈祖民：〈王捍鄭《白虎通義》引書表補正〉（下），《制言》半月刊，第31期（1936年12月）。

10. 周德良：〈洪業《白虎通引得序》辨〉，見錄於臺北大學《中文學報》2011年3月第9期。

11. 周德良：〈劉師培《白虎通義源流考》辨〉，載《經學研究期刊》第8期（高雄：台灣高雄師範大學經學研究所，2010年4月）。

12. 林旦旦：〈劉師培論漢代今古文之爭〉，《浙江萬里學院學報》第18卷第5期（2005年10月）。

13. 姜漢卿、傅榮賢：〈知人論世說劉歆〉，《鹽城師範學院學報》（人文社會科學版）第 27 卷第 6 期（2007 年 12 月）。

14. 范志軍：〈略論石渠閣會議中的喪服觀〉，《華北水利水電學院學報》（社科版）第 24 卷第 6 期（2008 年 12 月）。

15. 浦偉忠：〈論劉師培《左盦集》的學術思想〉（《清史研究》第 4 期，1992 年 10 月）。

16. 高莉芬：〈九尾狐：漢畫像西王母配屬動物圖像及其象徵考察〉，《政大中文學報》第 15 期（2011 年 6 月）。

17. 陳泳超：〈《世經》帝德譜的形成過程及相關問題——再析「五德終始說下的政治和歷史」〉，《文史哲》第 304 期（2008 年 1 月）。

18. 陳鴻森：〈《經傳釋詞》作者疑義〉，《中華文史論叢》總第 84 輯（2006 年 11 月）。

19. 曾聖益：〈劉師培之斠讎思想要義〉（《國文學報》第 45 期，2009 年 6 月）。

20. 曾聖益：〈劉師培的應世經學〉，《興大中文學報》第 27 期（2010 年 6 月）。

21. 黃家駿：〈論晚清俞樾與章太炎子學訓詁之進路〉，《經學研究集刊》第 13 期（2012 年 10 月）。

22. 虞萬里：〈以丁晏《尚書餘論》為中心看王肅偽造《古文尚書傳》說——從肯定到否定後之思考〉，《中國文哲研究集刊》第 37 期（2010 年 9 月版）。

23. 路新生：〈劉師培的古文經學研究及其現代史學意義〉，載入《經學的蛻變與史學的「轉軌」》（上海：上海古籍出版社，2006 年 1 月）。

24. 雷戈：〈今本《白虎通義》真偽考〉（《古籍整理研究學刊》第 2 期（1996 年 3 月）。

25. 鄭吉雄：《戴東原經典詮釋的思想史探索》（台北：國立臺灣大學出版中心，2008 年 8 月，第 1 版）。

26. 葉國良：〈劉師培《禮經舊說》的寫作宗旨與詮釋上的問題〉，《臺大中文學報》第 31 期（2009 年 12 月）。

27. 劉文斌：〈劉師培對《晏子春秋》研究的貢獻〉（瀋陽師範大學學報（社會科學版）第 3 期，總第 147 期，2008 年 6 月）。

28. 劉青松：〈劉師培《《白虎通》校勘述評〉，《古籍整理研究學刊）》第 6 期（2014 年 11 月）。

29. 劉青松：〈《《白虎通》疏證》點校本白文校勘失誤例析〉，《河北大學學報（哲學社會科學版）》第 39 卷第 3 期（2014 年 5 月）。

30. 鄧實、黃節編：《國粹學報》社論（1906 年 1 月）。

31. 鄧實、黃節編：《國粹學報》第 55 期（1909 年 6 月）。

（二）學位論文

1. 王琪：〈上古漢語稱謂研究〉，浙江大學博士學位論文（2005 年 5 月）。

2. 周德良：〈《白虎通》研究——《白虎通》暨《漢禮》考〉，台灣國立中央大學博士論文（2004 年 6 月）。

3. 柯慧蓮：〈今本《禮記》中有關喪服制度的篇章與《儀禮·喪服篇》之關係〉，台灣國立中央大學碩士論文（2001 年 6 月）。

4. 柯響峰：〈《白虎通義》音訓研究〉，台灣玄奘大學大學碩士論文（2004 年 5 月）。

5. 崔海亮：〈廖平「今古學」研究〉，武漢大學博士學位論文（2010 年 5 月）。

6. 陳殷宜：〈博士、學官與儒生官僚——漢代經學體制化的歷程〉，台灣國立政治大學碩士論文（2000 年 6 月）。

7. 陳胤豪：〈劉師培《周禮古注集疏》研究〉，臺灣大學碩士論文（2012 年 7 月）。

8. 徐依秋：〈《白虎通》思想經緯〉，台灣逢甲大學碩士論文（2012 年 6 月）。

9. 彭怡文：〈黃以周《禮書通故》女子喪服禮考〉，台灣東海大學碩士論文（2010 年）。

10. 趙青：〈原本《玉篇》與宋本《玉篇》釋義比較研究〉，南京師範大學碩士學位論文（2006 年 3 月）。

11. 鄭穎：〈《白虎通》引文釋例〉（浙江大學碩士論文，2009 年）。

12. 賴金旺：〈劉申叔先生及其訓詁學研究〉，台灣中國文化大學博士論文（2009 年 5 月）。

13. 劉雅芬：〈慧琳《一切經音義》異體字研究〉，台灣國立成功大學博士論文（2006 年 12 月）

五、外文著述

1. Angle, Stephen C. 2002. *Human Rights and Chinese Thought: A Cross- Culture Inquiry*. Cambridge University Press.

2. 佐藤豐:〈清末の功利主義受容に関連して見たところの前近代における功利概念〉,《愛知教育大學研究報告》第 51 期（人文·社會科學編）（2002 年 3 月）。

3. 小林武:〈清末における utility と功利観〉,京都產業大學論集〔人文科學系列〕第 41 號（2010 年 12 月）。

4. Tjan Tjoe Som 1952. *Po Hu T'ung : the comprehensive discussions in the White Tiger Hall*. Leiden , E.J. Brill Press.